凝聚隧道及地下工程领域的
先进理论方法、突破性科研成果、前沿关键技术，
记录中国隧道及地下工程修建技术的创新、进步和发展。

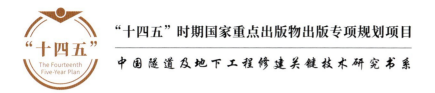

"十四五"时期国家重点出版物出版专项规划项目

中国隧道及地下工程修建关键技术研究书系

汕头海湾隧道超大直径泥水盾构施工关键技术

洪开荣 孔少波 等 编著

KEY CONSTRUCTION TECHNOLOGY OF
SHANTOU BAY TUNNEL
USING SUPER-LARGE DIAMETER SLURRY SHIELD

人民交通出版社股份有限公司

北京

内 容 提 要

本书基于汕头海湾隧道工程实践，以超大直径泥水盾构选型设计与海域复杂地层施工中面临的挑战为主线，系统介绍了高烈度地震区隧道结构抗震及耐久性设计、盾构装备选型设计、超大直径泥水盾构现场组装及调试、超大直径泥水盾构始发与到达、海湾隧道典型地层盾构施工以及超大直径泥水盾构风险评估与管理等关键技术，为我国海底盾构隧道施工积累了经验，对类似工程具有较强的参考性。

本书可供从事盾构隧道设计、施工的工程技术人员以及科研人员使用，也可供高等院校相关专业的师生学习参考。

图书在版编目(CIP)数据

汕头海湾隧道超大直径泥水盾构施工关键技术 / 洪开荣等编著. — 北京：人民交通出版社股份有限公司，2022.12

ISBN 978-7-114-18302-7

Ⅰ.①汕… Ⅱ.①洪… Ⅲ.①水下隧道-泥水平衡盾构-隧道施工-汕头 Ⅳ.①U459.5

中国版本图书馆 CIP 数据核字(2022)第 197899 号

Shantou Haiwan Suidao Chaoda Zhijing Nishui Dungou Shigong Guanjian Jishu

书　　　名：	汕头海湾隧道超大直径泥水盾构施工关键技术
著　作　者：	洪开荣　孔少波　等
责任编辑：	谢海龙
责任校对：	赵媛媛
责任印制：	刘高彤
出版发行：	人民交通出版社股份有限公司
地　　　址：	(100011)北京市朝阳区安定门外外馆斜街 3 号
网　　　址：	http://www.ccpcl.com.cn
销售电话：	(010)59757973
总　经　销：	人民交通出版社股份有限公司发行部
经　　　销：	各地新华书店
印　　　刷：	北京印匠彩色印刷有限公司
开　　　本：	787×1092　1/16
印　　　张：	20
字　　　数：	475 千
版　　　次：	2022 年 12 月　第 1 版
印　　　次：	2022 年 12 月　第 1 次印刷
书　　　号：	ISBN 978-7-114-18302-7
定　　　价：	168.00 元

(有印刷、装订质量问题的图书，由本公司负责调换)

编委会

主　　编： 洪开荣　孔少波

副 主 编： 王国安　曾垂刚　魏玉省　王超峰

编　　委：（按姓氏笔画排序）

　　　　　王　飞　　王　凯　　王世强　　王发民
　　　　　王延辉　　王国安　　王超峰　　牛占威
　　　　　牛紫龙　　孔少波　　吕剑英　　吕乾乾
　　　　　朱世友　　孙振川　　李云涛　　李凤远
　　　　　李文玉　　李帅远　　李沿宗　　李治国
　　　　　杨振兴　　汪　朋　　张　存　　张　兵
　　　　　张文新　　张合沛　　张良辉　　陆　平
　　　　　陈　林　　陈　桥　　陈　馈　　陈瑞祥
　　　　　范文超　　金大龙　　周建军　　胡群芳
　　　　　姜宝臣　　洪开荣　　秦银平　　徐　燃
　　　　　高　攀　　郭卫社　　唐上明　　寇晓林
　　　　　韩伟锋　　程俊瑞　　曾垂刚　　谢勇军
　　　　　魏玉省

统稿编辑： 王　凯　王发民　陈瑞祥　秦银平

主编单位： 中铁隧道局集团有限公司
　　　　　　盾构及掘进技术国家重点实验室
　　　　　　汕头市苏埃通道建设投资发展有限公司
　　　　　　中铁第六勘察设计院集团有限公司

序

在我国经济高质量发展、城市空间不断扩展的背景下,沿江、沿海城市对越江跨海交通基础设施的需求日趋强烈,相比桥梁而言,具有对航道影响小、通行不受天气条件限制、节约土地资源等诸多优点,因而水下隧道近年备受青睐,建设步伐也迎势而上,在黄浦江、甬江、珠江、黄河及长江等我国大江大河下陆续修建了不少水下隧道。与此同时,在水下隧道修建的施工方法中,盾构法以掘进速度快、施工效率高、安全环保等优点广泛应用。

工欲善其事,必先利其器。盾构法隧道顺利施工是源于对地质、水文环境等因素深刻的理解,并在此基础上设计出契合地质特点的高适应性装备,再通过科学的施工组织、精细化的管理,充分发挥装备的性能。盾构始于19世纪的英国,发展于德国、日本等发达国家,我国盾构产业起步于20世纪50年代,但自2009年以后,经过技术引进、消化吸收、再创新,进而迅速实现了盾构装备的国产化、量产化,建设了一批具有影响力的盾构隧道,目前国产盾构装备设计制造及施工技术水平已达到国际先进水平。汕头海湾隧道作为一项社会关注度高、业界影响大的代表性工程,充分体现了这一时期我国在隧道设计、盾构装备制造及施工技术方面的创新与发展。

汕头海湾隧道位于粤东地区,项目规划全长6.68km,其中海底盾构段施工长度3047.5m,隧道开挖直径超过15m,属于特长的超大断面水下盾构隧道,隧址处于8度地震烈度区,工程线路穿越极软土、砂土(可液化层)、硬岩、含孤石等复杂地层,隧道约一半的线路覆土厚度不足一倍洞径,业内专家一致认为海湾隧道工程抗震设计难、装备要求高、施工风险大,称汕头海湾隧道为"世界级挑战性工程"。在院士专家委员会悉心指导、科技工作者们不懈努力下,海湾隧道工程从2008年广东省交通厅组织进行第一次可行性研究至2020年8月西线隧道贯通,十二年磨一剑,在隧道修建中攻克了高烈度地震区隧道结构抗震设计难题,研制出国产首台超大直径泥水盾构(国家"863计划"超大直径泥水盾构关键技术研究及应用课题样机),成功实现水下超大直径盾构掘进通过高强度基岩的示范应用。

本书以汕头海湾隧道结构设计、超大直径泥水盾构装备研制、海域复杂地层施工应用中面临的挑战为主线,结合海湾隧道的工程实际、兼容并包,围绕隧道结构设计、装备研制、施工关键技术问题,力求深入浅出,系统地介绍了隧道结构抗震及耐久性设计、盾构装备选型设计、盾构现场组装及调试、盾构始发与到达、典型地层施工、风险评估与管理等方面的关键技术,这些内容都是源于现场实践、长于独立思考、成于总结提炼,全面呈现了海湾隧道修建中的技术瓶颈与应对措施,紧密联系工程实践,对类似的工程问题具有较强的针对性和指导性。

综上,我相信本书的出版将进一步推动我国水下大直径盾构技术的发展,为我国盾构隧道修建水平的提高起到积极的推动作用。最后希望地下工程领域的科技人员坚持装备技术发展和工法与时俱进并重,理论研究与工程实践相融,化面临的挑战为发展的机遇,不断创新、发展并完善超大断面隧道设计理论、装备技术、施工工法,使我国在科技创新的基础上逐步实现从隧道建设大国走向隧道建设强国。

中国工程院院士

2022年10月

前言

21世纪是地下空间开发利用与绿色地下建筑兴起的世纪。利用地下空间建设轨道交通设施、公共服务设施、市政基础设施等，覆盖交通运输、水利水电、能源电力诸多行业，拓展了生产生活空间，实现了土地集约利用，综合效益显著。因此，开发利用好地下空间是人类发展的必然选择。

盾构法以安全、高效、质优、环保的优势，成为地下空间开发的重要方法。我国盾构技术人员经过不懈努力，在装备制造和施工技术上进步显著、成绩斐然。由于隧道修建与地质状况关系密切，软硬不均、孤石、岩溶等不良地质都会增加施工难度，因此必须清楚认识到复杂地质条件下大直径盾构隧道修建仍是一项挑战性的工作，深化对隧道建设条件的认识，依托勘察设计、装备研制、施工技术等环节进行科技创新是突破工程瓶颈的有效途径。

本书以汕头海湾隧道工程为依托，是一线技术人员理论与实践结合的产物，以勘察设计资料、装备研制方案、施工技术交底、科研成果等为基础，剖析工程重难点问题，总结海底超大直径盾构隧道修建技术。

全书共7章：第1章绪论，介绍了海湾隧道工程概况及重难点；第2章高烈度地震区隧道结构抗震及耐久性设计，介绍了隧道结构抗震理论及海湾隧道抗震方案、耐久性措施；第3章盾构装备选型设计关键技术，介绍了盾构选型原则及类型的确定、关键部件的适应性设计等；第4章超大直径泥水盾构现场组装及调试关键技术，介绍了盾构组装组织安排、设备吊装、现场组装及调试；第5章超大直径泥水盾构始发与到达关键技术，介绍了超大直径泥水盾构在含孤石地层始发及水中到达施工技术;第6章海湾隧道典型地层盾构施工关键技术,介绍了孤石地层施工、海域基岩凸起地层盾构施工、刀具状态监测与更换等技术;第7章超大直径泥水盾构风险评估与管理,介绍了施工技术风险评估内容、结论及控制措施、风险管理实施方案。

本书得到了国家863计划课题(2012AA041802)的支持,还得到了中铁隧道局集团有限公司、盾构及掘进技术国家重点实验、中铁工程装备集团有限公司、中铁第六勘察设计院集团有限公司、汕头市苏埃通道建设投资发展有限公司、中铁隧道股份有限公司、同济大学、北京交通大学、广州大学、深圳大学、中铁隧道勘察设计研究院有限公司、广州轨道交通建设监理有限公司、湖南省交通规划勘察设计院等单位的支持与帮助。

限于编者水平,书中难免有疏漏之处,恳请专家与读者批评指正。

作 者
2022年1月

目录

第1章 绪论 ··· 001
    1.1 海底隧道修建方法与超大直径盾构装备技术 ······ 003
    1.2 汕头海湾隧道工程概况 ································ 013
    1.3 海湾隧道设计及工程重难点 ························· 019

第2章 高烈度地震区隧道结构抗震及耐久性设计 ········· 023
    2.1 隧道结构抗震方案研究 ································ 025
    2.2 减震效果分析 ·· 029
    2.3 隧道结构抗震减震设计 ································ 035
    2.4 隧道结构耐久性设计 ··································· 036
    2.5 本章小结 ·· 038

第3章 盾构装备选型设计关键技术 ··························· 039
    3.1 选型原则及类型确定 ··································· 041
    3.2 关键参数计算 ·· 047
    3.3 盾构关键部件适应性设计 ····························· 055
    3.4 盾构参数配置 ·· 076
    3.5 本章小结 ·· 081

第4章 超大直径泥水盾构现场组装及调试关键技术 ······ 083
    4.1 盾构概况 ·· 085
    4.2 总体组装安排及施工组织 ····························· 086
    4.3 关键吊装设备参数及关键部件验算 ················ 087
    4.4 超大直径泥水盾构现场组装 ························· 104
    4.5 超大直径泥水盾构调试 ································ 116
    4.6 本章小结 ·· 122

第5章 超大直径泥水盾构始发与到达关键技术 ············ 123
    5.1 超大直径泥水盾构始发技术 ························· 125

5.2 超大直径泥水盾构水中到达技术 ········ 149
5.3 本章小结 ········ 174

第6章 海湾隧道典型地层盾构施工关键技术 ········ 175
6.1 孤石地层施工技术 ········ 177
6.2 海域基岩凸起地层盾构施工技术 ········ 196
6.3 盾构特殊地层适应性改造 ········ 223
6.4 刀具状态监测与更换技术 ········ 233
6.5 施工监测技术 ········ 266
6.6 本章小结 ········ 278

第7章 超大直径泥水盾构风险评估与管理 ········ 279
7.1 超大直径泥水盾构隧道建设条件风险分析与识别 ········ 281
7.2 超大直径泥水盾构隧道施工技术风险评估 ········ 291
7.3 海湾隧道盾构段风险控制措施 ········ 298
7.4 海湾隧道工程风险管理实施方案 ········ 299
7.5 本章小结 ········ 306

参考文献 ········ 307

Key Construction Technology
of Shantou Bay Tunnel Using Super-large Diameter Slurry Shield

汕头海湾隧道超大直径泥水盾构施工关键技术

第 1 章
绪　　论

1.1 海底隧道修建方法与超大直径盾构装备技术

1.1.1 海底隧道修建方法

海底隧道作为横跨海峡或海湾,用于连接两岸交通的固定式跨海通道设施,相比桥梁而言具有既不妨碍航道航运,又具备全天候通行能力的优点,因而备受青睐。海底隧道工程费用高、修建难度大,其工程可对辐射范围内的政治、经济、交通等产生重大的影响。海底隧道作为水下隧道修建难度最大的部分之一,其建造不但投资大、周期长,而且要求先进的施工技术,伴随我国经济的发展与水下隧道修建技术的提高,海底隧道建设步伐迎势而上并且不断推进,工程数量日益增加。我国相继修建了一批以厦门翔安隧道为代表的海底隧道,若干战略意义深远、规模宏大的海底隧道也在规划之中。海底隧道现阶段主要使用钻爆法、盾构法、岩石掘进机(Tunnel Boring Machine,TBM)法、沉管法或以上方法组合修建,不同方法适用于不同的水文及地质条件,并均有各自的代表工程。

1)钻爆法

钻爆法修建海底隧道主要适用线路穿越区工程条件以岩石地层为主,国内外均有单独使用钻爆法,或者钻爆法与TBM法等相结合修建海底隧道的案例。国外代表性工程为日本青函隧道、挪威海底隧道;国内代表性工程为厦门翔安隧道、青岛胶州湾隧道。图1-1为钻爆法施工的海底隧道的现场。

(1)日本青函隧道

日本青函隧道(图1-2)穿越津轻海峡,隧道全长53.86km,隧道正洞宽度为11.9m,对应高度为9.0m,建设标准为双线高速铁路隧道。海底段长23.30km,约占隧道全长的一半,海底段最小覆盖层厚为100m,最大水深为140m。青函隧道于1964年1月开始施工,1988年3月13日正式投入运营,工期长达24年,共耗资6890亿日元。隧道海底段地质条件复杂,第三纪火山岩与堆积岩交错,软硬岩交替变化且断层多。青函隧道采用"先挖竖井和超前导坑,再挖平行导坑,后挖正洞"的总体施工方案,其中竖井作为施工送风、火灾排烟的换气设施;超前导坑位于正洞的下方,作为施工方案研究而进行地质钻探调查的坑道,兼作容纳涌水的坑道;平行导坑是正洞掘进时渣土运输和人员出入的施工通道。

图1-1 钻爆法施工的海底隧道

图1-2 日本青函隧道

(2)挪威海底隧道

以挪威为代表的北欧国家在海底隧道钻爆法施工方面具有较深的技术积淀。挪威已建成25条以上的海底隧道,总里程超过100km,其中最长的海底隧道达到7.9km,最深的海底隧道在海平面下264m,隧道开挖断面面积最大达到74m^2。挪威海底隧道大多采用钻爆法施工,如图1-3所示,隧道线路穿越的地层主要为花岗岩、片麻岩、页岩地层等,具有埋深大的特点,同时由于断层破碎带的因素,地下涌水是施工中面临的主要风险。

(3)厦门翔安隧道

厦门翔安隧道作为大断面海底通道,隧道段长5.948km,工程跨越海域段总长约4.2km,采用三孔隧道设计方案,两侧为行车主洞各设置3车道,中孔为服务隧道,是我国使用钻爆法施工修建的代表性海底隧道工程(图1-4)。左、右线隧道各设通风竖井1座,隧道全线共设12处行人横通道和5处行车横通道,翔安西滨侧连接线设收费区、服务区、管理区,隧道按100年的设计使用年限确保工程的安全性和耐久性。隧道贯通后,厦门岛与翔安区的车程将由1.5h缩短至8min,对拓展厦门城市空间、迅速拉开厦门海湾型城市建设框架具有重要意义。隧道纵断面如图1-5所示,隧道线路地质复杂,陆域段穿越杂填土、富水砂层、全风化花岗岩地层等,上覆地层厚度在5~20m之间,采用超浅埋矿山法施工;海域段为中、微风化花岗岩,覆盖层厚度为28.4~47.6m,最大水深为28m,拱顶最大水压力为0.76MPa。隧道海域段陆续要穿过5条地质构造复杂、破碎富水且与海水相连通的风化深槽,易发生突水、涌泥、坍塌等事故,隧道施工风险极大。该隧道建造中积极开展科技攻关,成功探索出了海底隧道超前地质预报技术、长距离交叉中隔墙法(CRD法)快速施工技术、海底风化深槽施工技术、海底隧道施工减震爆破技术等一系列海底隧道施工关键技术。

图1-3 挪威海底隧道施工

图1-4 施工中的厦门翔安隧道

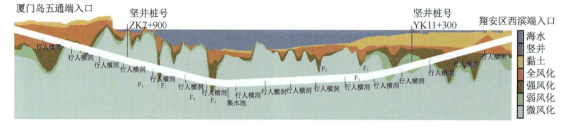

图1-5 厦门翔安隧道纵断面示意图

(4)青岛胶州湾海底隧道

青岛胶州湾海底隧道为双向六车道的海底公路隧道(单洞为三车道),隧道北连青岛市主城区、南接黄岛区,下穿胶州湾湾口海域。主隧道按左、右线分离设置,中间设置服务隧道,累计设置10处行车横通道和17处行人横通道,连接2条主隧道和服务隧道。隧道全长7800m,其中海域段隧道长4095m,断面呈椭圆形,开挖断面面积约160m²,隧道岩石覆盖层厚度为25~35m,最大水深为42m。隧道围岩以花岗岩、火山角砾岩、粗安岩、流纹岩、凝灰质粉砂岩及辉绿岩为主。辉绿岩易风化、强度低、稳定性差;断层破碎带多,其影响宽度从几米到几十米不等;构造带岩体呈镶嵌碎裂结构、软硬不均,错动带来错碎物质或泥质风化物,局部近散体状结构;隧道以Ⅳ级围岩为主,约占58%,Ⅴ级围岩约占隧道总长的10%。海域段隧道围岩裂隙与海水的连通性较强,地下水以松散岩类孔隙水和基岩裂隙水为主,破碎带裂隙面被地下水浸染迹象明显。青岛胶州湾海底隧道属于富水隧道施工,破碎带等不良富水复杂地质带突涌水问题尤为突出,经过近4年夜以继日的奋战,该隧道于2011年6月30日建成通车,如图1-6所示。

图1-6 青岛胶州湾海底隧道

2)TBM法

TBM集开挖、出渣、支护功能于一体,适合在岩石地层进行掘进,尤其适合长距离隧道挖掘,可以单独使用或与钻爆法配合。采用TBM法施工典型的海底隧道有英吉利海峡隧道、丹麦大贝尔特固定通道。

(1)英吉利海峡隧道

英吉利海峡隧道(图1-7)是20世纪欧洲最大的基础项目工程,耗资1050亿法郎(约160亿欧元)。隧道建成于1994年,连接英伦三岛与欧洲大陆,由3条长53km的平行隧道组成,其中海域段的隧道长38km,是世界第二长的海底隧道及世界海域段最长的铁路隧道。两条铁路隧道开挖洞径为8.36~8.78m,衬砌后直径为7.6m;中间一条为服务隧道,开挖洞径为5.38~5.77m,衬砌后直径为4.8m。在地质勘察阶段发现:海底有一层泥灰质白垩岩,该岩层裂隙较少、抗渗性好、硬度不大,易于TBM掘进,因此隧道线路选择布置在其下部。英吉利海峡隧道是应用TBM法进行长距离海底隧道修建的标志性工程,在大断面隧道机械化掘进方面取得了较好的成效。

(2)丹麦大贝尔特固定通道

丹麦大贝尔特固定通道(图1-8)连接丹麦西兰岛和菲英岛,是由悬索桥、隧道组成的桥隧联合体。其中双管隧道长8024m,隧道内径为7.7m,有31个横通道。从1988年开始建设,1997年通车,由于穿越区域以岩石地层为主,因此采用TBM法进行施工。隧道在海底以下12~40m处延伸,其最深点在海面以下75m处。该隧道取代了从科瑟到尼堡的渡轮连接,并将从哥本哈根到日德兰半岛的火车旅行时间缩短了60min。

应用TBM法修建海底隧道主要以海峡类通道为主,该类隧道的距离较长、埋深较大,穿越区域多为适合TBM掘进的岩石地层,选用TBM法进行海底隧道的施工,可充分发挥出TBM机械化程度高、开挖速度快的优势。

图 1-7　英吉利海峡隧道

图 1-8　丹麦大贝尔特固定通道

3）盾构法

盾构以其施工效率高、安全性好的优势而被广泛应用,据统计现阶段约 70% 的水下隧道采用盾构法修建。盾构法修建海底隧道在日本、德国、土耳其均有应用,我国首条采用盾构法施工的海底隧道是台山核电引水隧洞,后续横琴隧道、厦门地铁 2 号线海底隧道、汕头海湾隧道等项目均采用盾构法施工。

(1) 日本东京湾海底公路隧道

日本东京湾海底公路隧道是世界上较大的隧道工程,它包括长约 9km 的海底隧道及长 5km 的桥梁,两个人工岛将其相连。隧道采用 8 台盾构同时施工,盾构外径为 14.14m,平均埋深为 16m,水深平均为 27.5m,隧道底部最高水压达到 0.58MPa。

(2) 土耳其博斯普鲁斯海峡隧道

博斯普鲁斯海峡隧道作为一条洲际通道,全长 5.4km,盾构段长 3.34km,连接黑海和小马尔马拉海、地中海,地质条件相当复杂。图 1-9 为隧道地质纵剖面图及所用盾构。

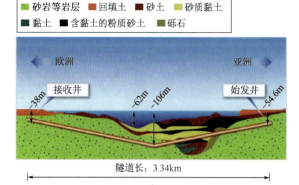
a)

b)

图 1-9　博斯普鲁斯海峡隧道纵剖面示意及所用盾构

隧道两端为严重破裂的硬岩地层,隧道中部是软弱的海底沉积土,大约每隔50m就会遇到夹有火山喷发侵入物的岩层。工程采用德国海瑞克泥水平衡盾构,盾构开挖直径为13.71m,从水面到隧道底部最深为106m,始发井的深度为54.6m,接收井的深度为38m,最高水压达1.1MPa。

(3)厦门地铁3号线过海区间

厦门地铁3号线五缘湾站—刘五店站区间(简称"五刘区间")位于翔安隧道西北侧1.3km处,区间穿越厦门东海域,连接本岛及翔安区,全长4.9km,其中海底段长约3.6km,隧道平面如图1-10所示。

五刘区间的特点是盾构法和钻爆法结合,工法选择因地制宜,岛内陆域段采用土压平衡盾构施工,隧道内径为5.5m,单线长度为869m;海域中部的基岩面较高,采用钻爆法施工,马蹄形复合式衬砌结构,单线长度为2602m;翔安侧隧道采用泥水平衡盾构施工,隧道内径为6m,预留250mm二次衬砌空间,单线长度为1451m。钻爆法施工从厦门本岛岸边竖井出发,泥水平衡盾构施工从翔安刘五店站出发,两者相向掘进,并在海中进行对接(图1-11)。

图1-10 五刘区间平面示意图

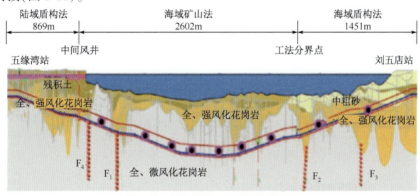

图1-11 五刘区间地质纵断面示意图

采用钻爆法施工的海底隧道,具有埋深大、距离长的特点,穿越区域以岩石地层为主;采用盾构法施工的海底隧道,一般为了控制隧道距离不宜采用过大埋深,因此隧道线路选择的余地小,其线路可能处于土岩交界面,开挖面既有软弱的海底土层、砂层,也可能存在坚硬的岩层,给盾构施工带来极大的困难。

4)沉管法

沉管法是在水底修建隧道的一种施工方法,即先按照隧道的设计预制隧道管段,后将预制管段沉放在疏浚好的水底基槽内并连接起来,其施工步骤主要为管段预制、基槽开挖、管段浮运和沉放、对接作业、内部装饰,如图1-12所示。沉管法修建水下隧道多用于内河,具有地质条件适应性强、隧道断面利用率高、埋深较小、防水可靠度高、施工周期短等优点,而港珠澳大桥沉管隧道是我国第一条外海沉管隧道,也是目前世界上最长的公路沉管隧道。

图 1-12 沉管法施工步序

港珠澳大桥东接香港,西接珠海、澳门,全长约 55km,其中海中主体工程长 29.6km,按双向 6 车道高速公路标准建设,采用桥岛隧结合方案,纵断面如图 1-13 所示。隧道全长 6704m,沉管段长 5664m,是世界最长的公路沉管工程,共采用 33 节沉管,标准管节尺寸为 180m(长)×37.95m(宽)×11.4m(高)(图 1-14)。为满足通航要求,沉管管顶埋于海床面以下 23m 的长度达 3km,属于深埋沉管隧道,沿线基底软土厚度为 0~30m,地处珠江口外开敞海域,水文气象环境复杂,航线繁忙,通行船舶日均 4000 艘,是当今世界范围内综合建设难度最大的沉管隧道之一。港珠澳大桥岛隧项目立足自主创新,依靠国家自有能力,采用智能建造、风险驱动和并行管理等创新方法,形成了具有自主知识产权的外海沉管隧道建造成套技术体系和外海快速筑岛技术,填补了国内空白。

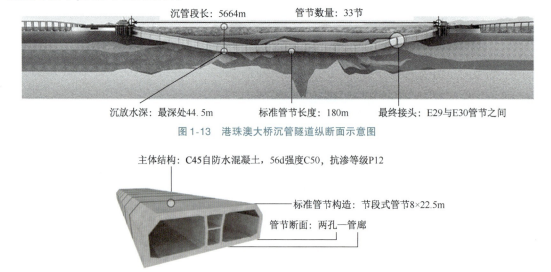

图 1-13 港珠澳大桥沉管隧道纵断面示意图

图 1-14 港珠澳大桥沉管隧道横断面示意图

1.1.2 超大直径盾构装备技术

随着我国经济社会持续发展与城市化水平的不断提高,隧道及地下空间开发成为热点,王梦恕、钱七虎等院士指出 21 世纪是地下空间开发利用的世纪。盾构作为隧道机械化施工的装备,已在世界各地得到广泛的应用。目前,我国作为世界上最大的隧道及地下工程建设市场,对盾构装备的需求量巨大。据不完全统计,截至 2021 年我国全断面隧道掘进机的保有量已超过3000台,可以说我国的盾构和TBM进入了重要的发展阶段。

随着盾构装备新技术不断涌现,盾构朝着大直径、高埋深、智能化方向发展。其中,尤以超大直径盾构(直径14m以上)发展最为迅速,目前直径12m级的盾构技术已较为成熟,直径14m级以上盾构的需求量不断增长,如深圳春风隧道、上海北横通道、香港屯门隧道等。国内外超大直径盾构的工程案例见表1-1,从表中可知当前世界范围内最大直径的泥水平衡盾构由海瑞克公司(Herrenknecht AG)制造,开挖直径为17.6m,用于中国香港的屯门赤鱲角海底隧道。日立公司制造的直径17.48m盾构用于美国西雅图SR99公路隧道,为世界最大直径土压平衡盾构。国内外超大直径/大直径盾构装备代表性工程案例如图1-15所示。

国内外超大直径/大直径盾构装备代表性工程案例　　　　　表1-1

工程名称	盾构直径(m)	工程名称	盾构直径(m)	工程名称	盾构直径(m)	工程名称	盾构直径(m)
中国香港屯门赤鱲角海底隧道	17.6(泥水)	中国深圳春风隧道	15.8(泥水)	中国武汉三阳路隧道	15.76(泥水)	美国西雅图SR99公路隧道	17.48(土压)
中国上海北横通道	15.56(泥水)	意大利A1 Sparvo公路隧道	15.55(泥水)	中国杭州钱江隧道	15.43(泥水)	日本东京外环公路隧道	16.1(土压)
中国上海A30沿江隧道	15.43(泥水)	中国上海长江西路隧道	15.43(泥水)	中国上海长江隧道	15.43(泥水)	西班牙马德里Calle 30隧道	15.2/15(土压)
卡塔尔尼塞塔公路隧道	15.08(泥水)	中国汕头海湾隧道	15.03/15.01(泥水)	中国上海虹梅南路隧道	14.93(泥水)	新西兰水景公路隧道	14.41(土压)
中国扬州瘦西湖隧道	14.93(泥水)	中国上海周家嘴路隧道	14.93(泥水)	中国珠海马骝洲交通隧道	14.9(泥水)	日本东京地铁隧道	14.18(土压)
中国芜湖城南隧道	14.93(泥水)	中国南京应天大街长江隧道	14.93(泥水)	中国南京定淮门长江隧道	14.93(泥水)	中国香港龙山隧道	14.1(土压)
中国上海上中路隧道	14.87(泥水)	荷兰"绿色心脏"铁路隧道	14.87(泥水)	中国上海军工路隧道	14.87(泥水)	西班牙塞维利亚公路隧道	14(土压)
中国上海诸光路隧道	14.45(泥水)	中国上海迎宾三路隧道	14.27(泥水)	中国上海外滩隧道	14.27(泥水)	俄罗斯莫斯科Lefortovo隧道	14.2(泥水)
俄罗斯莫斯科Silberwald隧道	14.2(泥水)	德国易北河第4隧道	14.2(泥水)	日本东京湾公路隧道	14.14(泥水)	土耳其博斯普鲁斯海峡隧道	13.66(泥水)
中国佛莞城际铁路新狮子洋隧道	13.61(泥水)	中国广深港客运专线益田路隧道	13.27(泥水)				

注:土压指土压平衡盾构,泥水指泥水平衡盾构。

a)海瑞克φ17.6m泥水平衡盾构　　b)日立φ17.48m土压平衡盾构　　c)中铁装备φ15.8m泥水平衡盾构

图 1-15　超大直径盾构装备

自 2009 年我国盾构进入跨越发展期,自主创新能力显著提高,形成以中铁工程装备集团有限公司(以下简称"中铁装备")、中国铁建重工集团股份有限公司(以下简称"铁建重工")为代表的盾构装备企业,掌握了大直径盾构装备成套技术,对刀盘系统、主轴承及密封系统、推进系统、环流系统等进行技术革新,国产大直径盾构装备逐步占领国内市场并出口其他国家。

1) 刀盘系统

大直径盾构长距离掘进,刀具磨损速度快、在役状态感知难,设计合理的刀盘系统面临的挑战很大。通过工程实践,总结了地质条件与盾构刀具对应关系,形成软土地层、砂卵石地层、软硬不均复合典型地层下刀具配置方案。在刀盘刀具配置基础上,常压刀盘技术在国内大直径盾构研发上得到推广与发展,通过常压刀盘和常压换刀装置的配合使用可在常压环境更换盾构开挖刀具,解决了带压进仓作业风险高、效率低、辅助工法烦琐的问题。常压刀盘结构和常压更换滚刀作业流程如图 1-16 所示。此外,我国还研制了长寿命高可靠常压换刀密封装置,解决了常压换刀装置泥水渗漏问题;开发出刀具状态监测装置,以刀具多维状态信息服务刀具更换决策。常压刀盘及其配套技术的使用提高了富水地层大直径盾构刀具检查、更换的效率。

a)常压刀盘结构　　　　　　　　　b)常压更换滚刀作业

图 1-16　常压刀盘结构和常压更换滚刀作业

2) 主轴承及密封系统

随着盾构尺寸增大,主轴承所受荷载增大,应匹配更大直径主轴承,同时高水压环境使主轴承密封需要承受更高压力,主轴承及密封系统可靠性是决定项目风险的关键因素之一。我国在主轴承及密封系统技术革新方面取得以下进展:

①自主研发了伸缩摆动主驱动技术,通过液压装置驱动刀盘伸缩和摆动,满足刀具更换及扩挖的需要,且液压装置可对刀盘挤压力进行测量,指导盾构施工。

②盾构密封方面,土压平衡盾构主驱动密封以聚氨酯密封为主,耐压能力较弱,国内大直径盾构以泥水机型为主,设计上采用多道唇形密封结构,依靠补偿式高承压密封系统,通过控制多道密封腔内外压差值,使各密封腔压力随开挖面泥水压力变化,提高密封耐压能力及可靠性。

③在盾构主轴承国产化研究方面,已实现直径6m级盾构主轴承、减速机国产化,大直径重载盾构主轴承作为工业基础零部件,正从数字化设计、制造与检测、工业试验平台维度进行突破。

3) 液压缸自由分区技术

大直径盾构装备质量大、重心偏离几何中心,在特殊地层姿态不易控制,液压缸固定分组不适应盾构姿态灵活调整的需要,因此在液压缸默认分区模式、慢速推进模式基础上,进一步提出液压缸自由分区技术,利用多个比例减压阀达到推进模式之间转换的目的,推进液压缸可实现自由分区,控制推进液压缸各分区压力差来对盾构姿态进行调整。液压缸自由分区技术在上软下硬地层或软弱地层中可对盾构姿态进行有效控制。

4) 高精度自动保压系统

超大直径泥水平衡盾构要求精准的压力控制,掘进断层破碎带、推进速度波动等因素使气垫仓泥水液位发生变化,需采用压缩空气进行压力补偿,稳定开挖面支护压力。我国研发了四回路并联式分段控制自动保压系统,将保压系统进气调节阀分为大、小阀并联进气,将排气阀门分为大、小阀并联排气。控制器对大、小阀门进行分段控制,从而减少系统的响应时间,提高系统控制精度,满足超大直径泥水平衡盾构压力在响应时间和控制精度指标上的要求。

5) 盾构永磁同步电机驱动技术

盾构永磁同步电机驱动继承了永磁高铁牵引电机节能、高效、可靠等优异性能,且更适应盾构机多电机协同工作模式,与同等功率三相异步电机相比,可大大减轻质量,体积更小,维护更便捷。如图1-17所示,永磁同步电机驱动与三相异步电机驱动相比,无须减速器,减少了传动能量损失,可提高驱动效率5%;相同体积下,驱动能力可提高100%;相同驱动能力下,电机体积可减小50%,节约安装空间。

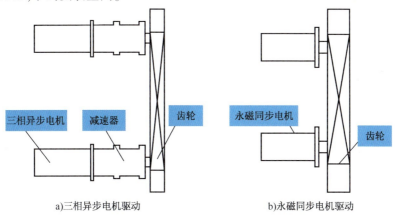

图1-17 盾构永磁同步电机驱动与三相异步电机驱动

图 1-18 大粒径卵石高效破碎机

6) 大粒径卵石高效破碎技术

针对大粒径卵石地层,在泥水盾构排进回路上配置采石箱,并配置大功率二次破碎机,对大粒径卵石采用"排—破"结合的策略,为富水砂卵石地层盾构快速出渣提供了一种新的解决方案,如图 1-18 所示。

7) 渣料垂直运输技术

垂直运输机具有占地面积小、输送角度大、节省设备投资和土建费用的特点,特别适用于施工现场受空间和环境条件限制的作业。垂直运输机可替代运输速度慢、危险性高的门式起重机,为盾构始发井处物料和渣土的运输提供一种新的解决方案。目前垂直运输机提升高度可达 200m,输送能力可达 1000t/h,如图 1-19 所示。

a)

b)

图 1-19 渣料垂直运输机

8) 机器人辅助作业技术

在高压环境下更换刀具和修复刀盘,对作业人员的安全和健康产生较大风险,为了降低这种作业风险,可以使用机器人辅助作业代替人工作业,如高清视频辅助检查作业、机械手辅助清洗刀盘作业以及机械手辅助更换刀具作业等,如图 1-20 所示。

1.1.3 盾构技术发展趋势

(1) 挑战极限

① 盾构断面将挑战更大的尺寸。现阶段大

图 1-20 机器人辅助作业

直径、超大直径盾构以泥水类型为主,主要用于复杂城市环境下公路隧道、越江跨海类水下隧道及中、大型综合管廊建设等。泥水盾构在断面尺寸上不断突破,主要归于交通流量的增长,增加断面尺寸保证顺畅通行,此外一些隧道公路、轨道交通合二为一,地下管线敷设等都要求较大的断面尺寸,在此形势下,跨江越海的大直径盾构隧道工程越来越多。

②盾构将挑战更大的埋深。由于上软下硬地层施工难度大,隧道选线不宜选在交界面处,尽可能让隧道线路位于全土层或全岩层;其次覆土厚度太浅,施工引起地面扰动控制难度增大;再次,水下隧道由于水较深,选线时也必须采用大埋深,如苏通 GIL 综合管廊最大埋深距离江面为 78m,博斯普鲁斯海峡公路隧道最大埋深达到 106m。

③穿江越海隧道越来越多,盾构密封挑战更高的水压极限;长距离隧道越来越多,盾构连续掘进长度越来越长;施工工期要求越来越紧,盾构掘进速度越来越快。

(2)性能优越化

盾构适应性方面,要求盾构具有更高的地层适应性,在复杂地层中,盾构穿越地层既有岩石,又有软土和砂砾层,地层变化频繁,要求盾构设计特别是刀盘刀具必须能够适应各种不同地层。技术先进、质量可靠的长寿命盾构是保证工期的关键因素之一,也是盾构工程成功的关键因素,因此要求盾构有更长的使用寿命。随着盾构施工水平的提高,劳动强度越来越低,操作人员的素质越来越高,要求盾构具有更复杂的功能、更简单的操作、更人性化的设计。随着隧道施工越来越注重安全和环保,要求盾构具有更安全、更绿色环保的性能。

(3)设计数字化、制造模块化、控制智能化、管理网络化

中国盾构技术的愿景就是数字化设计、模块化制造、智能化掘进、远程化管理。即输入地质参数和隧道结构参数,就能设计出适应工程地质和水文地质的盾构;盾构的施工则实现无人化智能掘进,实现在办公室远程控制盾构操作,在办公室直接从计算机屏幕上获取远程施工的盾构施工图像和参数,并发出指令进行盾构的控制和操作,技术人员只需在办公室就能管理好分布在世界各地的在用盾构。

1.2 汕头海湾隧道工程概况

1.2.1 海湾隧道交通规划方案

汕头海湾隧道工程(简称"海湾隧道")位于广东省汕头市礐石大桥与汕头海湾大桥之间,东距汕头海湾大桥约 4.0km,西距礐石大桥约 5.0km。海湾隧道总体规划如图 1-21 所示。本工程采用盾构法施工,其中始发井位于南岸约 330m 处的围堰端头,接收井位于华侨公园,盾构段长 3047.5m。共设置两处互通立交,分别位于中山东路、南滨南路;南岸出隧道后设置地面收费站一座;管理用房设置于南岸隧道敞开段的北侧绿地内;北岸风塔设置于华侨公园东南角,南岸风塔设置于岸边;隧道出入口位置均设置雨水泵房。

1.2.2 海湾隧道总体方案

1)平面设计

海湾隧道线路平面如图 1-22 所示,工程设计起点位于金砂东路与天山南路交叉口,沿天

山南路向南敷设,下穿长平东路后以敞开段的形式布置于天山南路与龙湖沟间的绿地内,后下穿中山东路、龙湖沟电排站,避开码头,穿龙湖沟后以1500m曲率半径转入华侨公园,于华侨公园东南角处进入海域,以直线形式穿越苏埃湾海域,到达南岸围堰,再下穿南滨路后以明挖暗埋及敞开的结构形式通过南岸湿地,以互通立交形式到达项目设计终点,接规划的虎头山隧道与南滨南路(主线桥接虎头山隧道,匝道接南滨南路)。

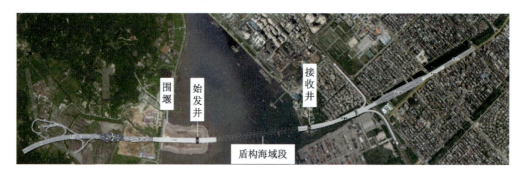

图1-21 海湾隧道总体规划示意图

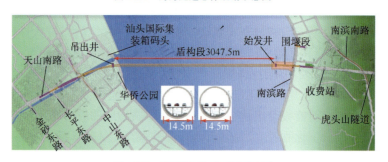

图1-22 海湾隧道线路平面示意图

东线隧道设4段平曲线,分别为右偏$R4000m\rightarrow$右偏$R1680m\rightarrow$右偏$R4000m\rightarrow$左偏$R1560m$;西线隧道设5段平曲线,分别为右偏$R4000m\rightarrow$右偏$R1500m\rightarrow$左偏$R6900m\rightarrow$右偏$R2545m\rightarrow$左偏$R1500m$。海湾隧道工程平面技术指标见表1-2,隧道设计速度为60km/h,圆曲线最大半径为6900m,圆曲线最小半径为1500m。

海湾隧道工程平面技术指标　　　　表1-2

序号	技术指标	单位	规范值		采用值
1	设计速度	km/h	60		60
2	圆曲线最大半径	m	10000		6900
3	圆曲线最小半径	m	一般值	200	1500
			极限值	125	
4	平曲线最小长度	m	一般值	300	300.941
			最小值	100	
5	缓和曲线最小长度	m	50		100

2)纵断面设计

海湾隧道断面设计主要技术指标见表1-3,北岸敞口段前采用坡度为0.3%的反坡以减少隧道集水,第一段敞开段采用3.0%的下坡,以暗埋段形式下穿长平东路后,采用1.553%、-1.9%的凸形坡穿越第二段敞开段,而后暗埋段以-1.9%、-0.3%、-2.9%的坡依次下穿中山东路、电排站、龙湖沟、华侨公园。中间海域盾构段依据海床高程采用-2.9%、-0.3%、0.3%、3.0%的"V"形纵坡形式;出南岸盾构井后向南以3.0%的上坡,接地后以-0.504%的反坡减少隧道集水,后以3.0%(西线为3.051%)、0.3%的坡度接虎头山隧道。线路纵断面(东线)如图1-23所示。

隧道纵断面设计主要技术指标　　　　　表1-3

序号	技术指标	单位	规范值		采用值
1	设计速度	km/h	60		60
2	最大纵坡	%	3		3
3	最小坡长	m	150		150
4	最小纵坡	%	0.3		0.3
5	凸形竖曲线最小半径	m	一般值	2000	4000
			极限值	1400	
6	凹形竖曲线最小半径	m	一般值	1500	6000
			极限值	1000	
7	竖曲线最小长度	m	一般值	120	123.75
			极限值	50	

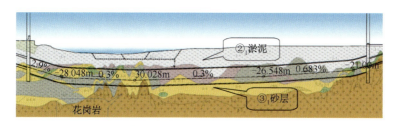

图1-23　海湾隧道盾构段线路纵断面示意图(东线)

3)盾构段横断面

盾构段设计为两条单洞隧道,隧道断面如图1-24所示,隧道内径为13.3m,外径为14.5m,内设安全通道、应急通道、电缆管廊、管沟及烟道。工程采用车速60km/h,双向六车道一级公路标准设计,路基标准断面宽度为30m。隧道为双向六车道,采用左右线分离形式,根据《城市道路工程设计规范(2016版)》(CJJ 37—2012),关于城市道路建筑限界的确认,单向三车道建筑限界如图1-25所示,具体为:车道宽度3×3.5m,车道最小净高5m;路缘带左侧0.5m,右侧0.75m,左右侧余宽均为0.25m。

4)管片结构设计

盾构隧道工程采用的管片内径为13.3m,外径为14.5m,环宽2.0m,厚600mm,通用双面楔形环,楔形量48mm,采用"7+2+1"分块模式,错缝拼装,管片结构布置如图1-26所示。

B1~B7为标准块,L1、L2为邻接块,F为封顶块。管片结构采用强度等级C60高性能耐腐蚀混凝土,抗渗等级P12。环、纵缝用斜螺栓连接,防水设计采用两道三元乙丙弹性密封垫+内侧嵌缝防水。

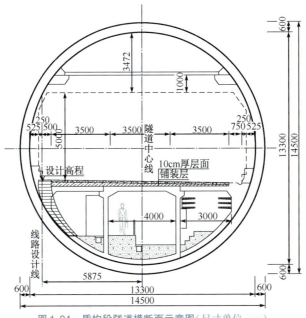

图1-24 盾构段隧道横断面示意图(尺寸单位:mm)

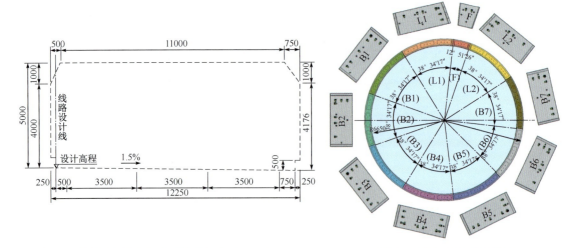

图1-25 盾构段道路隧道建筑限界示意图(尺寸单位:mm)　　图1-26 管片结构布置示意图

1.2.3 工程地质与水文地质

1)工程地质

地勘结果显示,盾构施工段穿越的地层有:填筑土、淤泥、淤泥质土、淤泥混砂、粉细砂、粉质黏土、中砂、粗砂、砾砂、砾质黏性土,微弱中全风化花岗岩等,不良地质有砂土液化、软土震陷、花岗岩球状风化体(孤石)、基岩凸起、有害气体等,工程地质纵断面如图1-27所示,盾构段地层特性见表1-4。盾构线路穿越主航道下方有3处基岩凸起段,具体情况为东线隧道EK4+586.214~EK4+656.000,长度69.786m,侵入隧道高度为5.0m;EK4+790.326~EK4+857.620,长度为67.294m,侵入隧道高度为6.6m;EK4+455.094~WK4+500.000,长度为44.906m,侵入隧道高度为3.0m;共计约182m。西线隧道基岩凸起段分布基本同东线隧道相同,补勘结果表明:基岩凸起段岩石质量指标(RQD)为55%~78%,层顶厚-34.72~-27.46m,层底未揭穿,揭露厚度为1.10~9.00m,饱和单轴抗压强度为41.7~214MPa,抗拉强度为2.02~9.35MPa,工程线位所处的地质情况比较复杂。

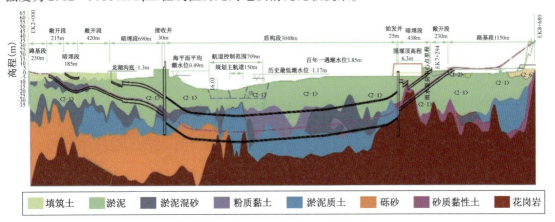

图1-27 海湾隧道工程地质纵断面示意图

海湾隧道盾构段地层特性　　表1-4

序号	地层特性	里程	长度(m)	比例(%)
1	顶部淤泥;洞身掘进段淤泥、粉细砂、中粗砂;底部中粗砂、淤泥质土	K3+790~K3+900	110	3.60
2	顶部淤泥;洞身掘进段淤泥、粉细砂、中粗砂、淤泥质土;底部淤泥质土	K3+900~K4+000	100	3.30
3	顶部粉细砂、淤泥;洞身掘进段淤泥、粉细砂、中粗砂;底部淤泥质土、中粗砂	K4+000~K4+420	420	13.80
4	顶部淤泥混砂、淤泥;洞身掘进段淤泥、粉细砂、中粗砂、中、微风化花岗岩;底部中、微风化花岗岩	K4+420~K4+487	67	2.20
5	顶部淤泥混砂、粉细砂、淤泥;洞身掘进段淤泥质土、中粗砂;底部淤泥质土	K4+487~K4+590	103	3.30
6	顶部淤泥混砂、粉细砂、淤泥;洞身掘进段淤泥质土、中粗砂、粉质黏土、中、微风化花岗岩;底部中、微风化花岗岩	K4+590~K4+660	70	2.30
7	顶部淤泥混砂、粉细砂、淤泥;洞身掘进段淤泥质土、中粗砂、粉质黏土;底部淤泥质土	K4+660~K4+805	145	4.80
8	顶部淤泥混砂、粉细砂、淤泥;洞身掘进段淤泥质土、粉质黏土、中、微风化花岗岩;底部中、微风化花岗岩	K4+805~K4+830	45	1.35
9	顶部淤泥混砂、淤泥;洞身掘进段泥质混砂、中粗砂、粉质黏土、淤泥质土、砾质黏性土;底部中粗砂、淤泥质土、砾质黏性土	K4+830~K6+837.5	2007.5	65.90

2）水文地质

(1) 分布及赋存条件

地表水：工程场地的地表水体较发育，主要为苏埃湾、龙湖沟、其他小涌及鱼塘等，与南北两岸地下水与地表水呈互补关系。

地下水：根据区内地下水的赋存特征及形成条件，可将测区地下水划分为松散岩类孔隙潜水、松散岩类孔隙承压水及块状岩类裂隙水。区内地下水的补给，主要为大气降水和垂直渗入补给。

(2) 勘察区主要的含水层

工程地质勘测区内分布有3个主要的含水层：粉细砂层、中粗砂/砾砂层和风化岩层。

①粉细砂层：主要呈不连续的透镜状分布，厚度差异大，分布的位置和埋深不同，有的为潜水，有的为承压水。

②中粗砂、砾砂层：该层主要分布在北岸和盾构段范围内，层厚差异较大，分布连续，为承压含水层。在勘察范围内，该层上覆较厚的淤泥、淤泥质土等隔水层，与地表无直接水力联系，但根据抽水试验孔的观测，该层地下水位变化与海水涨落潮同步，表明该层在勘察区外与海水存在直接的水力联系。

③风化岩层：基岩裂隙水，发育程度取决于基岩裂隙的发育程度。除南岸工作井开挖范围大部分位于基岩内，裂隙水对其施工有一定影响外，其他地段对工程施工的影响不大。

(3) 地层渗透系数

海湾隧道工程场地范围地层的渗透系数见表1-5，其中，淤泥、淤泥质土（含或夹砂）及粉质黏土渗透系数较小，而中粗砂、砾砂渗透系数较大。

地层的渗透系数 表1-5

序号	地层名称	岩土状态	渗透系数试验值（m/d）	渗透系数建议值（m/d）
1	淤泥、淤泥质土（含或夹砂）	流塑～软塑	0.00007～0.0023	0.02
2	粉质黏土	可塑	0.00008～0.00069	0.02
3	粉细砂	松散～稍密	2.03～4.46	5.0
4	中粗砂、砾砂	中密～密实	7.85～21.5	22
5	砂质黏土、砾质黏土	可塑～硬塑	0.06	0.06
6	全风化岩、土状强风化岩	坚硬	0.03	0.1
7	碎块状强风化岩	半土半岩	—	0.5
8	中风化岩	完整岩石	—	0.05

(4) 地表水、地下水腐蚀性

按照《公路工程地质勘察规范》(JTG C20—2011)附录K有关规定，针对不同的环境类型、含水层渗透性、浸水条件等，场地水对建筑材料的腐蚀性评价有着不同的规定。根据本工程特点，结合水文地质特征，各工点地表水、地下水的腐蚀性评价见表1-6。

(5) 潮汐特性

苏埃湾内潮汐属不规则半日潮，潮差不大，平均为1.0～1.5m，常年最大潮差在2.3～

2.7m之间,涨潮差稍大于落潮差;涨潮平均历时长于落潮平均历时 1h 左右,多年平均涨潮历时 6 小时 30 分至 6 小时 50 分,落潮历时 5 小时 30 分至 5 小时 50 分,潮位特征值见表1-7。

各工点地下水、地表水腐蚀性等级评价　　　　表1-6

工点名称	地下水		地表水	
	对混凝土结构腐蚀性	对钢筋混凝土结构中的钢筋腐蚀性	对混凝土结构腐蚀性	对钢筋混凝土结构中的钢筋腐蚀性
北岸连接线段及明挖段	中等	强	弱	中等
海域段	中等	强	中等	强
南岸明挖段	弱	中等	弱	强
南岸连接线及立交段	微	微	微	弱

潮位特征值表(85 国家高程基面)　　　　表1-7

项　目	水位(m)	项　目	水位(m)
历年最高潮位	3.81	平均低潮	−0.014
历年最低潮位	−1.17	平均潮差	1.03
平均海平面	0.49	设计高水位	1.40
平均高潮	1.02	设计低水位	−0.56

3)地震烈度

根据《工程场地地震安全性评价》(GB 17741—2005)的规定,近场区范围是指工程场地及其外延 25km 的地区,本项目工程场地的近场区范围在北纬 23.12°~23.58°,东经 116.44°~116.97°之间。依据《中国地震动参数区划图》(GB 18306—2015),隧址所在地抗震设防烈度为 8 度,设计基本地震加速度值为 $0.20g$。地下 20m 内的饱和砂土在 8 度地震作用下,可能会发生砂土液化,液化等级为严重。场地的淤泥、淤泥质土层在 8 度地震作用下,可能会发生软土震陷。由于场地存在液化砂土层和淤泥类软弱土层,因此按照《建筑抗震设计规范》(GB 50011—2010)第 4.1.1 条规定,场地划分为对建筑抗震不利地段。

1.3　海湾隧道设计及工程重难点

海湾隧道工程是我国首座位于 8 度地震烈度区的超大直径海底盾构隧道,也是国内首条采用超大直径盾构施工穿越复杂地层的海底隧道,工程综合难度和风险在目前我国同类型工程中居于前列,对隧道结构的设计理念和施工创新提出了较高的要求,工程特点概括如下:

(1)"大"。隧道东线采用直径 15.01m 泥水平衡盾构,西线采用直径 15.03m 泥水平衡盾构,两台盾构均属超大直径泥水平衡盾构。

(2)"浅"。隧道下穿海湾段全部采用盾构掘进,覆土厚度小于 1 倍洞径的线路超过一半,始发段覆土厚度为 8m 左右,远小于一般工程中对覆土厚度的要求。

(3)"高"。工程地处高地震烈度区,为我国第一条在 8 度地震烈度区修建的海底盾构隧道,我国尚无类似工程经验。

(4)"硬"。隧道穿越3段花岗岩基岩段,花岗岩单轴抗压强度最大超过200MPa,孤石在南岸始发井附近随机分布。

(5)"险"。盾构在海域极软/极硬地层施工,不仅要长距离穿越极软淤泥质土,还要穿越高强度基岩,同时可能面临不明障碍物,总体施工风险高。

1.3.1 海域地质复杂、精准勘察难

海湾隧道隧址下部基岩为花岗岩,隧道选线时应尽量减小隧道入岩长度及深度,因此岩土分界面的位置勘察对确定隧道埋深、断面尺寸等设计至关重要。大直径盾构隧道尺寸大、涉及地层多、水文地质条件复杂,因而遇到岩土问题多且杂,需采取调绘、钻探、物探、原位测试、水文地质试验等综合手段进行勘察,并结合工程的特点、难点开展专项地质勘察工作。海湾隧道所处海域面宽、航运繁忙,海域大面积分布深厚淤泥层及蚝壳层,钻探、原位测试等手段在水底勘探精度比较低,受制于环境条件有时不易实施,一些常规手段难以查明岩土分界面的精准位置,且现有规范对水下大直径盾构隧道勘察指导性不强,制约了勘察的质量。同时,孤石随机分布,利用物探方法(如地震折射波法、地震反射波法)等效果有待提升,还需要结合钻探结果相互印证,如何探明孤石的分布规律也是难点之一。综上,由于工程所处隧址地质条件复杂,难以获取精准的勘察结果,对隧道的设计、盾构施工及风险控制均产生消极的影响。

1.3.2 高烈度区抗震及耐久性设计难

海湾隧道属于特长的超大直径盾构海底隧道,隧址所处地区为8度地震烈度区且为高温高湿高盐的海洋环境,勘察显示:线路穿越极软土、砂土(可液化层)、硬岩、孤石等海底复杂地层,海域段氯离子、硫酸根离子含量高。工程按照100年使用年限设计,盾构隧道由管片、金属螺栓等构件拼装而成,隧道设计过程要对结构的抗震性及耐久性格外关注,且对隧道水下抗腐蚀要求高,必须采取一系列的工程防腐技术措施。主要涉及以下方面:

(1)隧道结构的抗震能力。包括竖井与盾构连接处、结构跨越地质条件突变区域等重要部位的地震响应;隧道接头的消能减震效果等。

(2)结构的防水处理。接头的张开量预测及防水处理;二次衬砌是否设置等。

(3)地基处理研究。是否需通过地基加固来解决砂土液化、软土震陷等地质灾害。

(4)海水环境下结构的耐久性。水力荷载不因成拱作用而降低,衬砌长期承受高水压,海水具有高腐蚀性,结构耐久性降低,在结构设计中要给予充分考虑。

1.3.3 超大直径盾构选型设计难

盾构机型的选择是盾构隧道工程施工成败的关键,选型不仅关系到工程质量,而且影响工期。盾构选型一般按照适用性、可靠性、先进性、经济性相统一的原则进行,同时要综合考虑土质条件、开挖面稳定、隧道埋深、地下水位、设计隧道的断面、环境条件、沿线场地、衬砌类型、工期、造价、辅助工法、设计路线、线形、坡度、电气等各种情况,并结合具体工程的实际选择合理的盾构机型。海湾隧道工程地质状况复杂,既有极软弱的淤泥地层及粉质黏土,亦有高强度的微风化花岗岩起伏地层,还有未探明的孤石散布,施工过程中可能产生海底冒浆、海水倒灌、刀具非正常磨损乃至损坏、刀盘结泥饼等一系列风险,为了克服上述诸多不利因素,盾构装备的

适应性选型是关键,重点包含以下方面:

(1)盾构类型确定。根据工程的地层特点、地层渗透系数、地层颗粒级配、水压诸多因素,解决理论的合理性与实际的可能性之间的矛盾,考虑环保、地质、安全等因素,确定盾构类型。

(2)刀盘形式的比选。根据地层的特点分析不同类型刀盘的优势和存在的不足,结合工程的需求确定适宜的刀盘形式。

(3)刀具布置方案的设计。在刀盘形式的基础上,考虑盾构穿越高强度基岩段、孤石,重点研究刀具的配置、刀间距布置,形成适应极软极硬地层掘进的刀盘刀具设计方案。

(4)刀盘结构计算。结合盾构典型地层施工工况,对刀盘进行结构分析计算,验证刀盘结构设计的合理性,保证刀盘结构具有足够的强度和刚度。

(5)刀盘功能的优化提升。由于盾构部分穿越区存在结泥饼、刀盘刀具快速磨损的风险,应重点在刀盘面板冲刷设计、刀具运行状态监测、耐磨防护措施方面进行优化,进一步提高盾构的地质适应性水平。

1.3.4 孤石及软弱地层始发、到达难

海湾隧道开挖直径超过15m,衬砌外径14.5m,隧道断面面积约为176.9m^2,属于特大断面隧道(大于100m^2)。盾构始发端头位于淤泥地层中,隧道埋深约为8m,到达端头位于淤泥和砂层中,隧道埋深为12m,隧道在始发端头、到达端头埋深比均不足1倍洞径。进一步对线路埋深进行统计表明,51%区域覆土厚度不足1倍洞径,属于典型的超大断面浅埋隧道,且上覆地层多为软弱地层,因而盾构施工安全风险高、技术难度大、管理要求严。主要有以下方面:

(1)海湾隧道为超大直径盾构,采用常压刀盘设计,主机总质量达到2800余吨,盾体重心前倾,姿态控制难。

(2)始发段位于南岸,紧邻围堰大堤,环境复杂且敏感,属于超浅埋始发,容易引起围堰大堤不均匀沉降,对地表沉降控制要求高。

(3)盾构直径大,始发即遭遇孤石地层,盾构始发建压及掘进难度大。人工破除洞门位置围护结构,容易引起洞周土体失稳或洞口开挖面局部涌水、涌砂等问题。

(4)盾构接收过程中,接收台座的尺寸、密封装置等设置不合理或操作不当,可能引发盾构接收阶段发生洞门失稳、地表沉陷、漏水流砂、刀盘卡死等事故。

1.3.5 海域极软/极硬地层掘进难

海湾隧道为典型的海域极软/极硬地层施工工程,盾构掘进可划分为3种典型地层的施工。盾构始发即遭遇孤石区,随后进入软弱地层掘进,在主航道下方进入高强度基岩凸起段施工,3种典型地层的施工难点如下:

(1)孤石地层施工。根据线路和地勘报告,在南岸及海域段存在孤石,因其大小不一、在地层中随机分布、强度高,若采用直接掘进通过的方法,给刀盘刀具带来严重破坏,遇到自稳能力差、不具备带压和常压开仓条件时面临极大风险。通过孤石探测和预处理的方法,也无法完全消除孤石影响。

(2)软弱地层掘进。盾构在软弱地层掘进,海域浅埋极软流塑地层易出现冒浆、开挖面失稳,需要对支护压力、掘进参数、注浆等进行研究以保证软弱地层顺利掘进。施工中出现姿态

不受控制的现象,主要表现掘进中的栽头和上浮,长时间停机盾构易下沉。软弱地层盾构施工时,成型隧道管片上浮,出现错台、开裂等问题。且软弱地层具有含水率高、高压缩性、低强度、易触变特点,会造成地表沉降量过大。

(3)高强度基岩凸起段施工。盾构在海域穿越上软下硬的基岩凸起地层,如果采用水中爆破的预处理方法,势必干扰主航道的通航;如果盾构直接掘进通过,基岩强度达到200MPa,刀盘受偏荷载,刀具受到交变荷载,刀具磨损速度快、失效概率高,频繁换刀致掘进效率低下,此外由于偏载的存在,盾构姿态也不易控制。

1.3.6　环境条件复杂、风险管控难

大型海底盾构隧道工程是一项复杂的系统工程,项目建设的风险来自建设条件、建设施工等诸多方面。作为国内首条位于8度地震烈度区的超大直径海底隧道,隧道区域内存在易震陷的淤泥层及液化砂层,且易受台风影响;海域段存在多段基岩凸起段,同时南岸岸边存在大量孤石,因此,评估工程地质与水文地质条件、气象条件、场地地质灾害、河势演变、周边环境等对工程的影响,辨识工程建设潜在的风险源及风险,针对工程建设方案提出风险控制措施以及管理方案是必要的,但由于工程条件认识的局限和风险认识的不足,超大直径海底盾构隧道的风险辨识和风险管控依旧是一项充满挑战的工作。

Key Construction Technology
of Shantou Bay Tunnel Using Super-large Diameter Slurry Shield

汕头海湾隧道超大直径泥水盾构施工关键技术

第 2 章
高烈度地震区隧道结构抗震及耐久性设计

汕头海湾隧道隧址所处地区为 8 度地震烈度区，线路穿越极软土、砂土（可液化层）、硬岩、孤石等海底复杂地层，受高地震烈度与复杂海底地层条件耦合作用，隧道的设计、施工难度国内少有，隧道在结构设计过程中要对其抗震性及耐久性进行研究，提出安全、经济、实用的抗震及耐久性方案，确保隧道结构达到设计使用年限指标。

2.1 隧道结构抗震方案研究

2.1.1 隧道的抗震措施

一般认为，地下构筑物比地上构筑物更难受到地震的破坏，但 1995 年日本的阪神地震打破了人们的惯性思维。在这次地震中有 30 座隧道受轻、重度损坏，10 座隧道受严重损坏需进行加固。在地震的作用下，隧道通常会因为土层的变化、结构形式与材料的改变和边界条件的不同，造成部分区域存在应力集中或位移放大的现象，这些区域必须通过其他手段，来加强抗震性能。

在隧道抗震设计中，需注意的区域归类如下：
①隧道与建筑结构、竖井等的连接处。
②隧道结构材料不连续处。
③隧道通过刚度差异性大的土层不连续处。
④隧道中有连接通道等刚度突变处。

为了防止上述 4 类区域出现应力集中的现象，常见的措施是通过柔性节点来消散应力，达到变形集中的效果，其常用的处理方法包括安装特殊防水橡胶和抗拉装置。这些措施主要是用来增加隧道纵向和横向的容许位移，增加容许转角，要求能对抗静、动力和水压，此外还要具备有效的防水性。

除了设置柔性节点以外，另一种减震措施是在隧道与土体间增加一层弹性材料，以有效降低土体对隧道的直接作用。此种包覆材料必须兼具稳定性和耐久性，对于具体设计而言，则必须要有一定的力学性质与延伸长度，才能发挥减震的效果。

2.1.2 隧道隔震方案

隧道隔震是在隧道外侧包覆一层具有柔性的材料来减小地震对隧道的影响，主要应用于结构不连续处（如隧道与竖井的连接处）和土层不连续处（如土层刚度变化较大的交界处）。隧道常见的隔震材料见表 2-1，隧道隔震示意如图 2-1 所示，包覆厚度通常为隧道直径的 2% ~ 10%，延伸长度取决于非隔震应力或弯矩较大的区段。

有研究表明，直径为 10m 的盾构隧道，包覆 200mm 的隔震材料后，可以有效减小弯矩和轴力。其中，隔震隧道的弯矩在较硬的土层中减小了 50%，而轴力则减小了 30%。当考虑使用隔震手段时，必须保证隧道不会因为附加的隔震层产生额外的沉陷。隔震材料必须具有高耐久性，并且需防止隧道因徐变造成的位移。

隧道常见的隔震材料 表2-1

包覆材料	剪切模数(kPa)	泊松比	包覆材料	剪切模数(kPa)	泊松比
沥青	500	0.4	硅胶-3(Silicone)	570	0.48
氨基甲酸乙酯(Urethane)	280	0.48	流体橡胶	280	0.46
硅胶-1(Silicone)	100	0.48	固态橡胶	580~1280	0.33~0.423
硅胶-2(Silicone)	300	0.48	—	—	—

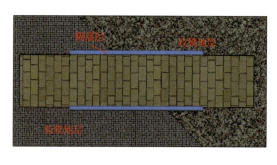
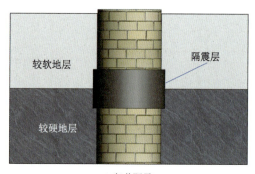

a) 隧道隔震　　　　　　　　　b) 竖井隔震

图 2-1　隧道隔震示意图

隧道隔震的性能主要通过下列参数来控制：
①隧道直径与有效土层厚度比。
②土层相对于隧道的刚度。
③土层对隔震层的剪切刚度比。
④土层的泊松比。
⑤隔震材料的泊松比。
⑥隔震层厚度与隧道直径比。

增加土层对隔震层的剪切刚度比，可以有效减小隧道的位移；土层相对于隧道的刚度对隔震性能的影响小；当隧道直径与有效土层厚度比小于0.1时，不利于隔震的性能，但高于0.1时，则对隔震性能的影响不显著；较小泊松比的隔震材料能有效提升隔震性能。因此选取较小剪切模量与较小泊松比的材料，能够有效提升隧道隔震的性能。当采用较小泊松比的材料时，必须考虑隧道深度且计算压缩模量，确保隔震层能承受周围的土压力。

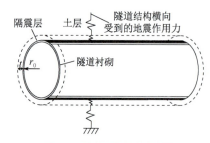

图 2-2　隧道隔震的力学模型

隧道隔震的力学模型如图2-2所示，此力学模型为简化模型，隔震层的作用是减小土层于隧道纵向上的剪力效应，所以在数值模拟中可采用剪切弹簧来表示隔震层，此弹簧的两端分别与土体和隧道相连。同时，对于土体对隧道在径向上的作用，隔震层也可以减小部分的直接作用力，在力学模型中，可以采用轴向弹簧，连接于土体和隧道弹簧之间。

以下为隔震层的剪切和径向刚度：

$$K_s = \frac{GA_{eff}}{t} \tag{2-1}$$

$$K_r = \frac{EA_{eff}}{\beta t} \tag{2-2}$$

式中：K_s——剪切刚度；

K_r——径向刚度；

G、E——隔震层剪切模量和弹性模量；

A_{eff}——有效面积；

t——隔震层厚度；

β——折减系数。

隔震层剪切刚度需配合隧道模型的假设来定义有效面积，如果以半圆环的投影矩形面积进行计算，剪切刚度会趋于保守；计算径向刚度时，必须考虑土体围压对隔震层的作用，β可以作为此作用的参数，β越小，则径向刚度会趋于保守。

式(2-1)和式(2-2)为简化公式，计算结果会略微低估隔震层的性能，并且剪切与径向刚度的耦合效应并未考虑于式中，如考虑精细化的计算，耦合效应必须考虑。

2.1.3 柔性减震节点方案

在地震作用下，盾构隧道与环片间会因轴力损失、过大弯矩和周围土层的位移等，导致两环片出现张开的现象。为减少此类灾害的发生，于可能出现较大张开效应的位置，安装柔性节点。常见的柔性节点，主要由两层止水橡胶和一个抗拉装置组成。抗拉装置是由左右钢绞线和一连接件组成，由于钢绞线的特性，此装置只有环片间在该位置出现张开效应时，才会起作用。然而，此抗拉装置不存在消能的能力，并于大震过后会存在永久变位，因此柔性节点在高烈度地区必须考虑复位的能力。

借鉴传统柔性节点，减震装置可以安装于抗拉装置处。减震装置可以分为无刚度的油阻尼器、防屈曲支撑和形状记忆合金杆。三种方案的优缺点比较见表 2-2，依据表 2-2 的描述，如采用形状记忆合金杆消能方案，并与钢绞线搭配形成抗震装置，此抗拉装置就可以满足抗拉刚度、容许拉方向的大变位，具有自复位的功能、高力学稳定性和耐久性。

减震节点方案的优缺点比较　　　　　　　　　　　　　　表 2-2

消能方案	优　　点	缺　　点
油阻尼器	不附加刚度于柔性节点，具有良好的耗能能力	耐久性较差不具自复位的功能
防屈曲支撑	性能稳定易于施工和安装	容许变位小，拉压方向都有刚度
形状记忆合金杆	拉方向具有超弹性、自复位的功能，性能稳定且耗能能力强	价格略高

作为良好的减震装置，形状记忆合金杆具有超弹性的性能。一般常用的记忆合金是由55.9%的镍和44.1%的钛组成的镍钛(NiTi)合金，可恢复的应变达8%，极限应变达17%，是一种新型的智能材料。除此之外，记忆合金能在可恢复的应变内，形成滞回曲线，消散地震所产生的能量，如图2-3所示。由于超弹性和可复位的特性，形状记忆合金杆是作为隧道减震节点的理想方案。

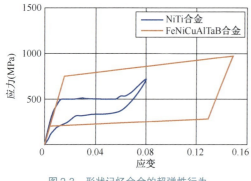

图 2-3 形状记忆合金的超弹性行为

2.1.4 海湾隧道减震方案

考虑大震作用下,隧道土层变换处环缝接头的张开量在一定区域内(约 200m)超出 1.5cm,无法满足隧道的防水及安全运营要求,有必要对海湾隧道采取减震措施,提高隧道抗震性能,确保隧道结构的耐久性。

如前所述,可以采用哑铃式形状记忆合金阻尼器柔性减震节点外加相邻局部接头螺栓加强的措施,具体方案布置如图 2-4 所示。在花岩两侧土层变化处布置两道柔性减震节点特殊钢管片,同时对特殊钢管片两侧 100～500m 范围内和南岸竖井 100m 范围内的接头螺栓局部加强(图 2-4 中红线区域),加强区螺栓数量增加至非加强区螺栓数量的两倍。

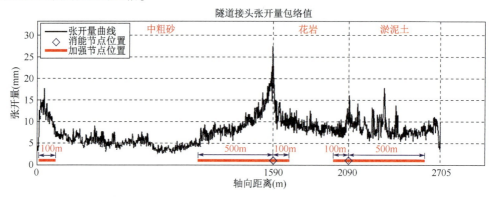

图 2-4 减震节点及局部螺栓加强方案布置示意图

(1)减震方案组成

柔性减震节点如图 2-5 所示。

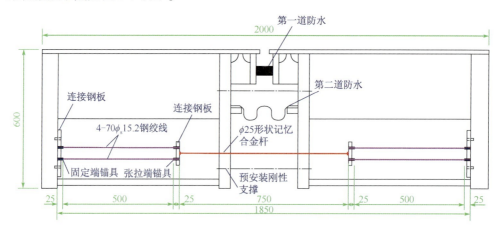

图 2-5 柔性减震节点示意图(尺寸单位:mm)

柔性减震节点由以下几部分构成：
①哑铃式形状记忆合金阻尼器(由钢绞线、形状记忆合金杆、哑铃式扣件组成)。
②弹性防水垫块，允许变形需满足计算最大张开量1.2倍的要求。
③波纹型防水挡块，可拉伸变形需满足计算最大张开量1.2倍的要求。

由于此减震装置仅考虑抗拉的区段，必须通过钢绞线与形状记忆合金杆串联，保证整体减震装置仅受拉力作用。形状记忆合金的刚度必须小于或等于钢绞线总体刚度的1/10，以保证形状记忆合金杆的变形集中性能。钢绞线采用多束并联的方式，主要考虑当多钢绞线合成一束，因为长度较短，产生部分的轴压刚度，不利于形状记忆合金杆保有仅受拉的特性。

(2) 减震方案机理
①柔性减震节点的抗拉刚度只有普通接头螺栓刚度的1/11，能产生变形集中的效应，降低土层变化区域普通接头的地震作用。
②形状记忆合金杆具有自复位功能，适应地震过程中的往复变形，且可提供一定的残余变形恢复力。
③柔性减震节点相邻区域的接头螺栓加强，有利于传递远端接头变形集中至柔性节点处。
④弹性防水垫块具有较大的压缩量，可保证在允许张开量下不漏水；波纹型防水挡板可拉伸一定的长度，构成了第二道止水措施。

(3) 减震方案设计思路
①小震下形状记忆合金杆保持线弹性，大震下隧道主体中记忆合金杆的极限弹性位移必须小于设计位移。
②根据盾构环片可施工的面积决定记忆合金杆的长度和断面面积，通过环片的宽度决定记忆合金杆的长度。
③减震节点的整体线弹性刚度必须小于普通环片接头的螺栓刚度。

2.2 减震效果分析

2.2.1 抗震性能指标

对于地上建筑，抗震性能的指标研究起步较早，目前指标的选取以及量化已比较成熟，而地下结构在地震作用下的破坏形式和危害与地上结构有所不同，尤其是对于盾构隧道这种柔性长线型结构，结构变形以及接头连接处的变形是主要控制因素。

日本学者小泉淳对盾构隧道提出了相应的性能要求和验算指标，首先将地震动分为L1和L2两个等级，分别对应中型地震和罕遇强烈地震；根据具体情况，按照隧道受损情况提出了三级性能要求，见表2-3、表2-4。

对于L1地震动，由于管片主体和管片接头(环向接头)是盾构隧道衬砌的主要结构，所以必须确保隧道遭受灾害后维持健全状态，或者经过简单修复能重新投入使用。如果管片主体的一部分受到地震影响而损坏，一般情况下，只要周边土体保持稳定，隧道立刻坍塌的危险性就很小，但很难保证隧道长期安全。若必须对损坏部分进行修复和加固处理，那么地震之后隧道就很难立刻投入使用。因此对管片主体和管片接头的最低要求是必须保证其结构不会发生容许受损度Ⅱ(材料处于极限强度以内)以下的材料破坏。虽然管片接头在防水方面有一定不足,但是如果把断面的应力水平控制在弹性极限以内,断面内就会存在受压区,此时可省略止水性能的验算。

盾构隧道的性能要求及验算内容(L1 地震动) 表2-3

性能要求	描述	验算内容
容许受损度 0（材料弹性极限85%以内）	不必进行基本的修复和加固处理,就能确保设计的承载力、耐久性和防水性	确认管片和环向接头、纵向接头的应力水平在容许应力的85%以内;保证其防水性能所要求的接缝张开量和错位在合格范围内
容许受损度Ⅰ~Ⅱ（材料极限强度以内）	根据情况经过简单的修复,能够确保设计的承载力和耐久性	确认管片和环向接头的应力水平在弹性极限或强度以内;通过简单的措施能够恢复到初防水性能所要求的张开量和错位在合格范围内

盾构隧道的性能要求及验算内容(L2 地震动) 表2-4

性能要求	描述	验算内容
容许受损度 0~Ⅰ（材料弹性极限以内）	通过简单的修复,能够确保设计的承载力和防水性	确认隧道各部分构件都处于弹性工作范围内,同时要保证隧道的防水性能
容许受损度Ⅱ（材料极限强度以内）	二次衬砌的一部分构件受到破坏,但是二次衬砌没有坍塌的危险	确认管片及接头达到弹性极限或强度,但没达到材料极限强度

对于 L2 地震动,盾构隧道的性能要求是:隧道不会因地震而坍塌,或者经过大规模的修复加固处理后能确保恢复其机能,满足隧道的使用。

盾构隧道由大量的管片通过螺栓等联结拼装而成,整个盾构隧道结构有大量的接缝。盾构隧道的纵向抗震性能,主要需考虑隧道接缝防水性能的要求。因此可将隧道纵向环间接缝张开量作为一个重要性能指标。此外,管片在地震作用下的应力,接头处的轴力、弯矩等内力也是评价减震节点减震效果的指标。

2.2.2 减震节点试验

为考察设计开发的减震节点用于盾构隧道的可行性,开展试验进行测试、验证。试验包括两个方面:

①减震节点哑铃型沥青玛蹄脂碎石混合料(SMA)的力学性能试验。对开发设计的哑铃型 SMA 减震构件进行力学性能试验,研究哑铃型 SMA 的耗能性能,并给出分析模型。

②大比例减震节点试验。对含减震节点的管环连接结构进行大比例的拟动力模型试验,研究减震节点整体的力学行为,考察节点弯矩与张开量的关系;验证减震节点的减震效果,综合理论分析和试验成果,对结构抗震设计提出建议。

1)减震节点哑铃型 SMA 力学性能试验

试验对象:单根哑铃型 SMA 减震器原型试件 3 个。

试验内容:基本的力学性能试验和疲劳试验。对各试件逐级进行拉伸和压缩往复循环加载,采集每级工况下试件的受力、变形值,并记录滞回曲线。获取试件的轴向弹性刚度、屈服力、屈服位移、屈服后刚度、屈服后变形恢复时间、骨架曲线、疲劳性能等力学参数的实测值,并与设计值相比较,调整产品的材料参数或隧道计算模型。

试验装置:100t电液伺服消能构件试验系统。其主要性能指标为:水平向大静载拉压为 ±150t;水平向大动载拉压为 ±100t;水平作动器位移为 ±600mm;水平作动器速度为 1500mm/s;工作频率为 0.001~5Hz。

设备功能:控制系统采用全数字闭环控制,控制通道为2个,每个通道包括试验力和位移闭环控制回路;可进行低周循环加载及疲劳加载试验,加载波形为直流、方波、三角波、斜波、正弦波等;设置多通道数据采集力与位移参数。消能试验设备如图2-6所示。

2)大比例减震节点试验

(1)试验对象

试验模型:取两片管环及中间4个均布的形状记忆合金杆为试验对象。模型取自隧道整体抗震分析中受力不利位置处。

模型材料:选取与隧道原型相同的材料,使材料的弹性模量、密度和应变的模型相似比为1。

几何相似比:根据隧道整体有限元抗震分析中隧道的轴向拉力、压力及弯矩的计算结果,

图2-6 消能试验设备

依据实验室现有设备状况,以及试验便利性,选取试验模型几何相似比为1/10。相应地,可以确定试验模型内径、环间连接螺栓以及减震节点止水带和SMA参数。

原型隧道管环内各管片间通过螺栓连接拼装,为简化试验模型制作,减少小尺寸下的制作误差,这种连接的模拟可用开槽削弱整体管环刚度来代替。

(2)试验工况

模型试验包括管环轴向拉压工况和管环拉弯工况,模拟隧道经历地震作用下的不利受力状况,重点考察管环间大张开量时的受力与变形情况。

(3)加载装置

两片管环竖向放置,中间连接减震节点。采用2个液压千斤顶或作动器,通过分配梁作用于管环横截面,实现对弹性防水垫块的预压,以及拉弯等工况,加载装置如图2-7所示。

(4)试验内容

试验量测内容包括受力观测、变形观测和外观观测。主要内容为:

①管环间减震节点的张开量:使用弹簧式位移计和激光位移计,均匀布置于管环减震节点连接部分。

②SMA的受力与位移:在SMA端部布置垫圈式力传感器测量受力情况,SMA两端布置弹簧式位移计测量位移变化。

③管环接头部位的应变分布:在管环内外壁上布置多点应变片,测量管环应变分布。

④管环外观裂缝发展及止水带外观变化:试验过程中观察管环及止水带的外观变化及损伤情况。

通过SMA力学性能试验,获取了SMA基本力学性能数据和疲劳数据,包括试件的轴向

弹性刚度、屈服力、屈服位移、屈服后刚度、屈服后变形恢复时间、骨架曲线、疲劳性能等力学参数实测值,并与设计值相比较,为调整产品材料参数或隧道计算模型提供基础性数据资料。

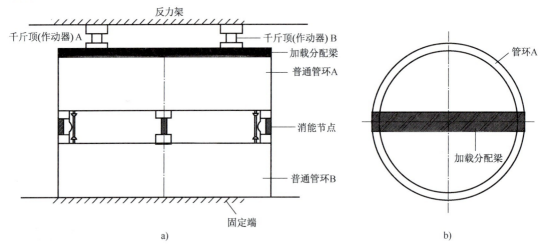

图 2-7　加载装置示意图

进一步通过大比例减震节点试验得出,地震过程中隔震隧道实现变形集中,变形集中到柔性节点处,其他接头实现由张开至闭合。隔震减震体系可减小隧道结构加速度响应,特别是在非一致激励下的地震响应。在大地震作用下,隔震减震体系可有效减小隧道管环的拉应变,隔震减震隧道基本处于弹性状态,证明了海湾隧道抗震方案的可行性。

2.2.3　减震效果对比

采用不同的地震波输入,对布置了减震节点且局部螺栓加强的隧道和全部为普通节点连接的隧道进行地震响应对比分析,同时考察了超烈度地震下减震方案隧道和普通方案隧道的安全性。

接头张开量减震效果对比如图 2-8、图 2-9 所示。图中红色虚线为布置了减震节点措施的接头张开量包络值;黑色实线为普通非减震方案的接头张开量包络值。

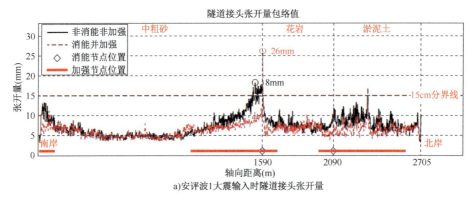

图 2-8

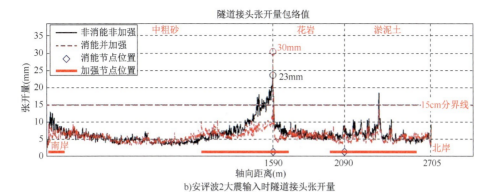
b) 安评波2大震输入时隧道接头张开量

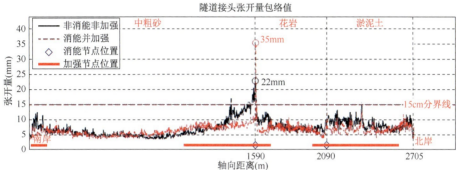
c) 安评波3大震输入时隧道接头张开量

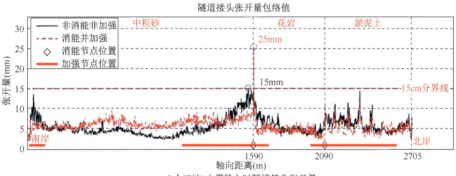
d) 人工波1大震输入时隧道接头张开量

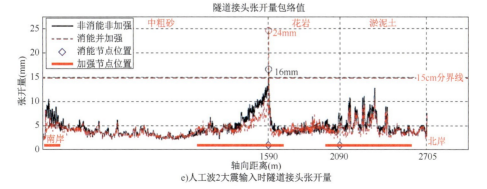
e) 人工波2大震输入时隧道接头张开量

图 2-8　接头张开量减震效果对比

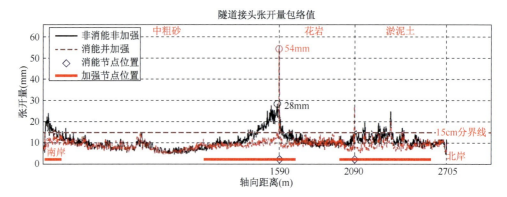

图 2-9　超烈度地震作用下隧道接头张开量（安评波 1）

从图 2-9 中可以看出，在柔性减震节点处，接头变形出现较明显的集中，同时改善了一定范围内（约 200m）其他普通接头的张开量。除柔性减震节点位置，隧道全线接头张开量均小于 15mm，柔性减震节点在采取特殊的防水处理后，可保证隧道接头不漏水。形状记忆合金杆具有复位功能，可保证经历地震后柔性减震节点处的接头在一定程度上回复原位。此外，在遭遇超烈度地震作用时，未采取减震措施的普通隧道接头张开量大量超过 15mm，而采取减震措施后，只有极个别的隧道普通接头张开量超过 15mm，有效地提高了隧道的抗震安全储备。

通过对盾构隧道横断面和明挖隧道的横断面、局部三维竖井接头以及结构纵向整体在长时和地震作用下的全面分析研究及相关的实验研究，可得到以下结论：

（1）隧道管片在大震作用下处于弹性工作状态。无论是盾构段还是明挖段的管片，在静力作用下以及在大震作用下均处于弹性工作状态。

（2）明挖隧道在大震荷载作用下，最大变形量在可控范围内。明挖隧道在大震荷载作用下，其最大变形量为 29mm，出现在结构的顶板中部，在可控范围内。

（3）盾构隧道纵缝在大地震作用下，张开量不超过 1cm。在大震作用下，纵缝最大张开量为 1.9mm；在考虑砂土液化和软土震陷情况下，纵缝最大张开量为 5.2mm，均在可控范围内。

（4）大震作用下盾构隧道环缝在土层变化突变的交界处产生较大的张开量，若不采取措施，海底隧道处于不安全状态。在大震作用下，花岩与中粗砂交界处有约 100m 长度区域张开量在 1.5cm 以上，淤泥土段中间位置有个别凸起，且超过 1.5cm，若不采取措施，海底盾构隧道在大震作用下处于不安全状态。

（5）在土层变化处布置减震节点（形状记忆合金阻尼器柔性减震节点），可使全隧在大地震作用下处于安全状态。在土层变化剧烈处（花岩与中粗砂，花岩与淤泥土交界处）布置减震节点，并增加邻近区域的管片连接螺栓数目。该方案能把邻近区域节点的张开量集中至减震节点，将其张开量降至 1.5cm 以下；减震节点则承受较大张开量，形状记忆合金杆具有复位功能，可保证经历地震后柔性减震节点处的接头在一定程度上回复原位。该方案使全隧道在大震作用下处于安全状态。在超烈度大震作用下，只有极个别的接头环缝张开量稍超 1.5cm，减震节点张开量也只有 5.2cm，隧道结构基本仍能安全运行，确保隧道在大震中仍有较大的安全储备。

（6）应根据隧道结构所处的环境，采取有效的防护措施，保证混凝土结构的耐久性。

2.3 隧道结构抗震减震设计

盾构隧道的纵向拉伸量主要产生在隧道纵向接头处,因此增强盾构隧道纵向接头的抗变形能力是抗震减震的有效措施。可以考虑纵向接头采用直螺栓、加长纵向螺栓长度、在接头处加弹性垫圈等方式吸收位移,从而达到减震的目的。曲螺栓和直螺栓连接方式对比如图2-10所示。

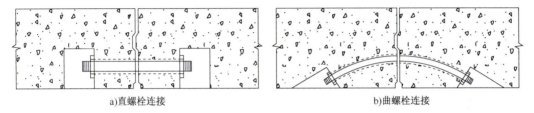

图2-10 螺栓连接方式对比

直螺栓连接方式的优点主要体现在以下几个方面:
①直螺栓更方便施加预应力。
②从计算模型来看,直螺栓计算模型更直接、简单。
③直螺栓在地震时更容易变形,且变形时对隧道管片结构的损害相对较小,从抗震角度推荐采用直螺栓连接方式。
④从减震角度来讲,可以更方便地进行减震器的安装、实施及震后更换。
⑤此外,在盾构隧道接头处采用回弹能力强的复合止水条,且适当增加止水条的厚度,施加预应力紧固,可达到地震时有效止水的目的,保证隧道的正常运营(图2-11)。

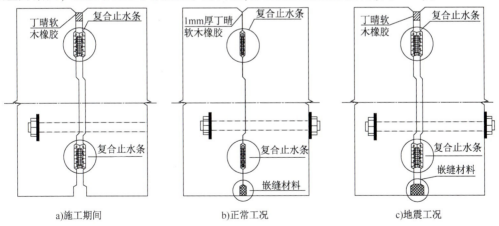

图2-11 复合止水条示意图

如图2-11所示,在花岩两侧土层变化处布置两道柔性减震节点并对其相邻局部接头螺栓加强,可改善土层变化处一定范围内接头的张开量,使隧道全线接头张开量(除减震节点外)不超过15mm,确保隧道在罕遇地震作用下处于安全状态;且减震节点的集中变形在经历地震作用后,可一定程度上回复原位。在遭遇超烈度地震时,减震效果更为明显,隧道地震安全储备大幅度提高。纵向接头采用直螺栓、加长纵向螺栓长度、在接头处加弹性垫圈等方式吸收地震能量。在盾构隧道接头处采用回弹能力强的复合止水条,且适当增加止水条的厚度。

在投资容许的情况下,可在减震节点处外包隔震层,减少地层传递至隧道结构的地震能量。

汕头海湾隧道抗震节点的设计如图2-12所示,采用SMA减震节点,结构形式为记忆合金棒材,如图2-13所示,具有超弹性、低耗能及自复位功能。外包隔震层采用橡胶砂土注浆隔震层减少地震能量,主要材料为废轮胎颗粒、砂土、黏土等组成的橡胶砂土混合物。通过形状记忆合金制成的柔性减震节点,地震时该处接头变形出现较明显的集中,同时改善了一定范围内(约200m)其他普通接头的张开量,除记忆合金柔性减震节点位置外其他位置接头张开量均小于15mm。在柔性减震节点处采取特殊的防水处理后,隧道接头能够保证不漏水,外包隔震层具有隔震作用。最后,形状记忆合金具有复位功能,可保证经历地震后柔性减震节点处的接头在一定程度上回复原位,有效提高了隧道的地震安全储备。

图2-12 汕头海湾隧道SMA减震节点

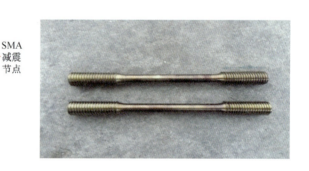

图2-13 汕头海湾隧道记忆合金棒材

2.4 隧道结构耐久性设计

依据《混凝土结构耐久性设计标准》(GB/T 50476—2019),可将混凝土结构环境作用类别划分为一般环境(Ⅰ)、冻融环境(Ⅱ)、海洋氯化物环境(Ⅲ)、除冰盐等其他氯化物环境(Ⅳ)和化学腐蚀环境(Ⅴ)五大类,同时各类环境依据作用程度还可进一步划分为轻微(A)、轻度(B)、中度(C)、严重(D)、非常严重(E)和极端严重(F)六级。

本工程隧道结构处在高烈度地震区,同时处在海水环境,隧道盾构段混凝土结构的环境类别及作用等级划分见表2-5。其中外侧环境水中氯离子浓度已超5000mg/L,侵蚀作用可按Ⅲ-E级非常严重腐蚀考虑,大量的氯离子加上氯离子有很强的活性,长期在该环境下易破坏钢筋表面的钝化膜而引起钢筋锈蚀。内侧主要侵蚀来源于汽车废气,属大气污染环境类别,作用等级为Ⅴ-C级中度腐蚀。但考虑到盾构结构为一侧干燥而另一侧接触海水的配筋混凝土构件,其接触海水一侧应按Ⅲ-E级非常严重腐蚀考虑。因此,海湾隧道结构内外侧均应按Ⅲ-E级非常严重腐蚀考虑。按照在三类环境中设计使用年限为100年的混凝土结构应采用专门的有效措施,保证其耐久性。

海湾隧道盾构段环境类别及作用等级　　　　　表 2-5

环境类别			作用等级
外侧	海洋氯化物环境		Ⅲ-E
	化学腐蚀环境	SO_4^{2-}	V-C
		Mg^{2+}	V-C
		侵蚀 CO_2	V-C
		pH 值	无腐蚀
内侧	大气环境污染		V-C(汽车废气)
	干湿交替		Ⅲ-E

混凝土主要技术要求如下:
①钢筋最外侧保护层厚度为 40mm。
②水泥应选用普通硅酸盐水泥或硅酸盐水泥。
③混凝土水胶比宜为 0.28~0.32,胶凝材料总量范围为 450~500kg/m³。
④氯离子含量不超过胶凝材料质量的 0.06%。
⑤碱含量不大于 2.5kg/m³。
⑥氯离子扩散系数 $D_{rcm} \leq 4 \times 10^{-12} m^2/s$。
⑦电通量小于 1000C,按《普通混凝土长期性能和耐久性能试验方法标准》(GB/T 50082—2009)规定的电通量法检验。

由上述分析可知,本工程盾构隧道结构将处于Ⅲ-E级非常严重的腐蚀环境中,为保证其 100 年设计使用目标要求,须进行有针对性的耐久性设计。基本出发点为在材料和工艺技术能够保证的前提下,通过提高混凝土材料自身的耐久性措施来实现,其中配置高耐久性混凝土是最有效、最直接且最经济的措施。

高耐久性混凝土的配制应在优选原材料的基础上,通过合理搭配各种组分,最终形成密实、宏观缺陷少、渗透性小和体积稳定的混凝土材料。按管片设计强度等级 C60,水胶比控制在 0.30~0.36,综合传统规范方法和以实测粗集料的松堆积密度为出发点的高耐久性混凝土设计方法,进行海湾隧道盾构管片混凝土配合比设计。选取水胶比和掺合料掺量两个对混凝土耐久性影响比较重要的参数,研究不同水胶比和掺合料掺量对混凝土强度、变形性能及耐久性的影响。

通过试配混凝土配合比,按 28d 强度标准进行验收,海湾隧道高耐久性混凝土水胶比宜控制在 0.28~0.31,掺合料掺量宜控制在 20%~30%。试验中混凝土材料自身耐久性均较好,能满足相应设计要求指标。28d 氯离子扩散系数小于 $4 \times 10^{-12} m^2/s$,抗水渗透等级达到 P12,抗碳化性能达到了 T-Ⅳ。在满足强度和耐久性指标的前提下,适当增大矿物掺合料用量,减小胶凝材料用量,并做好早期养护,对减小收缩、提高混凝土结构耐久性有利。

采取的防腐措施如下:
①螺栓防腐采用渗锌 + 锌基铬酸盐 + 封闭层的防腐措施,涂层总厚度为 70μm。经盐雾试验后出现红锈时间不小于 1000h。

②环缝全部嵌缝,螺栓手孔全部用水泥砂浆封堵。
③螺杆与螺孔之间空隙采用水泥浆封堵。

2.5 本章小结

汕头海湾隧道所处的粤东地区,地质构造复杂,位于地震烈度 8 度以上的地震带上,有发生比较强烈地震的地质构造背景。海底隧道一旦遭遇地震破坏,海水灌入导致隧道被淹,生命和财产将遭受巨大的威胁。因此,必须对隧道结构的抗震及耐久性开展研究,避免地震作用下隧道发生大灾难。

通过隧道结构抗震方案的研究,提出了隧道隔震与设置柔性减震节点相结合的方案。开展了减震节点相关试验,获取了减震节点哑铃型 SMA 力学参数,为设计改进提供基础数据。此外,借助大比例减震节点试验,得出:隔震隧道实现变形集中,变形集中到柔性节点处,其他接头实现由张开至闭合,设计的隔震减震方案可减小隧道结构加速度响应,特别是在非一致激励下的地震响应;在大地震作用下,隔震减震体系可有效减小隧道管环的拉应变,隔震减震隧道基本处于弹性状态。基于 SMA 力学参数等对方案减震效果计算分析,除柔性减震节点位置,隧道全线接头张开量均小于 15mm,柔性减震节点在采取特殊的防水处理后,可保证隧道接头不漏水。形状记忆合金杆具有复位功能,可保证经历地震后柔性减震节点处的接头在一定程度上回复原位。

汕头海湾隧道抗震和耐久性主要措施如下:

(1)从结构的抗震和耐久性角度出发,汕头海湾隧道在土层变化剧烈处(花岩与中粗砂、花岩与淤泥土交界处)布置减震节点,并增加邻近区域的管片连接螺栓的数目;采取减震措施后,地基可不做特殊处理。

(2)采取减震措施后,从抗震角度出发,隧道结构不宜施作二次衬砌结构。当二次衬砌和管环连接在一起作为纵向受力构件时,大震作用下二次衬砌大量断裂而导致相应的环缝张开量超过 1.5cm,结构反而不安全。同时由于采用减震措施可以有效减少环缝的张开量,提高盾构隧道的抗震能力,因此可不施作二次衬砌。若考虑其他因素影响(如防腐等)而设二次衬砌,宜将二次衬砌和管环受力分开。

(3)在消能节点处外包隔震层,材料为废轮胎颗粒、砂土、黏土等组成的橡胶砂土混合物。

(4)纵向接头采用直螺栓、加长纵向螺栓长度、在接头处加弹性垫圈等措施来吸收地震能量。

(5)在盾构隧道管片之间接头处采用回弹能力强的复合止水条,且适当增加止水条的厚度,尽量提高节点张开量的防水安全容许值。

(6)两隧道之间设置横向疏散通道,在高地震区,对结构非常不利,易造成节点处结构开裂、漏水等,故隧道采用纵向疏散方式,不设置横向疏散通道。

Key Construction Technology
of Shantou Bay Tunnel Using Super-large Diameter Slurry Shield

汕头海湾隧道超大直径泥水盾构施工关键技术

第 3 章

盾构装备选型设计关键技术

盾构作为隧道修建的重要装备之一，对公路隧道、铁路隧道、城市地铁、综合管廊等的优质快速修建极为关键。盾构类型的确定、关键参数的计算、关键部件适应性设计等都是盾构装备研制过程中的核心问题，本章重点从盾构选型的原则及类型的确定、关键参数计算、盾构关键部件适应性设计、盾构装备配置等方面对盾构选型设计进行阐述。

3.1 选型原则及类型确定

3.1.1 选型原则与依据

1）选型原则

盾构选型作为影响隧道工程成败的关键因素之一，选择的机型要能尽量减少辅助工法的使用，并能确保开挖面稳定及适应地层条件。盾构选型一般按照适用性、可靠性、先进性、经济性相统一的原则进行，在以下几方面互为补充、相互统一。

(1) 适用性原则

根据工程地质、水文地质、环境要求、施工行业标准等要求，选择适合工程的盾构装备。

(2) 可靠性原则

根据工程施工对地表沉降指标、施工防水、管片衬砌、环境保护等要求，选择可靠的盾构装备。

(3) 先进性原则

根据盾构行业的发展情况，综合比较选择先进的盾构装备，以利于施工企业的集中管理、便于工作人员的现场操作。

(4) 经济性原则

结合工程特点，经过市场比较，选择综合性价比优的盾构装备，以提高企业的经济效益。

2）选型依据

依据盾构的发展历程，盾构类型主要分为敞胸式盾构和闭胸式盾构。敞胸式盾构主要包括敞开式盾构、网格挤压式盾构、机械式和半机械式盾构；闭胸式盾构主要包括泥水平衡盾构、土压平衡盾构。目前隧道施工行业应用较多的是土压平衡盾构和泥水平衡盾构，因此就盾构选型问题主要围绕这两种盾构展开。

(1) 工程地质

根据隧道工程地质资料，综合分析隧道土层、岩层物理力学特点及水文情况，选择合适的盾构类型，保证施工安全可靠，确保地面构筑物、建筑物的安全，符合施工进度目标要求。不同类型盾构适应的地质类型不同，所选择的盾构要求既能保持开挖面的稳定，又能适应地质条件。

①地质类型

土压平衡盾构主要适用于粉土、粉质黏土、淤泥质粉土、粉砂层等地层。盾构掘进时，从刀盘切削下来的土体进入土仓后由螺旋输送机输出，在螺旋输送机内形成压力梯度，保持土仓压力稳定，使开挖面处于稳定状态。盾构向前推进的同时，螺旋输送机排土，使排土量等于开挖量，进而可使开挖面的地层始终保持稳定。当渣土中的含砂量超过某一限度时，渣土的流塑性变差,土仓内的土体固结、压密,导致渣土难以排出,需要向土仓内添加膨润土、泡沫或聚合物等添加剂,以改善渣土的流塑性。

对于砂卵石地层,由于粉砂土及黏土含量少,开挖面在刀盘的扰动下易坍塌,采用一般的土压平衡盾构已无法满足该地层的需要,必须采取辅助措施,注入足量的添加剂,进行渣土改良或者选择泥水平衡盾构。

泥水平衡盾构利用泥水仓中循环悬浮液的量对泥浆压力进行调节和控制,采用膨润土悬浮液(俗称泥浆)作为支护材料。通过将泥浆送入泥水仓内,使泥浆在开挖面上形成不透水的泥膜,利用泥膜的表面扩张作用,平衡作用于开挖面的水土压力。开挖的土砂等随泥浆循环输送至地面,通过泥水分离设备进行分离,分离后的泥浆进行质量调整,再输送至开挖面。相比土压平衡盾构,泥水平衡盾构在隧道开挖面压力控制精度、地表沉降指标、减小刀盘刀具磨损方面更具有优势。

②依据隧道所处地层的颗粒级配关系

一般来说,细颗粒含量多,渣土易形成不透水的流塑体,容易充满土仓的每个部位,在土仓中可以建立压力来平衡开挖面的土体;而粗颗粒含量高的渣土流塑性差,实现土压平衡困难。

目前常用地层的颗粒级配关系曲线如图3-1所示,图中卵石、砾石、粗砂区为泥水平衡盾构适用的颗粒级配范围,细砂淤泥黏土区为土压平衡盾构适用的颗粒级配范围。因此,在隧道工程的盾构选型过程中,应分析工程所处地层颗粒级配的试验数据。

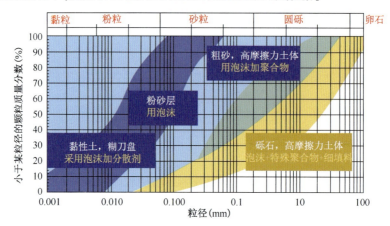

图3-1 地层的颗粒级配关系曲线

③根据区域性的工程地质特点

我国幅员辽阔且不同地区之间的地质差异较大,如北京、成都地区的地层中砂卵石含量较高,根据隧道地质的颗粒级配关系选用泥水平衡盾构更加合适,但对传统的土压平衡盾构进行针对性改造,通过加入足量的膨润土、泡沫剂进行渣土改良,使渣土呈现流塑性,这样土压平衡盾构也能适应砂卵石含量较大的地层。实际上在北京地铁修建中采用土压平衡盾构进行施工的成功案例也不少。上海、南京地区的地层基本以砂土、淤泥为主,非常适合土压平衡盾构进行施工,但是采用泥水平衡盾构,通过引入高性能的泥水分离设备,也能保证施工顺利进行。广州、深圳地区的地质状况复杂,该区域采用土压平衡盾构或泥水平衡盾构各有利弊,不同机型在辅助工法或设备上采取一定的措施,都可以保证顺利施工。

(2)水文地质

在隧道盾构法施工中另外一个重要的选型依据就是地层的水文地质条件,地层渗透系数是盾构选型常用的一个参考指标。通常,当地层的渗透系数小于 10^{-7} m/s 时,可以选用土压平衡盾构;当地层的渗透系数在 $10^{-7} \sim 10^{-4}$ m/s 之间时,既可选用土压平衡盾构也可选用泥水平衡盾构;当地层的渗水系数大于 10^{-4} m/s 时,宜选用泥水平衡盾构。根据地层渗透系数与盾构类型的关系,若地层以各种级配的富水砂层、砂砾层为主时,宜选用泥水平衡盾构;其他地层宜选用土压平衡盾构,地层渗透系数与盾构选型的关系如图3-2所示。

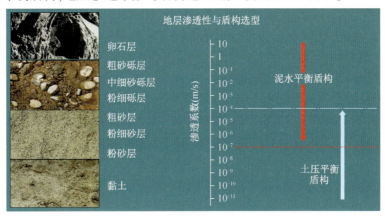

图3-2 盾构类型与地层渗透系数的关系

对于渗透系数较大的地层采用土压平衡盾构施工时,螺旋输送机"土塞效应"难以形成,螺旋输送机出渣会经常发生喷涌现象,这对施工是非常不利的,会直接导致土仓压力大幅波动,不利于对地面沉降进行控制,如采用带气垫加压式泥水平衡盾构,泥水仓的压力波动就可以控制在很小的范围内,一般气垫加压式泥水平衡盾构压力控制精度在 0.05bar(1bar = 0.1MPa)左右。

对渗透系数较小的地层,如果采用泥水平衡盾构施工,主要不利因素是开挖渣土排放需要较长的管道,同时配置昂贵的泥水分离设备,在环境要求高的场合还必须采用渣土压滤设备,消耗大量的膨润土,工程造价较高。

(3)辅助工法要求

对于盾构施工,一个重要的理念就是掘进快、工序少、程序化施工。辅助工法的增多给盾构施工带来诸多不便,如材料耗费大、工序复杂、工人技术水平要求高、管理困难等。因此,进行盾构选型,应该综合分析施工成本,尽量减少辅助工法,保证盾构施工安全、快速、稳定。

(4)环保要求

对于现代化的隧道施工,进行盾构类型选择时,需要综合考虑盾构施工中各个环节造成的固体废弃物、水污染、噪声污染,避免施工时对环境造成破坏。

3.1.2 工程地质对盾构性能的要求

1)海湾隧道工程地质特点

根据地形地貌、地层年代成因、岩性组合及地层岩土工程特征,将海湾隧道工程场区划分为松散岩类工程地质区和块状坚硬岩类工程地质区两个工程地质区。

(1)松散岩类工程地质区:松散层由人工填土、海相沉积、海陆交互相沉积的淤泥、淤泥质土、粉质黏土、细~粗砂、砾砂组成。淤泥、淤泥质土为软土层,具高压缩性、低承载力特点;细~粗砂、砾砂层厚,含水量丰富,水头高,易发生突涌水。软土变形及基坑底突涌、饱和砂土液化为本区主要工程地质问题。

(2)块状坚硬岩类工程地质区:块状坚硬岩类工程地质区分布于场区南端丘陵地貌区,由燕山期侵入花岗岩组成,岩质坚硬,地基承载力高。坚硬的花岗岩经风化后,形成全~强风化层,以竖向分带性为主,球状风化普遍,孤石零星随机分布于全~强风化层中。本区为路基段,作为地基,其工程性质较好。该工程地质区分布里程为K8+540~K8+680。

2)工程施工重难点及应对措施

(1)主航道下方基岩凸起段的掘进难题

隧道盾构段在海中主航道下方存在有三段基岩凸起,长度为67m+70m+45m=182m,侵入隧道高度为3~6m,如图3-3所示。主要是微风化花岗岩块状构造,裂隙较发育,局部存在强度较高的微风化花岗岩。在该三段基岩凸起地层中,上部淤泥质黏土松软富水,孔隙比大,灵敏度高。

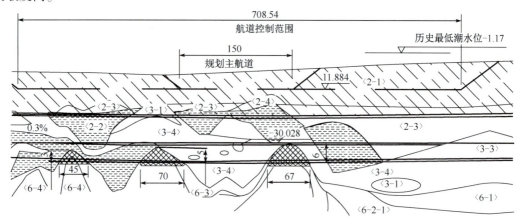

图3-3 主航道下方的基岩凸起段(尺寸单位:m)

盾构在上软下硬地层掘进时存在如下风险:

①刀盘下部在硬岩部分掘进困难,刀盘上部软土不断流失,拱顶地层易坍塌,可能导致海水灌入。

②刀盘上部、下部受力不均,刀具易偏磨,刀盘出现偏载,可能造成盾构主轴承损坏。

③常压下开仓,掌子面土体不能自稳,掌子面易坍塌,施工风险高。

④常规刀盘盾构直接掘进上软下硬地层,刀具更换难,施工风险高、工期控制难。

为解决超大直径盾构通过基岩凸起段的难题,需要盾构装备进行如下改进:

①刀具配置重型耐磨滚刀,具备直接开挖破碎中、微风化花岗岩能力,盾构按直接掘进基岩凸起段的标准进行设计。根据基岩凸起制定针对性的换刀方案,并储备足够的备用刀具。

②盾构配置具有常压换刀功能的刀盘,盾构直接掘进时,利用常压换刀装置实施常压换刀作业,提高换刀的效率、降低作业风险、控制作业成本,利于盾构直接掘进通过。

(2)盾构穿越海底浅覆盖淤泥及淤泥质黏土层

软土浅埋段盾构施工难点是控制盾构姿态,优化盾构掘进参数,避免参数设置不当出现"上漂""冒浆"及因切口压力波动造成开挖面正面土体的流失从而导致开挖面坍塌。盾构在浅覆盖淤泥及淤泥质软土掘进,淤泥及淤泥质软土孔隙比大、灵敏度高,施工中盾构姿态难以控制,管片接缝漏水漏浆,影响隧道成型质量,情况严重时出现掌子面坍塌。

为解决上述难题,对盾构装备性能的要求为:能够精确控制仓内压力,防止切口环处的压力剧烈波动对土体扰动过大,压力波动控制在 $-0.2 \sim 0.2$ bar,避免压力波动击穿海底浅埋覆盖软土层。

3.1.3 典型盾构类型适用性分析

1)土压平衡盾构

土压平衡盾构(Earth Pressure Balance Shield Machine,简称 EPB 盾构,本书简称土压盾构)(图3-4)是一种利用土仓压力来平衡掌子面水土压力的盾构,主要适用于粉土、粉质黏土、淤泥质粉土、粉砂层等土层中施工。在掘进时,由刀盘切削下来的土体进入土仓后由螺旋输送机输出,在螺旋输送机内形成压力梯降,保持土仓压力稳定,使开挖面土层处于稳定。通过控制盾构的推进速度和螺旋输送机的转速,来分别控制进入土仓的渣土量和排出土仓的渣土量,最终控制土仓内渣土的总量,实现土仓压力与掌子面压力的动态平衡。

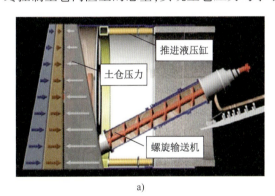

a) b)

图3-4 土压盾构

2)泥水平衡盾构

泥水平衡盾构(Slurry Pressure Balance Shield Machine,简称 SPB 盾构,本书简称泥水盾构)(图3-5)是一种通过控制泥水仓压力来平衡掌子面水土压力的盾构。适用于冲积形成的砂砾、砂、粉砂、黏土层、弱固结的土层以及含水率高开挖面不稳定的地层;洪积形成的砂砾、砂、粉砂、黏土层以及含水率高、固结松散、易于发生涌水破坏的地层。河床、海湾在自然演化过程中不断受水流冲刷,水下地层多为易透水的砂砾、粉砂层,地层条件适合泥水盾构施工。

3)多模式/双模式盾构

在结构空间允许的前提下,将不同类型盾构的功能部件同时布置在一台盾构上,以形成一台多模式盾构(国内也称复合盾构,国外称其为 Poly Shield、Mix Shield 或者 Combined Shield)。掘进过程中,多模式盾构可根据地质情况和水文条件进行功能或工作方式的切换和调整;或对不同类型的盾构功能部件进行类似模块化设计改造,本质上是对开挖面支撑方式以及刀具、出渣运输系统和其他设备进行调整。多模式盾构的组合模式有泥水式/敞开式盾构、土压式/敞开式盾构、泥水式/土压式盾构、敞开式/泥水式/土压式盾构。图 3-6 所示为三模式复合盾构,可转换的三种工作模式为泥水式/土压式/敞开式;图 3-7 所示为泥水式/土压式双模式盾构。

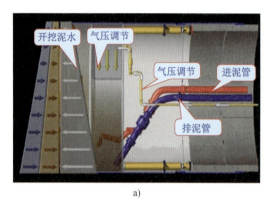
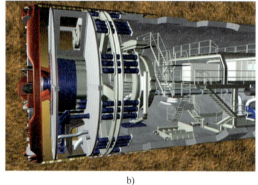

图 3-5 泥水盾构

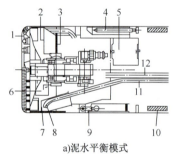
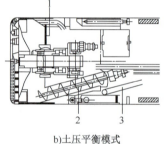
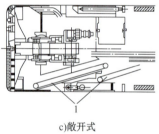

a)泥水平衡模式
1-刀盘;2-沉潜墙;3-隔板;4-推进液压缸;5-人舱;6-破碎机;7-格栅;8-吸泥管;9-铰接液压缸;10-管片;11-排泥管;12-进泥管

b)土压平衡模式
1-隔板;2-螺旋输送机;3-皮带输送机

c)敞开式
1-皮带输送机

图 3-6 敞开式/泥水式/土压式三模式复合盾构

图 3-7 泥水式/土压式双模式盾构

4)综合分析

根据前文表 1-6 可得本工程地层渗透系数范围为 $2.31 \times 10^{-7} \sim 2.55 \times 10^{-4}$ m/s,既适合土压盾构,也适合泥水盾构施工,但由于本工程盾构需要直接通过基岩凸起段,且盾构穿越海底浅覆盖淤泥及淤泥质黏土层,常规刀盘在主航道下方实施换刀困难,使用具有常压换刀功能的盾构刀盘更适宜。

本工程若采用土压盾构施工,存在以下难以克服的问题:

(1)地层稳定性控制方面的难题。本工程砾砂层厚,含水量丰富,水头高,易发生突涌水,且开挖直径达到15m级,土压盾构在这种地质条件下掘进时,螺旋输送机容易发生"喷涌"的现象,造成土仓压力大幅波动,切口环顶端压力难以稳定,不利于地层稳定性控制,易发生海水灌入的风险。

(2)刀具安全、快速更换的难题。土压盾构刀盘无法安装常压换刀装置,当盾构通过软硬不均地层时,刀具的消耗量大,水下隧道带压换刀作业频繁,这将对工程的工期和安全性带来十分不利的影响。

(3)施工风险大、成本高。超大直径土压盾构修建水下隧道时,由于其是依靠控制进出渣量来控制土仓压力,压力控制精度不高,易造成压力大幅波动,对盾构上覆土层形成扰动,将带来海水灌入的风险,引起螺旋输送机喷涌,从而导致土仓压力剧烈波动等系列风险,形成恶性循环,容易发生施工事故。在软硬不均地层掘进时,需要频繁进行带压进仓换刀作业,盾构需要长时间停机,降低施工效率,同时不利于地层稳定控制,增加作业风险和工期与成本。

若采用泥水盾构,在解决本工程难点方面具有一定的优势:

(1)泥水仓压力控制精度高,有利于地层稳定性控制:利用压缩空气,泥水盾构的气垫仓可以缓冲掌子面水土压力,能够实现压力波动控制在 $-0.2 \sim 0.2$ bar,降低切口环顶部的压力波动,有利于保持上覆土的稳定,降低海水灌入的风险。

(2)利于常压换刀作业,降低换刀作业风险和成本:泥水盾构刀盘可以安装常压换刀装置,实现常压下更换盾构刀具,提高换刀效率,降低换刀风险,利于盾构通过软硬不均地层。

若采用土压式/泥水式双模式盾构,虽然能够提高盾构的地层适应能力,但存在以下问题:

(1)无法常压换刀,不利于盾构软硬不均地层掘进:由于此类盾构需要兼顾土压掘进模式,只能采用常规刀盘,刀盘不具有常压换刀功能,盾构在通过软硬不均地层时,刀具安全、快速更换的目标难以达成。

(2)设备复杂,增加施工成本:土压式/泥水式双模式盾构需要两套出渣系统,即土压模式时的螺旋输送机+皮带输送机和泥水模式时的泥水环流系统,还需要建造满足土压模式时的弃土渣池和泥水模式时的泥水处理设备,与单一模式盾构相比,占用场地大;对设备操作人员、机修维保人员的水平要求高。

综上所述,在依据适用性、可靠性、先进性、经济性相统一的原则时,结合海湾隧道工程地质特点,从解决施工难题为出发点,对施工安全、成本、效率等方面进行综合考虑,海湾隧道工程应选择具有常压换刀功能的泥水盾构进行施工。

3.2 关键参数计算

盾构选型过程中,推进系统推力、刀盘驱动系统扭矩等主要技术参数的计算非常重要,影响盾构装备的设计。盾构运行时的力学状态受地质因素、土体改良因素、掘进参数等诸多因素的影响,在参数计算时存在一定的不确定性。

结合盾构类型、隧道结构的基本参数和盾构施工段的地质条件,海湾隧道工程泥水盾构主机设计所需地层参数、其他物理参数以及初步的设备参数分别见表3-1、表3-2。

泥水盾构设计地层及其他物理参数 表3-1

参 数 名 称	符号	参数取值	参 数 名 称	符号	参数取值
岩土重度(kN/m³)	γ_e	25	侧向土压力系数	K	0.2
海水重度(kN/m³)	γ_w	10	钢与混凝土的摩擦系数	μ_2	0.2
覆土厚度(m)	h_1	45	后配套与轨道摩擦系数	μ_a	0.15
海水深度(m)	h_2	10	开挖面与刀盘摩擦系数	μ_f	0.02
抗压强度(MPa)	σ_c	214	刀盘背面与泥浆摩擦系数	μ_b	0.02
抗剪强度(MPa)	σ_t	21	密封与钢的摩擦系数	μ_s	0.2
地层黏聚力(kPa)	c	20	盾壳与围岩摩擦系数	μ_1	0.2
内摩擦角(°)	φ_T	42	滚柱的滚动摩擦系数	μ_r	0.002

设 备 参 数 表3-2

参 数 名 称	符号	参数取值	参 数 名 称	符号	参数取值
刀盘厚度(m)	B	约2.4	密封刷与管环接触长度(mm)	b_T	300
滚刀直径(mm)	D_0	483	盾尾密封刷层数	n_5	5
滚刀半径(mm)	R_0	241.5	主轴承外密封圈数	n_{s1}	4
滚刀刃宽(mm)	T	30	主轴承内密封圈数	n_{s2}	4
滚刀刀间距(mm)	S	100	切刀刃宽(mm)	b_3	304
盾构直径(m)	D	15.03	先行刀刀宽(mm)	b_1	120
盾构半径(m)	R	7.53	刀盘开口率(%)	η	约30
盾构壳体长度(m)	L	15	轴承密封的线压力(kN/m)	p_s	1
盾尾内管片环数	n_4	2	切刀数量	n_1	约210
每环管片的质量(t)	W_s	约1360	滚刀数量	n_2	约78
每片管片的质量(t)	W_g	最大约150	主机质量(t)	W_1	约26750
管片外径(m)	D_1	14.5	后配套质量(t)	W_a	约13000
管片内径(m)	D_2	13.3	刀盘及回转装置的质量*(t)	W_D	约4700
管片宽度(m)	B_1	2	—	—	—

3.2.1 盾构推力计算

泥水盾构推力主要包括:刀具切削阻力 F_1、稳定地层阻力 F_2、盾构壳体由于土压力产生的摩擦阻力 F_3、盾尾与管片的摩擦力 F_4、主机和后配套质量的摩擦阻力 F_5、切口环贯入阻力 F_6、盾构蛇形或曲线施工时的变向阻力 F_7。盾构推力如图3-8所示,盾构推力表达式为:

$$F = F_1 + F_2 + F_3 + F_4 + F_5 + F_6 + F_7 \quad (3-1)$$

(1) 刀具切削阻力 F_1

针对海湾隧道的地层特点，盾构穿越的绝大部分为强风化和中风化花岗岩地层，滚刀滚动起主要作用，切刀以切削破岩的方式辅助破岩，刀具切削阻力 F_1 表达式如下：

$$F_1 = n_1 F_{V1} + n_2 F_{V2} \quad (3-2)$$

式中：n_1——切刀的数目；

F_{V1}——切刀破岩的垂直力，按日本西松裕一模型计算；

n_2——滚刀的数目；

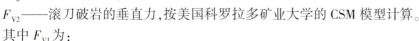

图 3-8 盾构推力示意图

F_{V2}——滚刀破岩的垂直力，按美国科罗拉多矿业大学的 CSM 模型计算。

其中 F_{V1} 为：

$$F_{V1} = \frac{2b\delta\sigma_t}{n+1} \cdot \frac{\cos\varphi_T}{1-\sin(\varphi_T - \gamma + \varphi_1)} \cdot \sin(\varphi_1 - \gamma) \quad (3-3)$$

式中：b——切刀宽度；

γ——切刀的前角；

n——应力分布系数，与前角 γ 有关，$n = 11.3 - 0.18\gamma$；

δ——贯入度；

φ_T——岩土的内摩擦角；

φ_1——切削力合力与切刀前刃面法线之间的夹角，对于砂质凝灰岩 $\varphi_1 = 22.9° + 0.32\gamma$，对于水泥砂浆 $\varphi_1 = 25.4° + 0.66\gamma$，对于风化花岗岩需通过试验可得到准确值，暂且按照砂质泥灰岩来计算。

其中，F_{V2} 为：

$$F_{V2} = C \frac{\varphi R_0 T}{1+\psi} \left(\frac{S\sigma_c^2 \sigma_t}{\varphi \sqrt{R_0 T}} \right)^{1/3} \cos\left(\frac{\varphi}{2}\right) \quad (3-4)$$

式中：R_0——滚刀半径；

T——刀圈顶刃宽度；

ψ——刀圈顶刃压力分布系数，一般为 $-0.2 \sim 0.2$，取 0.2；

φ——滚刀接触角，$\varphi = \arccos[(R_0 - \delta)/R_0]$；

δ——贯入度；

S——刀间距；

C——无量纲系数，取 2.12；

σ_c——岩石单轴抗压强度；

σ_t——岩石抗剪强度。

(2) 稳定地层阻力 F_2

稳定地层阻力主要是由于侧向土压力产生，侧向土压力由竖向土压力乘以侧向土压力系数得到；作用在泥水仓隔板上的土压力认为是呈线性分布，因此盾构轴线处的土压力即为泥水仓隔板的平均土压力：

$$F_2 = \frac{1}{4}\pi D^2 p \tag{3-5}$$

式中：D——盾构直径；
P——泥水仓隔板上的平均土压力。

$$p = K\sigma_v \tag{3-6}$$

式中：K——侧向土压力系数；
σ_v——盾构轴线处的竖向土压力。

根据太沙基理论，σ_v 为：

$$\sigma_v = \frac{B(\gamma - c/B)}{K\tan\varphi}\left[1 - e^{-K\tan\varphi(z/B)}\right] + P_0 e^{-K\tan\varphi(z/B)} \tag{3-7}$$

式中：γ——平均重度；
c——盾构上覆土的黏聚力；
B——压力拱的半跨度，$B = \frac{D}{2}\cot\left[2\left(\frac{\pi}{4} + \frac{\varphi}{2}\right)\right]$；
z——距地表深度。

通过式（3-7）的计算，得到盾构轴线处的竖向土压力为 688kPa，换算成岩土松散高度 $h = 27.5$m。

（3）盾构壳体由于土压力产生的摩擦阻力 F_3

盾构壳体横截面上土压力分布如图3-9所示，垂直和侧向土压力均呈正弦函数分布。盾构壳体周围受到垂直及侧向土压力与所处位置的地层松动高度有关，盾构壳体顶部的垂直土压力与底部的竖向土压力对称；两侧的侧向土压力对称。

由于盾构壳体受到的垂直及侧向土压力在断面上呈对称分布，因此，仅对 $\theta = 0 \sim \pi/2$ 区间进行积分计算，如图3-10所示，$0 \sim \pi/2$ 的正压力为：

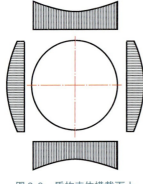

图3-9 盾构壳体横截面上土压力分布

$$N_1 = \int_0^{\frac{\pi}{2}} \frac{D}{2}\gamma_e(h - R\sin\theta)\sin^2\theta \cdot d\theta = \gamma_e D\left(\frac{\pi}{8}h - \frac{D}{6}\right) \tag{3-8}$$

$$N_2 = \int_0^{\frac{\pi}{2}} \frac{D}{2}K\gamma_e(h - R\sin\theta)\cos^2\theta \cdot d\theta = K\gamma_e D\left(\frac{\pi}{8}h - \frac{D}{12}\right) \tag{3-9}$$

式中：h——松散高度；
K——侧向土压力系数；
D——盾构直径；
γ_e——岩土重度。

垂直及侧向土压力产生的摩擦力 F_3 为：

$$F_3 = 4\mu_1(N_1 + N_2) \tag{3-10}$$

式中：μ_1——盾壳与围岩摩擦系数。

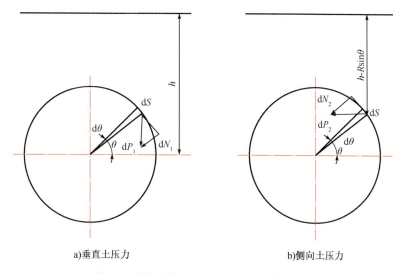

图 3-10　盾构壳体垂直和侧向土压力计算示意图

(4) 盾尾与管片的摩擦力 F_4

盾尾与管片的摩擦力 F_4 由盾尾内壁与管片间摩擦阻力和盾尾密封刷引起的摩擦阻力两部分组成：

$$F_4 = \mu_2(W_s n_4 + \pi D_1 b_T P_T n_5) \tag{3-11}$$

式中：n_4——盾尾内管片环数；

W_s——每环管片的质量；

D_1——管片外径；

b_T——每道盾尾密封刷与管环的接触长度；

P_T——盾尾密封刷的压强；

n_5——盾尾密封刷的层数；

μ_2——钢与混凝土的摩擦系数。

(5) 主机与后配套的摩擦阻力 F_5

主机和后配套的摩擦阻力包括两部分：主机质量产生的盾壳与周围间的摩擦阻力 F_{51}、牵引后配套的摩擦阻力 F_{52}，则主机和后配套摩擦阻力 F_5：

$$F_5 = F_{51} + F_{52} = \mu_1 W_1 + \mu_a W_a \tag{3-12}$$

式中：μ_1——盾构壳体与周围地层的摩擦系数；

W_1——盾构主机质量；

μ_a——后配套与轨道摩擦系数；

W_a——后配套质量。

(6) 切口环贯入阻力 F_6

盾构切口环未凸出刀盘时，无切口环阻力；切口环凸出刀盘时，才考虑切口环阻力，此时切口环阻力 F_6 为：

$$F_6 = \pi(D_e^2 - D_i^2)q + \pi D_e Z p_e \tag{3-13}$$

式中：D_e——前盾外径；

D_i——前盾内径；

q——切口环插入处地层的反压强度；

Z——切口环插入地层深度；

p_e——切口环插入处地层的摩阻力强度，对于黏土取土体黏聚力 c，对于非黏土取切口环处地层的平均土压。

(7) 盾构蛇形或曲线施工时的变向阻力 F_7

盾构直线掘进时，没有变向阻力；盾构蛇形或曲线掘进时，变向阻力 F_7 为：

$$\begin{cases} F_7 = \dfrac{\pi}{12l_J}DL^2k\delta_h \\ \delta_h = \dfrac{B_1}{R_C}L \end{cases} \quad (3\text{-}14)$$

式中：k——地基抗力；

L——盾体长度；

l_J——推进液压缸的安装半径；

B_1——管片宽度；

R_C——曲线施工半径。

切口环贯入阻力 F_6、变向阻力 F_7 这两部分的阻力占比较小，暂且不做考虑。

根据表 3-1 给出的条件参数，结合上述的计算模型，得到汕头海湾隧道盾构推力计算结果汇总，见表 3-3。

海湾隧道盾构推力计算结果汇总（kN） 表 3-3

参数	F	F_1	F_2	F_3	F_4	F_5
数值	120454	32644	24100	45850	10110	7750
比例	100%	27.1%	20.0%	38.1%	8.4%	6.4%

3.2.2 刀盘扭矩计算

泥水平衡盾构刀盘扭矩的阻力矩主要包括：刀具破岩的切削阻力矩 T_1；刀盘正面的摩擦阻力矩 T_2；刀盘背面与渣土的摩擦阻力矩 T_3；刀盘侧面的摩擦阻力矩 T_4；主轴承的摩擦阻力矩 T_5。刀盘扭矩受力如图 3-11 所示，刀盘扭矩的表达式为：

$$T = T_1 + T_2 + T_3 + T_4 + T_5 + T_6 + T_7 \quad (3\text{-}15)$$

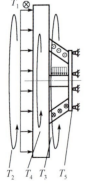

图 3-11 刀盘扭矩受力示意图

(1) 刀具破岩的切削阻力矩 T_1

复合刀盘在掘进时，滚刀以滚动破岩的方式承担破岩的主要工作；先行刀和切刀以切削破岩的方式进行辅助破岩，刀具破岩的切削阻力矩 T_1 表达式如下：

$$T_1 = n_1 F_{H1} R_1 + n_2 F_{R2} R_2 \quad (3\text{-}16)$$

式中：n_1——切刀的数目；

F_{H1}——切刀破岩的切削力;

n_2——滚刀的数目;

F_{R2}——滚刀破岩的滚动力,按美国科罗拉多矿业大学的 CSM 模型计算;

R_1、R_2——为切刀、滚刀的平均安装半径,按 $0.59R$ 计算。

其中 F_{R2} 为:

$$F_{R2} = C\frac{\varphi R_0 T}{1+\psi}\left(\frac{S\sigma_c^2\sigma_t}{\varphi\sqrt{R_0 T}}\right)^{1/3}\sin\left(\frac{\varphi}{2}\right) \tag{3-17}$$

式中:R_0——滚刀半径;

T——刀圈顶刃宽度;

ψ——刀圈顶刃压力分布系数,一般为 $0.2 \sim -0.2$,取 0.2;

φ——滚刀接触角,$\varphi = \arcos[(R_0 - \delta)/R_0]$;

δ——贯入度;

S——刀间距;

C——无量纲系数,取 2.12;

σ_c——岩石单轴抗压强度;

σ_t——岩石抗剪强度。

其中 F_{H1} 为:

$$F_{H1} = \frac{2b\delta\sigma_t}{n+1} \cdot \frac{\cos\varphi_T}{1-\sin(\varphi_T - \gamma + \varphi_1)} \cdot \cos(\varphi_1 - \gamma) \tag{3-18}$$

式中:b——切刀宽度;

γ——切刀的前角,取 $10°$;

n——应力分布系数,与前角 γ 有关,$n = 11.3 - 0.18\gamma$;

δ——贯入度;

φ_T——岩土的内摩擦角;

φ_1——切削力合力与切刀前刃面法线之间的夹角,对于砂质凝灰岩 $\varphi_1 = 22.9° + 0.32\gamma$,对于水泥砂浆 $\varphi_1 = 25.4° + 0.66\gamma$,对于风化花岗岩需通过试验可得到准确值,暂且按照砂质凝灰岩来计算。

(2)刀盘正面的摩擦阻力矩 T_2

刀盘正面的摩擦阻力矩主要由开挖面土压力作用在刀盘面板上产生。

$$T_2 = \frac{1}{12}\pi D^3 \mu_f p(1-\eta) \tag{3-19}$$

式中:D——盾构的开挖直径;

p——开挖面的平均土压力;

μ_f——开挖面与刀盘的摩擦系数;

η——刀盘开口率。

(3)刀盘背面与渣土的摩擦阻力矩 T_3

刀盘背面的摩擦力是土仓内的渣土为了平衡开挖面的水土压力而产生的,刀盘背面的摩擦力 T_3 为:

$$T_3 = \frac{1}{12}\pi D^3 \mu_b \cdot p(1-\eta) \tag{3-20}$$

式中：μ_b——刀盘背面与泥浆摩擦系数；

其余符号含义同前。

(4) 刀盘侧面的摩擦阻力矩 T_4

刀盘在旋转过程中，侧面与围岩发生摩擦，作用于刀盘侧面上的正压力由两部分组成，即垂直土压力和侧向土压力，刀盘侧面的摩擦阻力矩 T_4：

$$T_4 = \frac{\pi D^2}{4}\mu_1 B(1+K)p \tag{3-21}$$

式中：B——刀盘厚度。

(5) 主轴承的摩擦阻力矩 T_5

主轴承的摩擦阻力矩包括两部分：轴承密封的摩擦阻力矩 T_{51}、轴承滚柱的摩擦阻力矩 T_{52}，则 T_5：

$$T_5 = T_{51} + T_{52} \tag{3-22}$$

轴承密封的摩擦阻力矩 T_{51}：

$$T_{51} = 2\pi\mu_s p_s \sum_{i=1}^{n_s} R_{si}^2 \tag{3-23}$$

式中：n_s——主轴承密封圈数；

μ_s——轴承密封与钢的摩擦系数；

R_s——轴承密封的安装半径；

p_s——轴承密封的线压力。

主轴承采用三排滚柱轴承，轴承滚柱的摩擦阻力 T_{52} 包括轴向荷载产生的摩擦阻力和径向荷载产生的摩擦阻力两部分：

$$T_{52} = \mu_r(F_t R_t + F_r R_r) \tag{3-24}$$

式中：μ_r——轴承滚柱的滚动摩擦系数；

F_t——轴承受到的轴向荷载，由刀具破岩阻力 F_1 产生，由计算得到；

R_t——轴向主推滚柱的安装半径；

F_r——轴承受到的径向荷载，由刀盘及转动装置的质量 W_D 产生；

R_r——径向滚柱的安装半径。

根据表 3-2 给出的条件参数，结合上述的计算模型，得到汕头海湾隧道刀盘扭矩计算结果汇总，见表 3-4。

汕头海湾隧道刀盘扭矩计算结果汇总（kN·m） 表 3-4

名称	T	T_1	T_2	T_3	T_4	T_5
数值	41901	30079	1679	1679	8097	367
比例	100%	71.8%	4.0%	4.0%	19.3%	0.9%

3.3 盾构关键部件适应性设计

3.3.1 刀盘及刀具布置

1) 高强度花岗岩室内破岩试验

海湾隧道工程分东、西两条线,东线的盾构由海瑞克设计制造,盾构开挖直径为15.01m,刀盘中心区域布置12把17in(1in=2.54cm)双联滚刀,刀间距为130mm和135mm,正面区域刀间距为90mm和100mm。西线的盾构由中铁装备设计制造,开挖直径为15.03m,刀盘中心区域布置12把18in双联滚刀,刀间距为120mm,正面区域刀间距为80mm、90mm和100mm,其中80mm和100mm交错布置居多。盾构中心区域滚刀刀间距布置如图3-12所示。海湾隧道工程盾构段在海中主航道下方存在三段长度约为182m的基岩凸起,主要是微风化花岗岩块状构造,裂隙较发育,局部存在强度较大的微风化花岗岩,最大抗压强度约214MPa。而盾构刀盘要求具有常压换刀的功能,由于常压换刀装置及刀盘中心区域空间的限制,刀盘上尤其是中心区域的滚刀刀间距都比较大,这对盾构顺利通过基岩凸起段带来挑战,需要通过高强度花岗岩室内破岩试验来验证上述刀间距布置的合理性。

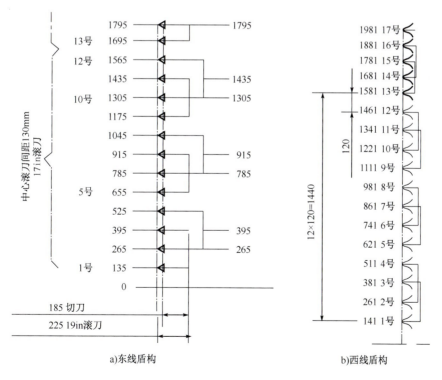

图 3-12 盾构中心区域滚刀刀间距布置示意图(尺寸单位:mm)

(1) 试验过程

①刀间距设置:利用 TBM 掘进模态综合实验台开展本次试验,实验台如图 3-13 所示。根据试验的要求,需要将实验台上的单刃滚刀刀间距分别调整为 80mm、90mm、100mm、110mm、120mm 和 130mm。

②岩样制作:按照图 3-14 中所示的样式,分别加工 4 块(每种 2 块),进行拼接,中间的缝隙用混凝土填充。所用岩石为花岗岩,强度约为 190MPa。

图 3-13 TBM 滚刀岩机作用综合实验台

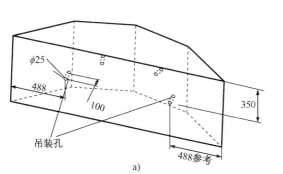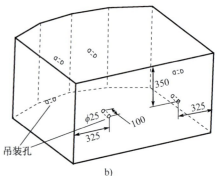

图 3-14 岩样样式(尺寸单位:mm)

③试验步骤:浇筑好岩箱后,调整实验台刀盘上的滚刀刀间距为 100mm;将刀盘推进到滚刀刚好与岩样表面接触的位置,设定好刀盘转速 n 和掘进速度 v,启动刀盘开始掘进。经过掘进时间 t 后,将破碎的岩渣收集并称重,记为 Q_1,称重后进行筛分,记录掘进过程中的推力、扭矩、刀盘转速和掘进速度(一种刀间距条件下,变换刀盘转速和掘进速度,以获得不同的贯入度,刀盘转速和掘进速度根据试验过程进行调整);每组掘进参数下的岩渣筛分后,测量大块岩渣(粒径不小于 50mm)的几何尺寸;调整实验台刀盘的刀间距分别为 90mm、80mm、110mm、120mm 和 130mm,重复上述步骤;每组掘进完成后观察岩样表面是否存在岩脊。

(2) 试验结果

当实验台单刃滚刀刀间距分别为 80mm、90mm、100mm、110mm 时均能有效破岩,岩样表面无岩脊;当刀间距为 120mm 及 130mm 时,岩样表面刀间距之间局部有未掉落的岩石,但是随着掘进的继续,这些残留的岩石均能掉落,不同刀间距下的岩渣如图 3-15 ~ 图 3-20 所示,筛分统计不同刀间距各粒径岩渣所占比例如图 3-21 所示。从图 3-21 中可观察到,不同刀间距情况下,岩渣各个粒径所占比例虽略有不同,但总体分布情况是相似的。其中,粒径在 40 ~ 50mm 之间的岩块和小于 2.5mm 的岩粉所占比例较高,分别在 11% ~ 16% 和 18% ~ 25%,其他粒径的岩块所占比例大都在 10% 以下。

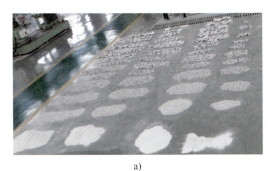 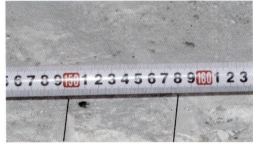

a) b)

图 3-15　80mm 刀间距下破碎的岩渣

 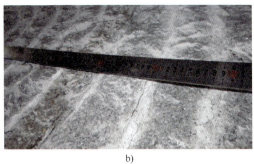

a) b)

图 3-16　90mm 刀间距下破碎的岩渣

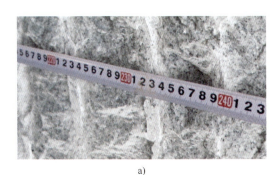 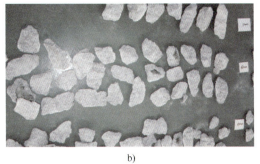

a) b)

图 3-17　100mm 刀间距下破碎的岩渣

a) b)

图 3-18　110mm 刀间距下破碎的岩渣

a)   b)

图 3-19   120mm 刀间距下破碎的岩渣

a)   b)

图 3-20   130mm 刀间距下破碎的岩渣

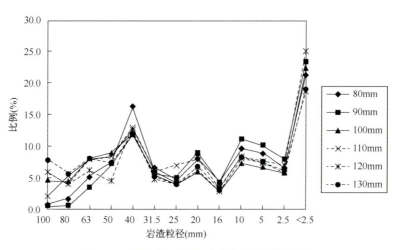

图 3-21   不同刀间距条件下各种岩渣粒径所占比例

最终将试验所得的不同刀间距,不同掘进参数下的推力、扭矩数据汇总,见表 3-5。给出结论与建议:

①从不同刀间距下的破岩效果来看,当实验台单刃滚刀刀间距分别为 80mm、90mm、100mm、110mm 时均能有效破岩,岩样表面无岩脊;当刀间距为 120mm 及 130mm 时,岩样表面刀间距之间局部有未掉落的岩石,但是随着掘进的继续,这些残留的岩石均能掉落。说明对于

海湾隧道工程,其盾构刀盘采用的刀间距方案能够实现有效破岩。

②从试验统计的刀盘总推力分布情况来看,对于采用17in滚刀滚压破碎全断面高强度(190MPa)花岗岩,要达到岩石一般可掘性要求(掘进速度不小于5mm/min),刀具将经常处于允许荷载的临界点(250kN),在这种工况下,刀具会频繁损坏;从破岩轨迹看,在各种刀间距情况下,岩脊现象不明显(岩脊高度小于10mm,即岩脊高度小于刀具允许贯入度,一般17in滚刀为15mm)。

③对于采用17in滚刀进行短距离非全断面高强度(190MPa)花岗岩掘进,岩脊现象不明显,说明采用17in滚刀是可以进行有效掘进的,但掘进速度不宜太高,掘进过程中确保刀具受力维持在其承载力的80%~90%。

④在高强度花岗岩(190MPa)掘进时,建议选择大直径盘形滚刀,如19in的滚刀,以提高刀具承载的能力;若采用小直径滚刀时,滚刀应配置高承载能力滚刀轴承。

不同刀间距和不同掘进参数下的推力、扭矩数据　　　　表3-5

组别	推力(kN)	扭矩(kN·m)	掘进速度(mm/min)	刀盘转速(r/min)	贯入度(mm/r)
80-1	4336.52	158.47	4.31	0.35	12.49
80-2	3325.35	84.25	3.42	0.78	4.38
80-3	3217.63	106.52	3.95	1.03	3.84
80-4	3557.56	95.34	6.02	1.55	3.89
80-5	3291.33	90.83	1.30	0.38	3.38
80-6	3539.17	99.22	4.33	0.74	5.89
80-7	3384.02	92.42	4.36	1.08	4.03
80-8	3235.76	75.92	4.88	1.48	3.30
90-1	1262.27	29.17	1.03	0.45	2.31
90-2	3519.14	85.11	4.07	0.59	6.96
90-3	4347.92	153.50	4.48	0.70	6.39
90-4	3684.83	110.06	5.45	1.01	5.39
90-5	2746.65	114.94	8.17	0.34	24.10
90-6	3679.03	113.94	3.31	0.72	4.59
90-7	3192.56	69.11	3.60	1.13	3.18
90-8	2886.73	50.76	2.09	1.50	1.39
100-1	3823.27	96.50	1.15	0.39	2.97
100-2	3284.00	77.60	1.39	0.59	2.37
100-3	3801.46	88.86	3.84	0.75	5.09
100-4	2099.08	87.08	1.81	0.41	4.46
100-5	3260.08	103.43	7.35	0.74	9.94
100-6	3581.56	112.29	5.22	1.11	4.70
100-7	3337.49	89.07	6.84	1.50	4.56
110-1	4393.15	187.55	3.94	0.48	8.22

续上表

组别	推力（kN）	扭矩（kN·m）	掘进速度（mm/min）	刀盘转速（r/min）	贯入度（mm/r）
110-2	3650.58	97.37	6.61	1.48	4.46
110-3	3027.44	78.98	5.59	1.06	5.29
110-4	2217.45	93.95	7.18	0.40	17.95
110-5	3739.41	138.35	5.34	0.70	7.67
110-6	3550.76	109.96	5.91	1.08	5.48
110-7	3025.61	76.95	4.77	1.48	3.22
120-1	2072.36	43.24	1.43	1.11	1.29
120-2	3808.83	96.24	3.15	0.60	5.26
120-3	3855.32	84.29	6.00	1.54	3.89
120-4	1915.61	112.85	5.50	0.37	14.86
120-5	2337.40	87.23	3.70	0.74	5.00
120-6	2588.13	72.49	4.17	1.10	3.79
120-7	1867.34	42.32	3.61	1.50	2.41
130-1	3372.12	92.82	3.85	0.61	6.27
130-2	3782.36	106.23	5.45	1.06	5.16
130-3	3867.40	99.25	5.90	1.53	3.85
130-4	4328.17	150.94	10.83	1.48	7.33
130-5	635.11	38.95	4.50	0.40	11.25
130-6	3026.87	58.71	2.50	0.80	3.13
130-7	2416.09	56.04	3.00	1.13	2.65
130-8	2284.05	54.44	5.00	1.49	3.36

2）刀盘设计方案

海湾隧道工程盾构采用具有常压换刀功能的辐条箱体式刀盘,开挖直径为15m级,厚度约为2m,如图3-22、图3-23所示。刀盘整体开口率为28%,在满足中心区域常压更换滚刀布置和刀盘结构强度刚度情况下,增大了中心开口率,有利于中心区域渣土流动,减少中心刀具的磨损。同时刀盘设置限径格栅,可防止较大粒径岩渣进入仓内造成堵塞。刀盘表面和开口部位焊接有耐磨层,外圈焊接有耐磨板,通过刀盘旋转,挖出的渣土从刀盘的开口导入土仓。刀盘采用6根主梁和6根副梁的结构,6根主梁为箱体式,便于在主梁上安装滚刀、刮刀常压换刀装置,并给作业人员留出常压换刀作业的空间;6根副梁为条状钢结构,上面安装固定式切刀和边刮刀。刀盘通过法兰安装在主轴承的内齿圈上,通过变频电机驱动,刀盘设计为双向旋转,其转速可无级调节。

3）刀盘结构分析

通过删除刀盘中所有圆角、倒角、螺栓孔等微特征形成三维模型,局部结构虽改变,但对于总体应力的分布影响不大。刀盘采用Q345R结构钢,材料的弹性模量为206GPa,泊松比为0.3,密度为$7.85 \times 10^3 kg/m^3$。采用壳单元离散,全局尺寸控制在50mm,单元数246714,节点数233276。

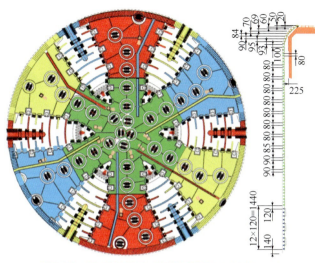

图3-22 带常压换刀功能的盾构刀盘(尺寸单位:mm)

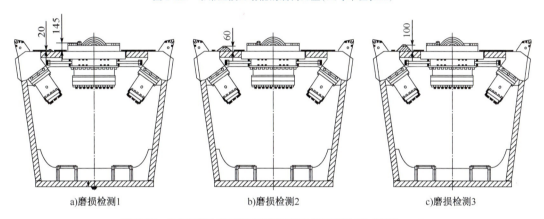

图3-23 刀盘面板上的油压式磨损检测布置示意图(尺寸单位:mm)

(1) 刀盘结构受力分析

选取基岩凸起段掘进作为典型工况分析,盾构中心位置位于水下30m,对应水压按0.3MPa、压力梯度按照0.011MPa/m近似施加。基岩按侵入至隧道下方1/3处计算,对盾构刀盘位于硬岩处滚刀按单把滚刀250kN上限施加,上部软土中单把滚刀按50kN施加,同时施加刀盘自身重力,总回转扭矩按照7000kN·m施加;对刀盘法兰面处施加固定端约束。

分析得到刀盘结构的应力云图如图3-24所示,最大应力为190MPa,位于刀盘面板过渡位置处,因应力集中产生,小于板材的屈服强度345MPa,绝大部分结构的应力小于40MPa,刀盘最小安全系数为1.81,大于推荐的安全系数范围1.4~1.7,刀盘强度满足要求。刀盘最大变形量为6.2mm,位于刀盘中心区域,如图3-25所示,主要是该区域滚刀布置较密集,支撑刚度稍显不足,通过焊接耐磨护板及背面增加加强筋措施后该区域变形量减小,其他区域变形量为1~2.6mm,刀盘整体变形较小。

(2) 刀盘模态分析

刀盘作为盾构装备的关键部件,在掘进时受到交变荷载作用而产生振动,必须对结构进行模态分析以获取结构的固有属性,判断结构设计的优劣并为结构优化提供方向。模态分析是研究结构振动特性的基础。通过模态分析得到前6阶模态频率见表3-6,模态振型如图3-26所示。

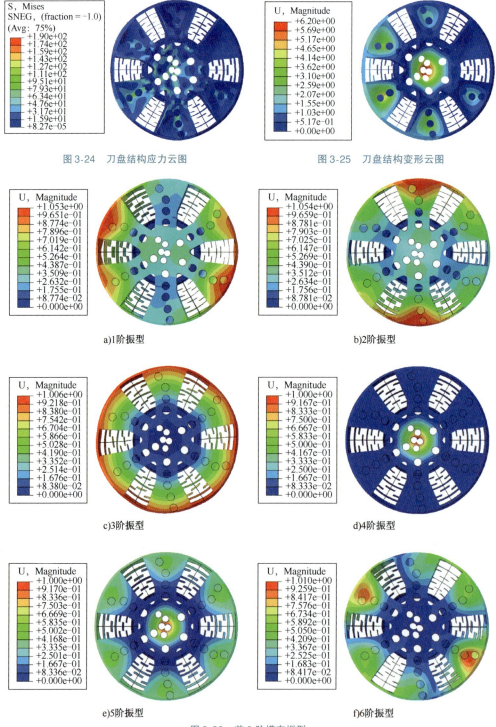

图3-24 刀盘结构应力云图　　　　图3-25 刀盘结构变形云图

a)1阶振型　　　　b)2阶振型

c)3阶振型　　　　d)4阶振型

e)5阶振型　　　　f)6阶振型

图3-26 前6阶模态振型

刀盘前 6 阶固有频率 表3-6

阶 次	频率(Hz)	阶 次	频率(Hz)	阶 次	频率(Hz)
1	26.65	3	34.10	5	37.45
2	26.71	4	35.80	6	42.93

刀盘结构前 6 阶频率为 26.65 ~ 42.93Hz,1 阶、2 阶为弯曲振型,最大变形在刀盘边缘位置;3 阶为扭转振型,最大变形在刀盘边缘位置;4 阶为刀盘中心局部弯曲振型,最大位移在刀盘中心;5、6 阶仍为弯曲振型。刀盘转速范围在 0 ~ 2.25r/min,刀盘转动频率最高为 0.0375Hz,对应齿轮箱频率为 0.61Hz,总体上刀盘的激励频率较低,刀盘结构的固有频率避开了工作频率,不会发生共振现象,刀盘的结构设计合理。

4)盾构刀具布置

为保证中途更换刀具的安全和效率,同时节约施工成本。刀盘中心区域安装 12 把 17in 双轴双刃滚刀,刀高为 225mm,刀间距为 120mm;刀盘正面区域安装 54 把 19in 双轴双刃滚刀,刀高 225mm,刀间距为 80mm、90mm 和 100mm;刀盘边缘区域安装 10 把 19in 双轴双刃滚刀和 2 把 19in 单轴单刃滚刀。上述滚刀均为可常压更换滚刀,且可与可更换撕裂刀互换,提高了刀具配置的灵活性。并配扩挖刀 1 把,最大扩挖量为 40mm。30 把滚刀带磨损自动监测功能,所有滚刀带旋转监测功能。

可常压更换切刀为 48 把,刀高 185mm,安装在刀盘 6 根主梁两侧;普通切刀(固定式切刀)为 190 把,刀高 185mm,安装在 6 根主梁和 6 根副梁两侧,如图 3-27 所示;边刮刀为 36 把,刀高 185mm。

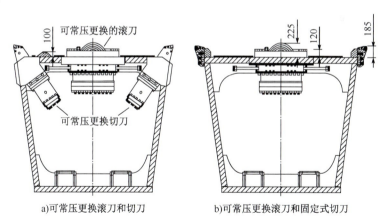

图 3-27 刀具布置示意图(尺寸单位:mm)

中铁装备盾构设计采用滚刀 + 切刀的布置方式,其中设计滚刀 78 把,中心区域为 12 把 17in 可常压更换滚刀,非中心区域为 64 把 19in 可常压更换滚刀,另外有 2 把 19in 单刃可常压更换滚刀。主梁上布置可常压更换刮刀 48 把,在半径 2992 ~ 7495mm 区域,分布在 24 个轨迹线上,如图 3-28 所示。

中铁装备盾构带压更换刀具布置如图 3-29 所示,主梁和副梁上均布置有带压刮刀。主梁上半径 2330 ~ 6990mm 区域布置带压刮刀,布置刀具总数量为 98 把。副刀梁上半径 3870 ~ 6630mm 区域布置 13 个刮刀轨迹,刀具数量为 96 把;另外在轨迹半径 7495mm 处布置边刮刀 36 处。

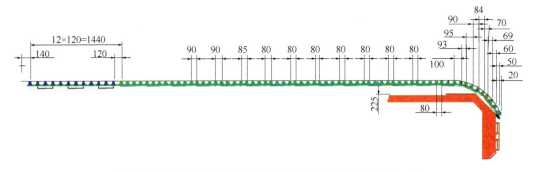

图 3-28 中铁装备盾构可常压更换刀具布置示意图(尺寸单位:mm)

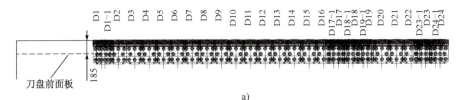

a)

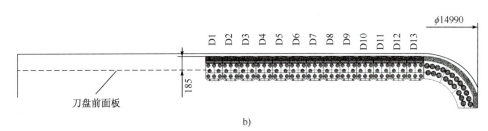

b)

图 3-29 中铁装备盾构带压更换刀具布置示意图(尺寸单位:mm)

综合对比了海瑞克盾构及中铁装备盾构的刀具配置及布置,见表3-7。

盾构刀具配置对比表　　　　　　　　　表3-7

盾 构 名 称	海瑞克盾构 S-1046	中铁装备盾构 CTG-306
开挖直径(m)	15.01(新刀) 14.98 (边刀磨损到极限)	15.03(新刀) 15.00 (边刀磨损到极限)
开口率(%)	27	28
中心滚刀数量/直径/刀高	6 把双轴双刃滚刀/17in/225mm	12 把双轴双刃滚刀/17in/225mm
最大工作荷载(kN)	267	280
正滚刀数量/直径/刀高	26 把双轴双刃/19in/225mm	54 把双轴双刃滚刀/19in/225mm
最大工作荷载(kN)	315	300
正滚刀刀间距(mm)	100	80/90/100
边滚刀刀间距(mm)	58.1/59.4/67.8/76.1/ 83.4/89.6/94.5/97.7	100/93/95/90/84/ 70/69/60/50/20
中心刀刀间距(mm)	130	120

续上表

可常压更换刀具类型及数量	6 把 17in 双轴双刃滚刀 30 把 19in 双轴双刃 3 把 19in 单刃滚刀	6 把 17in 双轴双刃滚刀 32 把 19in 双轴双刃 2 把 19in 单刃滚刀
刮刀数量/刀高	常压 48 把/185mm； 带压 156 把/185mm	常压 48 把/185mm； 带压 162 把/185mm

3.3.2 常压换刀装置

（1）滚刀常压换刀装置

通过特殊设计的滚刀常压换刀装置，实现刀具在高水压环境中常压更换，海湾隧道设计的滚刀常压换刀装置如图 3-30 所示。该装置主要包含高低压密封装置、润滑装置、泄压装置、刀座专用拆卸装置和刀筒。密封装置主要作用是保证盾构高压区和常压区分离，采用推拉门结构，其中包含的装置有保压门、推拉液压缸。盾构正常掘进时，保压门打开，滚刀伸出刀盘面板；换刀时，滚刀缩回，保压门关闭，保证在常压环境下更换滚刀。润滑装置的主要作用是润滑刀座与保压腔接触面，保证刀座拆卸方便。泄压装置主要作用是泄出关闭保压门后刀座腔内的高压，保证刀座安全拆卸。泄压装置主要由泄压阀和接头等部件组成。刀座拆装装置主要作用是满足刀座安全拆卸和安装，其主要由液压缸组成，利用液压缸的伸缩，将刀筒推出或者缩进刀盘仓。

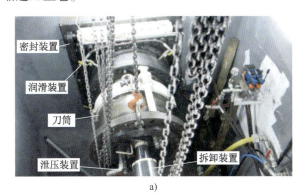

图 3-30 滚刀常压换刀装置

如图 3-31 所示，换刀时工作人员位于常压仓内，通过换刀装置把位于高压区域的滚刀移动到常压区，并保证在移动刀具的过程中高压仓和常压区隔离，以此实现在常压环境下更换高压环境下使用的刀具，从而确保换刀过程的安全可靠。

（2）切刀常压换刀装置

工程设计的常压切刀换刀装置及整体装配如图 3-32 所示，主要由切刀刀筒、密封装置、润滑装置、拆刀液压缸及管路等组成。使用切刀常压换刀装置进行作业的基本流程：

①冲刷球阀保持关闭状态，通过球阀检测刀筒内部有无压力，如果有压力，先查明原因，再决定是否换刀，没有压力可拆除刀筒端盖。

②将拆刀液压缸安装在刀筒上，液压缸处于收缩状态。

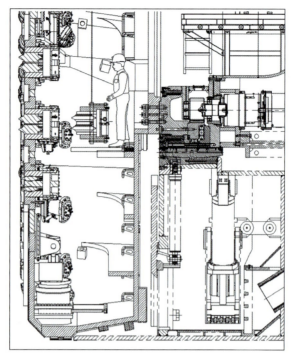

图 3-31 常压换刀示意图

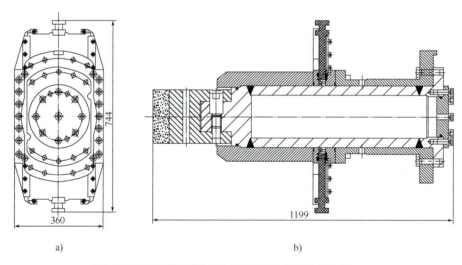

图 3-32 切刀刀筒密封装置及整体装配示意图(尺寸单位:mm)

③安装切刀拖拉液压缸,连接换刀液压缸油管,使用螺钉安装拖拉液压缸工装,使用销轴连接拖拉液压缸工装。

④连接冲刷球阀的冲刷管路,收缩液压缸。当刀筒拔出 40mm 时,打开球阀进行冲刷,抽出切刀刀筒及附件,直到液压缸端面顶住拖拉液压缸工装,利用安全螺栓锁紧刀筒。

⑤使用闸门液压缸关闭闸门,闸门关闭后降低后腔压力。检测后腔压力,确认压力没有增加为止。持续冲刷至闸门完全关闭后结束,关闭球阀,移除管路。

⑥闸门完全关闭后,保持闸门液压缸压力,使用切刀闸门固定杆及螺栓锁紧,在拔出刀筒过程中,通过冲刷球阀进行压力补偿,并排除污水。

⑦利用拖拉液压缸工装上的螺纹孔拔出刀筒及附件,将刀筒及附件从密封装置中完全退出,如图3-33所示,拔出的切刀运输至物料仓。

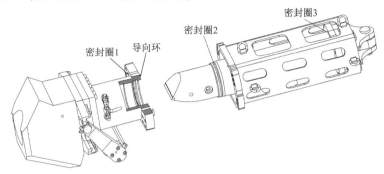

图3-33 拔出后的切刀

(3)常压换刀装置可靠性试验

为研究常压换刀装置的可靠性,开展了一系列常压换刀模拟试验(图3-34),通过试验验证了常压换刀装置结构、密封、功能的可靠性。利用常压换刀泥水冲刷试验台开展此项测试工作,该试验台主要由 $1m^3/MPa$ 储气罐、2.2MPa 工业空气供气源、压力仓、换刀装置、支撑底座、液压泵站、刀筒液压缸、液压泵站、泥浆循环泵、隔膜泵、冲洗水泵和电气系统组成。试验前,将已经调制好的泥浆注入压力仓中,按照试验操作步骤要求设定压力仓压力,并在闸门关闭状态下保压,通过观察压力仓的压力值变化及换刀装置有无泥浆渗漏来判断常压换刀装置的密封性能。在设定压力10bar条件下保压10min,压力变化范围为±0.2bar,在要求值±0.5bar范围内,常压换刀装置密封功能满足要求。连续多次开合闸门后,关闭闸门,观察闸门和刀筒间的腔体外接压力表在10min内的压力变化情况,累计开合闸门240次后关闭闸门,抽出刀筒进行保压和渗漏情况检查,发现底部有轻微渗漏,认为闸门密封性能失效的极限次数为240次,闸门密封可靠性满足工程需要。

图3-34 常压换刀模拟试验

(4)常压换刀装置互换性设计

大断面、长距离施工的隧道由于施工过程中掘进距离长、断面内地层复杂多变,掘进一定距离后需要进行刀具的更换,也需要根据隧道穿越地层的变化来调整刀具的配置,提高盾构的地质适应性,几种常见的常压换刀刀具形式见表3-8。

几种常见的常压换刀刀具形式　　　　表3-8

刀 具 名 称	实 物 图	效 果 图
常压刮刀		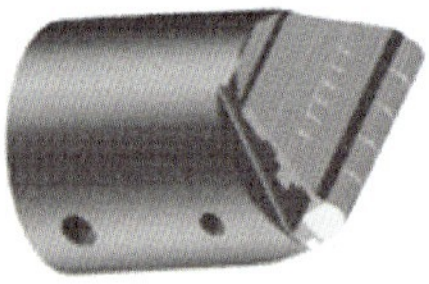
常压滚刀		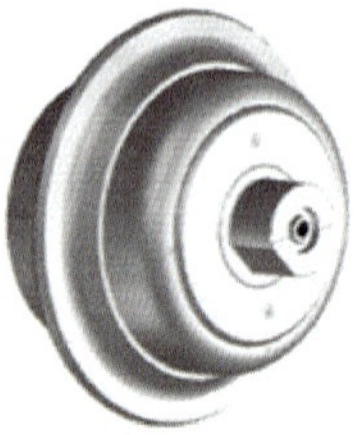
常压贝壳刀		
常压中心羊角刀		

3.3.3 主驱动系统

1)盾构主驱动选型

刀盘驱动系统是盾构的重要组成部分之一,具有功率大、功率变化范围宽的特点。目前,刀盘驱动方式主要有液压驱动、变频电机驱动两种。通常大直径盾构要求的转速高,宜选择变频电机驱动;中、小直径的软土盾构通常由于空间限制,宜选用液压驱动。随着变频电机驱动技术日益成熟,其已应用于多种类型和规格的盾构中。大直径盾构内空间大,驱动马达空间设置限制少,为提高效率、降低启动扭矩、简化后方设备、改善隧道内环境,刀盘宜采用变频电机驱动方式。

根据表3-4的刀盘扭矩(计算结果为41901kN·m)和刀盘转速可以计算相应的刀盘所需

驱动功率：

$$P = \frac{T}{9550} \cdot n_c \qquad (3-25)$$

式中：T——刀盘扭矩，N·m；
n_c——刀盘转速，r/min，取值为 1.1r/min；
P——刀盘的驱动功率，kW。

得到电机输出功率：

$$P_m = \frac{P}{\eta_1} \qquad (3-26)$$

式中：η_1——主驱动系统的效率，取值为 0.93。

最终得到主驱动的功率为：

$$P_m = \frac{P}{\eta_1} = \frac{T}{9550\eta_1} n_c \qquad (3-27)$$

计算得：$P_m = 5189.2(\mathrm{kW})$。

根据计算的功率，选择 16 台 350kW 功率的电机进行驱动可以满足使用要求。盾构主驱动布置结构如图 3-35 所示。

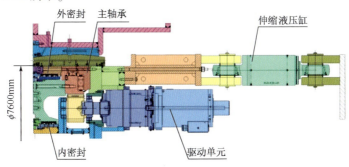

图 3-35　盾构主驱动布置结构示意图

2）盾构主轴承密封压力控制方法优化

（1）主轴承密封压力控制方式的特点

当前盾构主轴承密封均采用多道唇形密封的形式，利用唇形密封圈将主轴承内外密封腔分割成多道相对独立的密封腔。第一道密封腔是开放的，与盾构土仓或泥水仓相通，该道密封腔注入 HBW 油脂，利用油脂不断往外泄漏流动将土仓或泥水仓的渣土（泥水）阻挡住，防止其进入密封腔损坏密封结构。第二道密封腔注入 EP2 油脂起到密封润滑作用。盾构在安装调试时，会根据具体工程的水土压力设定各密封腔的压力，并保证第二道密封腔压力小于第一道密封腔，以形成压力差，保证第一道唇形密封圈良好的密封状态。

在盾构掘进过程中，由于地质条件、隧道线位的变化，盾构土仓或泥水仓的压力是不断变化的。当前的主轴承密封供油方式是通过供油管路周期性定量地向密封腔内供油，出油口的压力通过安全阀来控制，由于安全阀的压力是事先调试好的，无法随着土仓或泥水仓压力的变化而变化。当地层条件好、自稳能力强时，土仓或泥水仓压力较小，此时第一道密封腔在设定压力下供 HBW 油脂会造成油脂消耗量较大，同时，此时的油脂流动过快，会造成第一道密封腔压力不稳,与第二道密封腔形成的压力差也不稳定,从而影响第一道唇形密封圈的密封状态;当地层条件不好、自稳能力较差,尤其是水下隧道,地层被高压水贯通时,土仓或泥水仓的压力较大,此时第一道密封腔在设定压力下供 HBW 油脂,引起渣土或泥水灌入的概率就比较高,影响密封效果和密封圈的使用寿命。这种基于开环控制原理的供油方式不能适应盾构土仓或泥水仓的压力变化,难以保证良好的密封状态。

盾构施工过程中,若主轴承密封效果不好,将直接影响主轴承的使用寿命,给施工带来巨大的风险。因此,提高盾构主轴承密封系统的适应能力,是保证盾构隧道,尤其是大埋深、高水压、长距离盾构隧道安全、顺利施工的关键。

(2) 主轴承密封压力控制方式的改进

结合当前主轴承密封控制方式存在的问题,提出一种改进型的主轴承密封压力控制方法(图 3-36),该密封控制方法包括以下步骤:

步骤一:在盾构系统的控制程序中设定 ΔP_1 和 ΔP_2,其中 ΔP_1 为先导式比例减压阀的压力与土仓或泥水仓压力差值,ΔP_2 为第一道密封腔和第二道密封腔之间的压力差值,$\Delta P_1 > \Delta P_2$,且 ΔP_1 和 ΔP_2 不为 0。

步骤二:盾构控制系统采集土仓或泥水仓的压力 P_0。

步骤三:盾构系统利用控制程序设定盾构主轴承第一道密封腔 HBW 油脂压力 $P_1 = P_0 + \Delta P_1$,将 HBW 油脂压力与土仓或泥水仓的压力关联起来。

步骤四:盾构系统利用控制程序设定盾构主轴承第二道密封腔 EP2 油脂压力 $P_2 = P_1 - \Delta P_2$,将 EP2 油脂压力与土仓或泥水仓的压力也关联起来,确保第一道密封腔和第二道密封腔之间有相对稳定的压力差。

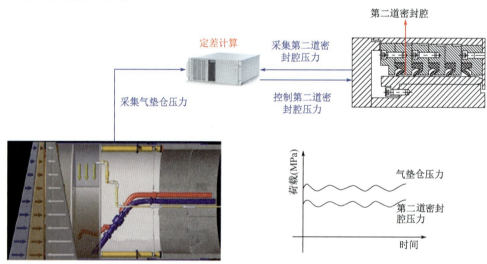

图 3-36 改进型的主轴承密封压力控制原理

3.3.4 泥水环流系统选型

1) 泥水环流系统参数计算

泥水盾构的泥水环流系统选型最关键的参数是进排浆量,而与进排浆量计算相关的泥水盾构参数有盾构开挖直径、最大推进速度、进浆密度、排浆密度和渣土密度等,见表3-9。为保证开挖面的稳定,须将开挖面的变形控制在最低限度以内,故希望泥浆密度要高一些,但高密度泥浆会使送浆泵处于高负荷甚至超负荷状态,且高密度泥浆携渣能力差,造成泥水处理上的困难,而低密度的泥浆虽有减少泵负荷等优点,但也有增加逸泥量、推迟泥膜形成等缺点。

泥水环流计算参数表　　　　　　　　　　　　　　　表3-9

参　　数	取　　值	参　　数	取　　值
隧道长度 $L(m)$	3048	刀盘开挖直径 $D(m)$	15.03
盾构最大推进速度 $v(mm/min)$	50	泥水仓最高工作压力(bar)	10
渣土密度 ρ_0(中粗砂)(t/m^3)	2.1	分离站距始发井口距离(m)	300
进浆密度 $\rho_1(t/m^3)$	1.12	分离站距接收井隧道底部高度(m)	36
排浆密度 $\rho_2(t/m^3)$	1.30		

假设泥浆均为流体,并作为水和岩层的均匀混合物,非溶液且不可压缩,在施工过程中满足以下关系式:

单位时间进浆质量 + 单位时间出渣土质量 = 单位时间排浆质量
单位时间进浆体积 + 单位时间出渣土体积 = 单位时间排浆体积

根据以上关系式进行最大进、排浆量计算。

(1)进浆量计算

①理想状况

设理想状况下的进浆量为 Q_1,出渣量为 Q_0,则有:

$$\rho_1 Q_1 + \rho Q_0 = \rho_2 (Q_1 + Q_0) \tag{3-28}$$

$$Q_0 = \frac{\pi D^2}{4} v \tag{3-29}$$

代入相关数值,计算得到:$Q_0 = 532.25(m^3/h)$;$Q_1 = 2365.56(m^3/h)$。

②考虑地层裂隙渗漏

岩层单位吸水量仅能代表岩层稳定时的吸水状况,不能动态反映盾构掘进过程中水土压力平衡的物理量,因此取岩层渗透系数作为泥膜形成抗水土压力的参数。根据海湾隧道工程地质情况,中粗砂、砾砂的渗透系数 K 为 22m/d,是工程沿线渗透系数最大的一类岩层。

考虑掌子面岩层泄漏,则需要补充的浆液流量 Q_2 为:

$$Q_2 = \frac{K}{24} \times \frac{\pi D^2}{4} \tag{3-30}$$

代入相关数值,计算得到:$Q_2 = 162.63(m^3/h)$。

考虑围岩的泄漏,则需要补充的浆液流量 Q_3 为:

$$Q_3 = \frac{K}{24} \times \pi D L \tag{3-31}$$

代入相关数值,计算得到:$Q_3 = 86.56(m^3/h)$(其中 L 为泥水仓至掌子面的距离,取值为2m)。

③总体进浆量计算

实际进浆量还应该考虑盾体部分岩层浆液的泄漏及其他浆液损失,但因这些损失相对计

算所需的浆液量而言,占比不大,可将其忽略,实际进浆量 $Q_{进}$ 为:

$$Q_{进} = Q_1 + Q_2 + Q_3 \tag{3-32}$$

代入相关数值,计算得到: $Q_{进} = 2614.75(\mathrm{m}^3/\mathrm{h})$。

(2)排浆量计算

每小时排浆量 $Q_{排}$ 为:

$$Q_{排} = Q_{进} + Q_0 \tag{3-33}$$

代入相关数值,计算得到: $Q_{排} = 3147.00(\mathrm{m}^3/\mathrm{h})$。

根据上述计算结果,建议在进行泥水环流系统选配时,取进浆量为 $2700\mathrm{m}^3/\mathrm{h}$,排浆量为 $3200\mathrm{m}^3/\mathrm{h}$ 的标准进行选配。

(3)泥浆泵功率计算及配置

①进排浆管道直径计算

根据液体的流量和流速的大小,可按下式计算管路的直径:

$$d \geqslant 4.6\sqrt{\frac{Q}{V}} \tag{3-34}$$

式中: Q——流量,L/min;

V——流速,m/s。

按 $V=4\mathrm{m/s}$,经计算 $d_{排} \geqslant 531\mathrm{mm}$, $d_{进} \geqslant 488\mathrm{mm}$,综合考虑取 $d_{进} = d_{排} = 500\mathrm{mm}$。

②进、排浆扬程计算

进浆几何高度为: $h_a = -21\mathrm{m}$,进浆管路的阻力损失扬程 H_1 为:

$$H_1 = \lambda_1 \times \frac{L_1}{D_1} \times \frac{V_1^2}{2g} \tag{3-35}$$

式中: g——重力加速度 $\mathrm{m/s}^2$,取 $9.8\mathrm{m/s}^2$;

λ_1——进浆摩擦因数,取 0.0156;

L_1——进浆管最大当量长度,m,为 3700m;

V_1——进浆流速,m/s,取 3.68m/s;

D_1——进浆管直径,m。

代入相关数值,计算得: $H_1 = 80(\mathrm{m})$;

泥水仓压力损失扬程: $H_w = 40(\mathrm{m})$;

进浆总扬程: $H_{进} = h_a + H_1 + H_w = -21 + 80 + 40 = 99(\mathrm{m})$。

排浆几何高度为: $h_a = 36\mathrm{m}$,排浆管路的阻力损失扬程 H_2 为:

$$H_2 = \lambda_2 \times \frac{L_2}{D_2} \times \frac{V_2^2}{2g} \tag{3-36}$$

式中: λ_2——排浆摩擦因数,取 0.0167;

L_2——排浆管最大当量长度,m,为 3700m;

V_2——排浆流速,m/s,取 4.32m/s;

D_2——排浆管直径,m。

代入相关数值,计算得: $H_2 = 117.7(\mathrm{m})$。

P2.1 泵进口压力:$P=2\text{MPa}$,换算成进浆扬程为 $H_3=P/\rho_2 g=15.4(\text{m})$;排浆总扬程:$H_{排}=h_a+H_2-H_3=36+117.7-15.4=138.3(\text{m})$。

③进、排浆泵功率计算

进浆泵根据计算流量 $Q_{进}=2700\text{m}^3/\text{h}$、$H_{进}=99\text{m}$,选用的泥浆泵的扬程为75m,进浆泵的数量为2台,进浆泵总功率:

$$P_{进}=\frac{\rho g H Q_{进}}{\eta} \quad (3\text{-}37)$$

式中:H——泵扬程,m;

ρ——介质密度,kg/m^3;

g——重力加速度,m/s^2,取 9.8m/s^2;

η——泵效率,取 0.85;

$Q_{进}$——进浆泵流量,m^3/s。

代入相关数值,计算得:$P_{进}=959(\text{kW})$。

取电机效率 $\eta_p=0.9$,则驱动电机的功率 $P_{电机}=P_{进}/\eta_p=1066(\text{kW})$。

故进浆泵需配置功率1066kW以上的电机,同时考虑到预留一定的富余量,应配置1100kW的电机。

排浆泵根据计算流量 $Q_{排}=3200\text{m}^3/\text{h}$、$H_{排}=138.3\text{m}$,选用的泥浆泵最高的扬程为60m(该泵的清水扬程为75m),排浆泵的数量为3台,计算得到所需的排浆泵总功率为1842.6kW,每个排浆泵配置1100kW变频电机即满足使用需求。

最终确定泥浆泵选型参数见表3-10。

泥浆泵选型参数 表3-10

应用系统	管径(mm)	流量(m³/h)	泥浆泵数量(台)	电机功率(kW)
进浆系统	DN500	2700	2	1100
排浆系统	DN500	3200	3	1100

2)泥水环流系统配置

(1)泥浆泵配置

根据地质情况和掘进距离,通过计算,配备合适的泥浆输送泵,如图3-37所示。泥浆泵采用国际知名品牌的重型渣浆泵,充分考虑泵的耐磨等性能。进浆泵和所有中继泥浆泵均可实现本地和主控室分别单独控制,主进、排浆泵电机采用水冷变频电机。

(2)泥水系统管路设计

①根据工程地质情况和掘进距离,通过计算选取合适的管径。

②泥浆管采用加厚设计。

③管路布置尽量减少弯头,避免90°急转弯设计。

④弯头外焊接钢板预先增加弯头厚度。

图3-37 泥浆泵

⑤不可常压更换部位的管路采用复合钢管加厚设计。

由于盾构采用常压刀盘设计,整个刀盘面板开口率不足30%,且中心区域大面积为无开口区,容易产生渣土滞留并导致泥饼问题。为降低泥饼产生的概率,对刀盘面板冲刷进行针对性设计,通过对冲刷泥浆增压、增加冲刷泥浆流量及合理布置冲刷孔的方法降低泥饼产生的概率。

刀盘泥浆冲刷系统主要由泥浆泵、液动球阀、流量计、单向阀、手动球阀、分流块及相关管路组成,刀盘冲刷系统管路如图3-38所示。刀盘区域的冲刷泥浆从进浆管经P0.1泥浆泵增压后供浆,该泥浆泵驱动功率为355kW,最大冲刷流量可达1500m^3/h,使用大功率增压泵解决了冲刷系统流量和压力不足的问题。泥浆管经中心锥回转接头分别引至中心面板、周边面板、刀梁冲刷、开口冲刷处对特定区域进行冲刷。

在刀盘上设置的冲刷喷口为:7路中心面板冲刷、6路刀梁开口冲刷、6路周边面板冲刷和7路刀梁冲刷,通过冲刷管路上的液动球阀实现中心面板、左侧、右侧共三个区域冲刷位置的切换或实现区域组合冲刷,根据地层特点有针对性地开展冲刷,降低刀盘中心区及开口处结泥饼的概率。刀盘中心面板冲刷和刀盘开口冲刷是冲刷设计中的两个重要环节,刀盘中心面板冲刷及刀盘开口冲刷布置如图3-39所示。

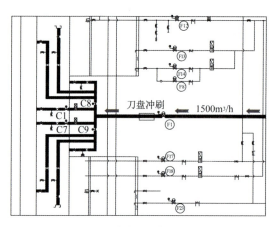

图3-38 刀盘冲刷系统管路示意图

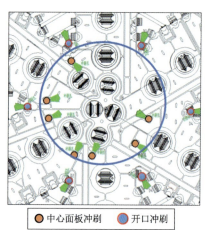

图3-39 盾构刀盘中心面板及开口冲刷布置示意图

(1)刀盘中心面板冲刷喷口。中心面板区域设置7路冲刷喷口,喷口的方向按刀盘径向设计,既能实现对刀盘面板的有效冲刷,又不会破坏掌子面上泥膜的形态,冲刷方向上6路冲刷口朝面板中心方向,能够对刀盘中心区域进行较好的冲刷。

(2)刀盘开口冲刷。刀盘开口位置设计有开口冲刷,可以有效防止刀盘开口处堵塞,设计的6路刀梁开口冲刷,冲刷的方向为刀盘径向朝外,同时刀盘主梁侧面有6路冲刷喷口,解决距离开口冲刷位置较远处开口区域的渣土堵塞问题,可根据情况使用。

3.3.5 其他系统简介

1)刀具运行状态监测装置

为提高在磨蚀性地层下刀具的正常磨损及突变荷载下刀具的异常磨损监测能力,提升常压刀具的可靠性,设计了对应的运行状态监测装置来解决。在磨损监测设计上,除在刀盘正面板布置6处、背面板布置3处、常压换刀装置上布置油压式磨损检测装置外,还特别在常压换刀装置内设计了滚刀磨损状态监测(34套)及旋转状态监测装置(78处),如图3-40所示。滚刀磨损状态监测装置利用电涡流传感器将滚刀刀圈与传感器之间距离转化为电信号,经计算后转化为磨损量。旋转状态监测装置在滚刀轮毂中集成脉冲发生器,当滚刀处于滚动状态时,每一次转动传感器,系统就会发出几个信号,记录滚动过程,同时传感器在紧邻滚刀的位置处进行温度监测。实现了直接磨损监测与旋转状态、温度监测多维度监测相结合的优化设计,通过对刀具运行状态监测可提示及时更换刀具,借助旋转状态监测可反推地层信息,利于调整刀具配置。

图3-40 磨损状态监测装置及旋转状态监测装置

2) 耐磨保护措施

砂层、基岩凸起段及孤石等加剧了刀盘面板和刀具的磨损,而在海域段开展面板维修工作困难,故必须采取措施提高刀盘耐磨性。具体措施是:在刀盘正面板焊接焊达(Hardox)耐磨板,刀盘周边使用镶嵌合金耐磨板焊接,在刀座左右焊接保护块进行保护(图3-41)。由于孤石对刮刀的冲击作用会产生刀具脱落的现象,应采取提高刮刀保护块高度的措施,必要时可直接将刀具与刀座焊接,以提高刀具的抗冲击能力。

a)

b)

图3-41 耐磨保护措施

3) 有害气体检测系统

盾构配置有固定式气体检测仪和便携式气体检测装置,如图3-42所示。其中固定式CH_4检测仪、H_2S检测仪、CO检测仪、CO_2检测仪和O_2检测仪,分别放置于盾体、1号拖车前部及换管装置处,用于监测盾构掘进时隧道内气体情况,如发生问题,整机报警并视情况进行紧急断电。另外,便携式气体检测装置用于带压作业时,可检测人舱内部的 CH_4、CO、CO_2 和 O_2 气体情况,并具备声光报警功能。

a)固体式　　　　　　b)便携式

图 3-42　气体检测装置(仪)

4)盾尾密封

盾尾密封采用 4 道钢丝刷和 1 道钢板束的组合设计,尾刷腔内设计有盾尾油脂注入通道,可利用这些通道注入油脂形成可靠的密封油环,保证盾尾密封的密封性能。同时,盾尾末端外侧还布置有一道止浆板,可以有效地防止砂浆前串和地下水后串影响注浆效果。前面可更换处尾刷采用螺栓连接方式,洞内可实现两道尾刷的更换,具体布置如图 3-43 所示。

图 3-43　尾刷布置示意图

3.4　盾构参数配置

盾构参数配置见表 3-11。

盾构参数配置　　　　　　　　　表 3-11

项　目	参　数	单位	备　注
区间里程	约 3.04	km	—
主要地质条件	淤泥质土、淤泥、淤泥混砂、砂层、存在孤石,以及三处少量中、微风化花岗岩凸起(中风化 95.27MPa,微风化 136.04MPa,局部 210MPa)	—	—

续上表

项 目	参 数	单位	备 注
项目管片规格(外径×内径-宽度×分度)	14500mm×13300mm−2000mm×12.857°	—	—
开挖直径	φ15030	mm	—
主机总长(含刀盘)	约15	m	—
整机长度	小于130	m	不包括储风筒平台、尾部拖动平台
主机质量	约2800	t	—
整机质量	约4100	t	—
最小转弯半径	1000	m	—
适应的最大坡度	50	‰	—
最大推进速度	50	mm/min	—
最大推力	22220	t	—
能承受最大工作水土压力	10	bar	—
装机总功率	约10119	kW	—
最大不可分割部件质量	约400	t	—
开挖直径	φ15030	mm	—
旋转方向	正/反	—	—
开口率	28	%	—
刀盘类型/材质	常压刀盘(Q345R)	—	—
刀盘面板耐磨措施	耐磨复合钢板+Hardox耐磨板	—	耐磨复合钢板为:12.5mm(基层)+12.5mm(耐磨层),Hardox耐磨板厚度根据刀盘实际情况定
刀盘圆环耐磨措施	耐磨合金保护块	—	KE13
刀盘分块数量、形式与连接方式	刀盘分13块;主体结构为箱体式;各分块间先通过螺栓和定位销连接,然后焊接为整体	—	—
总质量	约550t(中心块205t;主刀梁分别为52t、50t、59t、57t、56t、53t;其余6块各3t)	t	—
刀盘冲刷口数量	24	个	—
主动搅拌臂数量	6	个	—
扩挖形式	硬岩式超挖刀	—	—

续上表

项 目	参 数	单位	备 注
可常压更换滚刀(可与可更换撕裂刀互换)			
中心滚刀数量/直径/刀高	12/17/225	把/"/mm	双轴双刃
最大工作荷载	320	kN	—
正滚刀数量/直径/刀高	54/19/225	把/"/mm	双轴双刃
最大工作荷载	320	kN	—
边滚刀数量/直径/刀高	10/19/225	把/"/mm	双轴双刃
最大工作荷载	320	kN	—
边滚刀数量/直径/刀高	2/19/225	把/"/mm	单轴单刃
最大工作荷载	320	kN	—
滚刀安装方式(双楔块)			
正滚刀刀间距	80/90/100	mm	—
边滚刀刀间距	100/93/95/90/84/70/69/60/50/20	mm	—
中心刀刀间距	120	mm	—
扩挖刀数量/扩挖量	1/40	把/mm	—
可常压更换切刀(除中心区域外径向全覆盖)			
数量	48	把	—
刀高	185	mm	—
普通切刀			
数量	178	把	—
刀高	185	mm	—
边刮刀			
数量	36	把	—
刀高	185	mm	—
其他参数			
滚刀磨损自动监测	30	个	—
滚刀油压式磨损监测	有	—	所有可常压更换滚刀装置
刀盘面板油压式磨损监测	6+3	处	6处正面板+3处背面板

续上表

项 目	参 数	单位	备 注
刀盘大圆环磨损监测	6	个	油压式
滚刀旋转监测	全部滚刀刀具	—	—
冲刷通道	1	道	DN300
驱动类型	变频电机驱动	—	
驱动总功率	5600(350×16)	kW	
驱动电机数量	16	个	
驱动电机参数	350kW/50Hz/4极	—	
转速范围	0~2.25	r/min	
额定转速	1.1	r/min	
额定扭矩	45450	kN·m	
最大扭矩	59085	kN·m	
脱困扭矩	63630	kN·m	
主轴承寿命	15000	h	正常使用，维保到位情况下
内外密封数量	外密封4道，内密封4道	道	—
主轴承密封寿命	16000	h	取决于实际操作和维保情况
密封最大承压能力	10	bar	—
前盾(直径/长度/厚度)	φ14980×4270×80	mm	
前盾结构质量	1015	t	前中盾一体
被动搅拌臂数量	4	个	
泥水仓压力传感器数量	8	个	
中盾(直径/长度/厚度)	φ14950×5216×70	mm	
中盾结构质量	1015	t	前中盾一体
超前注浆管数量	18	个	
尾盾(直径/长度/厚度)	φ14920×5260×140(箱体)	mm	
尾盾密封刷排数	4+1	排	最后一道采用钢丝刷背部设计钢板束
盾尾管片安装间隙	45	mm	
推进液压缸数量及分组	A:10;B:10;C:10;D:10;E:10;F:6	—	
液压缸规格型号	φ380/φ280-3000	—	
最大推进速度	50	mm/min	

续上表

项　　目	参　　数	单位	备　注
额定工作压力	350	bar	—
单根液压缸最大推力	3969	kN	—
最大伸出速度	2600	mm/min	—
最大回收速度	2600	mm/min	—
推进液压缸支撑类型	液压可调浮动支撑式	—	—
最大进浆流量	2700	m³/h	—
进排浆密度计类型	放射性密度计	—	—
最大进浆密度	1.25	t/m³	—
进浆管直径/壁厚	DN500/16	mm	—
最大排浆流量	3200	m³/h	—
最大排浆密度	1.4	t/m³	—
排浆管直径/壁厚	DN500/25	mm	—
液位传感器数量（拉绳）	2	个	—
超声液位传感器数量	2	个	辅助显示
刀盘冲刷泵型号规格	AH12/10、AH10/8、AH8/6	—	—
刀盘冲刷泵功率	350、250、110	kW	—
刀盘冲刷泵数量	3	套	—
刀盘冲刷管数量	19、2、2	根	—
刀盘冲刷主管路直径	DN300、DN250、DN200	mm	—
刀盘冲刷泵流量	1500、1000、500	m³/h	—
刀盘冲刷泵扬程	70	m	—
辅助泥浆泵功率	132	kW	—
辅助泥浆泵数量	1	个	—
辅助泥浆泵流量	150	m³/h	—
辅助泥浆泵扬程	78	m	—
进浆泵规格型号	300SHG	—	—
进浆泵流量	2700	m³/h	—
进浆泵扬程	75	m	—
进浆泵数量	2	个	—
进浆泵功率	1100	kW	—
进浆管管径	500	mm	—
进浆管最大通过粒径	10	mm	—

续上表

项　　目	参　　数	单位	备　　注
排浆泵流量	3200	m³/h	—
排浆泵扬程	75	m	—
排浆泵数量	3	个	—
排浆泵功率	1100	kW	—
排浆管管径	500	mm	—
最大工作压力	20	bar	—
总功率	10119	kW	—

3.5　本章小结

盾构作为隧道施工的专用设备具有诸多特点,相比一般的机械装备而言,盾构装备的选型设计需要依据地质、水文等边界条件"量身定制",只有充分考虑地质、水文、周边环境等影响因素进行针对性设计,盾构装备在施工时才可能具有良好的地质适应性。因此,盾构装备选型是首要的任务,随后开展关键参数计算、关键部件适应性设计。本章对选型的原则与依据、工程地质对盾构性能的要求分析及几种盾构类型的适用性分析,能够为一般盾构的选型提供指导,对于地质特别复杂的盾构选型还需要进一步组织行业专家研讨论证。

盾构关键部件适应性设计中,刀盘及刀具布置是非常重要的,尤其是遇到一些非常规的设计方案时,比如常压刀盘设计特定区域必须采用较大刀间距(如120mm)才能实现常压换刀装置的空间布置,在这种情况下必须通过相应的试验对较大刀间距下破岩效果进行验证,试验效果达到预期才能采取该设计方案,否则盾构施工存在较大的风险。

地下工程的边界条件复杂,通过地勘手段很难获知全貌,导致盾构在施工中可能会出现一些适应性问题,直观的表现为盾构装备故障频发或掘进效率低下甚至停机,要对出现的问题及时分析,必要时进行适应性改造,通过提升盾构装备与地层的匹配性,达到提高施工效率的目的。

第 4 章

超大直径泥水盾构现场组装及调试关键技术

本章分别以海湾隧道东线海瑞克、西线中铁装备两台超大直径泥水盾构为例,重点介绍了盾构组装安排及施工组织、盾构的吊装与组装及盾构整机调试等相关内容。

4.1 盾构概况

东线海瑞克盾构刀盘开挖直径为15.01m,主机总长约为15.5m,整机总长为130m;主机重约2800t,后配套拖车重约1600t,单件最重为刀盘550t(含刀具、吊具);后配套拖车由1~4号拖车、1节连接桥及辅助平台组成。

西线中铁装备盾构刀盘开挖直径为15.03m,主机总长约为15m,整机总长为135m;主机重约2700t,后配套拖车重约1600t,单件最重为刀盘570t(含刀具、吊具);后配套拖车由1~5号拖车、1节连接桥及辅助平台组成。两台盾构质量及尺寸规格见表4-1。

海瑞克盾构与中铁装备盾构质量及尺寸规格表　　　　　表4-1

名　称	单位	海瑞克盾构参数	中铁装备盾构参数	质量(t) 海瑞克/中铁装备
开挖直径	mm	15010	15030	4400/4300
盾体直径	mm	14960/14930/14900	14980/14950/14920	2800/2700
主机长度(含刀盘)	m	15.5	15	—
整机长度	m	130	135	—
最小转弯半径	m	1000	1000	—
单件最大质量(刀盘)	t	约550	约570	—
单件最大尺寸(刀盘)	mm	约15010×15010×2500	约15030×15030×2400	—
主驱动	t	约450	约450	—
主驱动	mm	7800×7800×2900	7800×7800×2900	—
其他单件质量	t	≤190	≤200	—
盾体1	mm	9600×6100×4500	9500×6000×4500	117
盾体2	mm	9600×6100×4500	9500×6000×4500	118
盾体3	mm	9600×6100×4500	9500×6000×4500	109
盾体4	mm	9600×5800×4300	9500×5800×4300	118
盾体5	mm	9600×5800×4300	9500×5800×4300	87
盾体6	mm	9600×5800×4300	9500×5800×4300	135
盾体7	mm	9600×6100×4500	9500×6000×4500	87
盾体8	mm	9600×5800×4300	9500×5800×4300	118
盾体9	mm	9600×5800×4300	9500×5800×4300	111
盾体10	mm	9600×6100×4500	9500×6000×4500	114
盾尾	mm	5450×14900	5400×14920	229
安装机及梁	mm	12900×8500	12900×7975	135
1号拖车	mm	23500×12500×12000	22740×12500×12000	500
设备连接桥	mm	32336×9560×3860	33160×9830×3940	190/200
2号拖车	mm	11050×8960×8770	11500×9200×9600	180

续上表

名　称	单位	海瑞克盾构参数	中铁装备盾构参数	质量(t) 海瑞克/中铁装备
3号拖车	mm	11520×8940×8770	11500×9200×9600	160
4号拖车	mm	18100×9300×8770	11000×9300×9600	160
5号拖车	mm	—	25000×12000×12000	180

4.2　总体组装安排及施工组织

4.2.1　总体组装安排

根据工程的工作井及后配套段的结构分布,盾构组装分两个工作面同步进行:工作井井口组装主机及1号拖车;预留吊装井口组装连接桥及其余拖车。

工作井吊装设备选用一台650(325+325)t-22(28)m门式起重机与一台400t履带起重机(带超起)配合使用,主要大件吊装任务为刀盘的平移、翻身、下井;主驱动的翻身和下井;1号拖车下井、对接。

预留井吊装设备选用一台400t履带起重机(带超起配重),进行设备桥组装→2号拖车组装→3号拖车组装→4号拖车组装→整体对接平移。

4.2.2　施工组织

为保证盾构组装调试的安全、有效、按期顺利进行,根据盾构组装调试任务生产计划的安排,为全面落实施工生产安排,对组装调试全过程进行管理和监控,确保质量目标、工期目标、环境管理目标和职业健康安全管理目标的实现,并确定如图4-1所示的组织机构,明确分工职责。

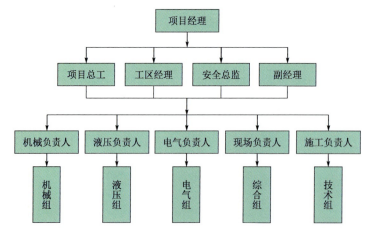

图4-1　组织机构图

4.3 关键吊装设备参数及关键部件验算

门式起重机轨距选型为22～28m可变跨距,步距20cm,门式起重机轨距可满足在南岸、北岸均能在工作井的主体结构或围护结构上安全工作,地基的承载力满足荷载要求。南岸装机时,门式起重机轨距为22m,可确保门式起重机一侧轨道在中间立柱梁中央,一侧轨道在主体结构外边缘(临近围护结构);北岸拆机时,门式起重机轨距为28m,可确保门式起重机一侧轨道在中间立柱梁中央,一侧轨道在主体结构外边缘(临近围护结构)。门式起重机关键参数见表4-2。

门式起重机关键参数 表4-2

门式起重机的关键参数	参 数 描 述	单位	参　　数	备　注
起重能力	盾构最大单件质量	t	570/550	—
北岸工作井	工作井的净空尺寸	mm	25030×19830×26000	长×宽×深
南岸工作井	工作井的净空尺寸	mm	18000×18000×21000	长×宽×深
门式起重机轨距	融合南北岸初步确定	mm	22000～28000	可变轨距
起吊高度上限值	盾构最大单件尺寸	mm	约15030×15030×2800	刀盘整体
起吊高度下限值	工作井深度	mm	21000	
工作强度等级	—		M4	
门式起重机初步选型(双钩便于翻身且经济性好)			双小车吊钩门式起重机(ME)300t+300t/22～28m,步距0.2m,机构工作级别M4,轨上25m,轨下23m	

4.3.1 履带起重机选型计算

SCC4000型履带起重机参数:主臂30m,中央配重40t,后配重135t,超起配重130t,其工况荷载见表4-3。预留井口的所有吊装作业中(含海瑞克及中铁装备),2号拖车最重,达180t,吊装跨距最大为14.775m,按16m计算,拟采用的400t履带起重机超起配重工况16m作业半径额定起质量为293t,按1.1安全系数计算此时负荷率为67.6%,拟选用的履带起重机性能参数满足吊装安全要求。

SCC4000型履带起重机工况荷载表(t) 表4-3

半径(m)	臂长(m)													
	30	36	42	48	54	60	66	72	78	84	90	96	102	108	114	117
6.5	400	—	—	—	—	—	—	—	—	—	—	—	—	—	—	—
7	400	400	400	—	—	—	—	—	—	—	—	—	—	—	—	—
8	380	370	360	350	—	—	—	—	—	—	—	—	—	—	—	—
9	365	360	355	350	328	—	—	—	—	—	—	—	—	—	—	—
10	360	355	350	350	317	285	245	—	—	—	—	—	—	—	—	—

续上表

半径(m)	臂长(m)													
	30	36	42	48	54	60	66	72	78	84	90	96	102	108	114	117
11	350	347	347	347	307	284	244	208	180	—	—	—	—	—	—
12	345	341	339	331	296	284	244	208	179	160	—	—	—	—	—
14	317	312	307	301	278	267	243	207	177	158	133	118	100	—	—
16	293	285	281	275	258	250	230	204	175	157	131	118	100	86	74	68
18	270	263	259	254	239	232	220	196	174	155	129	117	100	85	73	68
20	251	243	239	236	221	215	206	188	173	153	127	116	99	85	73	68
22	228	225	223	220	206	201	193	180	168	150	123	115	98	84	72	67
24	205	204	202	203	193	189	182	172	160	146	119	114	96	82	72	67
26	190	188	185	184	181	177	172	163	153	142	115	113	94	80	71	67
28	—	175	173	174	171	167	161	154	144	136	112	112	92	78	70	67
30	—	163	162	160	160	158	152	145	137	129	109	110	90	76	69	66
32	—	150	150	150	147	146	144	139	131	123	105	108	88	74	67	65
34	—	—	143	141	137	136	136	131	124	117	103	104	85	73	65	64
36	—	—	134	131	130	129	129	125	118	112	100	101	83	72	63	63
38	—	—	125	128	123	121	118	117	112	107	96	97	82	70	62	62
40	—	—	—	119	115	114	110	110	105	102	93	93	80	65	59	58
44	—	—	—	107	100	101	102	97	92	93	87	86	74	63	55	54

注:主臂30~70m;超起桅杆30m;后配重135t;超起配重0~250t;中央配重40t。

4.3.2 吊索规格参数选用计算

根据《钢丝绳通用技术条件》(GB 20118—2017)规范要求,丝绳破断拉力(工作荷载)最小值见表4-4,用下式表示:

$$F_{min} = \frac{K'd^2R_0}{1000} \tag{4-1}$$

式中:F_{min}——最小破断拉力,kN;

d——钢丝绳公称直径,mm;

R_0——钢丝公称抗拉强度,N/mm²,取1670N/mm²;

K'——指定结构的钢丝绳最小破断拉力的换算系数,取0.295~0.33。

钢丝绳工作荷载表 表4-4

序号	钢丝绳直径(mm)	1m质量(kg)	最小破断拉力(kN)	额定负荷(kN)	工作荷载(t)
1	28	3.45	435	543	11
2	60	13.4	1980	2575	52
3	90	29.2	3830	4983	101
4	144	78.8	11000	14311	394

计算得到吊装盾构各部件时对应的钢丝绳规格统计见表4-5。

各部件吊装钢丝绳统计表　　　　　　　表4-5

序号	名称	规格	数量	备注
1	6×61 钢丝绳	φ144mm×12m	4根	刀盘吊装
2	6×61 钢丝绳	φ90mm×12m	4根	主驱动翻身吊装、刀盘翻身
3	6×61 钢丝绳	φ60mm×12m	2根	盾体4号、8号分块吊装
3	6×37 钢丝绳	φ28mm×10m	6根	盾体4号、8号分块吊装
4	6×61 钢丝绳	φ60mm×12m	2根	盾体5号、7号分块吊装
4	6×37 钢丝绳	φ28mm×10m	6根	盾体5号、7号分块吊装
5	6×61 钢丝绳	φ60mm×12m	4根	盾体1号、6号分块吊装
6	6×61 钢丝绳	φ60mm×12m	2根	盾体2号、10号分块吊装
6	6×37 钢丝绳	φ28mm×10m	6根	盾体2号、10号分块吊装
7	6×61 钢丝绳	φ60mm×12m	2根	盾体3号、9号分块吊装
7	6×37 钢丝绳	φ28mm×10m	6根	盾体3号、9号分块吊装
8	链条	10t×10m	4根	1号拖车二层前段左侧
9	链条	10t×10m	4根	1号拖车二层前段右侧
10	链条	10t×10m	4根	1号拖车二层前段中间
11	链条	10t×10m	4根	1号拖车二层后段右侧
12	链条	10t×10m	4根	1号拖车二层后段左侧
13	链条	10t×10m	4根	1号拖车二层后段中间
14	链条	10t×10m	4根	1号拖车三层前段左侧
15	链条	10t×10m	4根	1号拖车三层前段右侧
16	链条	10t×10m	4根	1号拖车三层前段中间
17	6×37 钢丝绳	φ28mm×10m	4根	桥架前段
18	6×37 钢丝绳	φ28mm×10m	4根	桥架中间段
19	6×37 钢丝绳	φ28mm×10m	4根	桥架后段
20	6×37 钢丝绳	φ28mm×10m	8根	2号拖车
21	6×37 钢丝绳	φ28mm×10m	8根	3、4、5号拖车
22	6×61 钢丝绳	φ60mm×12m	2根	米字梁
23	6×61 钢丝绳	φ60mm×12m	4根	球铰轴承
24	6×61 钢丝绳	φ60mm×12m	4根	主驱动拉伸
25	6×61 钢丝绳	φ60mm×1m	4根	主驱动拉伸
26	吊带	8t×8m	4条	安装机轴承
27	6×37 钢丝绳	φ28mm×10m	4根	安装机回转架
28	6×61 钢丝绳	φ60mm×12m	4根	安装机

注：g 取值为9.8N/kg，索具的破断拉力为工作荷载的5倍。6×37最小钢丝绳破断拉力总和＝钢丝绳最小破断拉力×1.250（纤维芯）。6×61最小钢丝绳破断拉力总和＝钢丝绳最小破断拉力×1.301（纤维芯）。

4.3.3 吊具承载力计算

(1) 刀盘吊耳承载力计算

刀盘吊耳材料选用综合力学性能良好的低合金结构钢 Q345B，按抗疲劳断裂计算要求取安全系数为3，其性能参数见表4-6、表4-7。

吊耳受力依据   表4-6

材料力学性能	Q345B	参照标准
屈服点 σ_s	>275MPa	《低合金高强度结构钢》(GB/T 1591—2018)
抗拉强度 σ_b	$\sigma_b = 470 \sim 630$MPa	《低合金高强度结构钢》(GB/T 1591—2018)
许用拉应力 $[\sigma]$	$[\sigma] = 470/3 = 156.7$MPa	无
许用剪应力 $[\tau]$	$[\tau] = 0.8[\sigma] = 156.7 \times 0.8 = 125.3$MPa	无
焊接因数 η	$\eta = 0.8$	《起重机设计规范》(GB/T 3811—2008)

起重机金属结构焊缝的许用应力   表4-7

焊缝种类	应力种类	符号	用普通方法检查的手工焊	自动焊或用精确方法检查的手工焊
对接焊缝	拉伸、压缩应力	σ_{hp}	$0.8\sigma_p$	$0.8\sigma_p$
对接或角焊缝	切应力	τ_{hp}	$\dfrac{0.8\sigma}{\sqrt{2}}$	$\dfrac{\sigma}{\sqrt{2}}$

注:1. 表中 σ_p 为结构件材料的基本许用应力。
2. 表中焊缝许用应力是计算静强度时采用的数值。
3. 参照《起重机设计规范》(GB/T 3811—2018)。

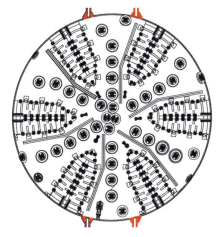

图4-2 刀盘总装吊耳布置示意图

根据表4-7，吊耳采用对接焊缝，材料为Q345B，其许用应力为$[\sigma] = 156.7$MPa，取焊接因数为0.8，则焊缝许用应力为：

$$[\sigma_w] = 0.8 \times [\sigma] = 156.7 \times 0.8 = 125.3 (\text{MPa})$$

刀盘竖直起吊吊耳布置如图4-2所示，刀盘竖直起吊时两个吊耳受力，受力方向及吊耳结构尺寸如图4-3所示。

刀盘总重470t，竖直起吊时，共有两个吊耳工作，将吊耳上的力进行分解，则每个吊耳所受的力为235t，即 $F = 2350$kN。

对耳板处的强度进行计算，τ表示竖直起吊时的剪应力，则剪应力计算如下：

$$\tau = \frac{F}{A} = \frac{2350}{(120 + 120) \times (701 - 180)} \approx 18.8\text{MPa} < [\tau]$$

耳板根部承受的最大拉应力为：

$$\sigma = \frac{F}{A} = \frac{2350}{(120 + 120) \times (618 - 180)} \approx 22.4\text{MPa} < [\sigma]$$

刀盘吊耳应力满足要求。

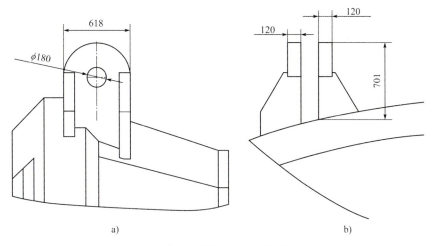

图4-3 总装吊耳结构示意图(尺寸单位:mm)

(2) 刀盘竖直起吊吊耳焊缝计算

按焊缝强度计算,耳板焊缝主要承受竖直方向受力 F,竖直方向的强度计算如下:

$$\sigma = \frac{F}{ab} = \frac{2350}{(120+120) \times 618} \approx 15.8(\mathrm{MPa}) < [\sigma_w] = 125.3(\mathrm{MPa})$$

式中:F——竖直方向受力,MPa;
$\quad a$——耳板焊缝有效厚度,mm;
$\quad b$——耳板焊缝有效长度,mm。
焊缝满足强度要求。

(3) 刀盘水平起吊吊耳受力计算

如图4-4所示,水平起吊时,刀盘总质量470t由4个吊耳平均受力,每个吊耳受力117.5t,即1175kN。

对吊耳处的强度进行计算,τ 表示水平起吊时向上的剪应力,则:

图4-4 刀盘水平起吊受力示意图

$$\tau = \frac{F}{A} = \frac{1175}{(120+120) \times (618-180)} \approx 11.2(\mathrm{MPa}) < [\tau]$$

吊耳强度满足要求。

刀盘水平起吊吊耳焊缝计算:水平起吊竖直方向受力 F(1175kN)转化为焊缝所受的弯矩 M,其中 S 表示 F 距焊缝的距离,为391mm。M 由耳板和筋板焊缝承受,筋板有4道焊缝,焊缝高度 c 为50mm,有效长度 d 为760mm。

$$M = FS = 1175 \times 391 = 459425(\mathrm{kN \cdot mm})$$

弯矩 M 产生的应力计算如下:

$$\sigma = \frac{3M}{cd^2} = \frac{3 \times 459425000}{4 \times 50 \times 760 \times 760} \approx 11.9(\mathrm{MPa}) < [\sigma_w] = 125.3(\mathrm{MPa})$$

焊缝满足强度要求。

起吊销钉计算:按刀盘竖直起吊时销钉所受起吊力计算,竖直起吊时,刀盘总质量470t由两个销钉平均受力,每个销钉受力 F 为2350kN。

对销钉的强度进行计算,τ 表示竖直起吊时的剪应力,则:

$$\tau = \frac{F}{A} = \frac{2350}{2 \times \pi \times 90^2} \approx 46.2(\text{MPa}) < [\tau]$$

销钉强度满足要求。

(4)主驱动吊耳承载力计算

主驱动吊耳材料选用综合力学性能良好的低合金结构钢Q345B,按抗疲劳断裂计算要求取安全系数为3,其性能参数见表4-8。

吊耳受力依据表　　　　表4-8

材料力学性能	Q345B	参照标准
屈服点 σ_s	>275MPa	《低合金高强度结构钢》(GB/T 1591—2018)
抗拉强度 σ_b	σ_b = 470~630MPa	《低合金高强度结构钢》(GB/T 1591—2018)
许用拉应力 $[\sigma]$	$[\sigma]$ = 156.7MPa	无
许用剪应力 $[\tau]$	$[\tau]$ = 0.8$[\sigma]$ = 125.3MPa	无
焊接因数 η	η = 0.8	《起重机设计规范》(GB/T 3811—2008)

主驱动起吊工装如图4-5所示,针对主驱动起吊和翻转要求设计工装,当竖直起吊时上部工装4个吊耳受力。

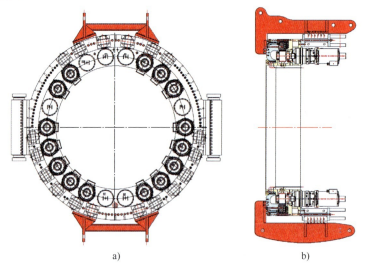

图4-5　主驱动起吊工装示意图

主驱动总重约400t,竖直起吊时,共有4个吊耳工作,将吊耳上的力进行分解(图4-6),则每个吊耳所受的力为 F_z = 1000kN。

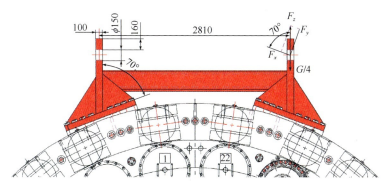

图 4-6 主驱动起吊工装受力示意图（尺寸单位：mm）

对耳板处的强度进行验算，τ 表示竖直起吊时的剪应力，则：

$$\tau = \frac{F}{A} = \frac{1000}{100 \times 160} = 62.5(\mathrm{MPa}) < [\tau]$$

吊装工装采用高强度螺栓与主驱动结构连接，螺栓分别受 F_x 方向的切向力和 F_y 方向的拉力，对螺栓强度进行校核：

$$F_x = \sin 20° F_z \approx 342.02(\mathrm{kN})$$
$$F_y = \cos 20° F_z \approx 939.69(\mathrm{kN})$$

螺栓强度等级为 12.9，产品等级要求 A 级，屈服极限 $\sigma_s = 1080\mathrm{MPa}$，许用拉应力 $[\sigma] = 720\mathrm{MPa}$，许用剪应力 $[\tau] = 432\mathrm{MPa}$。采用 48 颗 M42 高强度螺栓连接。

按照松螺栓连接进行强度验算：

$$\sigma = \frac{F_y}{A} = \frac{939.692}{66467} \approx 14(\mathrm{MPa}) < [\sigma]$$

$$\tau = \frac{F_x}{A} = \frac{342.02}{66467} \approx 5(\mathrm{MPa}) < [\tau]$$

应力满足要求。

(5) 盾体吊耳计算

盾体吊耳材料选用综合力学性能良好的低合金结构钢 Q345B，按抗疲劳断裂计算要求取安全系数为 3，其性能参数见表 4-9。

吊耳受力依据《起重机设计规范》(GB/T 3811—2008)，见表 4-10。

吊耳性能参数　　　　　　　　　　　　　　　表 4-9

材料力学性能	Q345B	参照标准
屈服点 σ_s	>275MPa	《低合金高强度结构钢》(GB/T 1591—2018)
抗拉强度 σ_b	$\sigma_b = 470 \sim 630\mathrm{MPa}$	《低合金高强度结构钢》(GB/T 1591—2018)
许用拉应力 $[\sigma]$	$[\sigma] = 156.7\mathrm{MPa}$	无
许用剪应力 $[\tau]$	$[\tau] = 0.8[\sigma] = 125.3\mathrm{MPa}$	无
焊接因数 η	$\eta = 0.8$	《起重机设计规范》(GB/T 3811—2008)

起重机金属结构焊缝的许用应力   表4-10

焊缝种类	应力种类	符号	用普通方法检查的手工焊	自动焊或用精确方法检查的手工焊
对接	拉伸、压缩应力	σ_{hp}	$0.8\sigma_p$	$0.8\sigma_p$
对接或角缝焊	切应力	τ_{hp}	$\dfrac{0.8\sigma}{\sqrt{2}}$	$\dfrac{\sigma}{\sqrt{2}}$

注:1. 表中 σ_p 为结构件材料的基本许用应力。
　　2. 表中焊缝许用应力是计算静强度时采用的数值。

根据表4-10,吊耳采用对接焊缝,材料为Q345B,采用精确方法焊接,其许用应力为$[\sigma]$ = 156.7MPa,取焊接因数为0.8,则焊缝许用应力:

$$[\sigma_w] = 0.8 \times [\sigma] = 156.7 \times 0.8 = 125.3(\text{MPa})$$

①盾体分块1吊耳受力计算:

分块1运输及安装均为竖直起吊,根据实际吊装情况,单个吊点与吊钩的距离为6m,吊点位置及尺寸如图4-7所示。

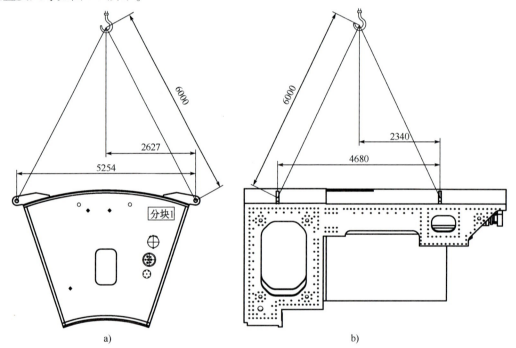

图4-7　盾体分块1吊装示意图(尺寸单位:mm)

分块1主结构及安装所有附件后的总重约为140t,由4个吊耳承受,所以单个吊耳受力为1400/4 = 350(kN)。其受力分析如图4-8所示。

将吊耳受力沿 X、Y、Z 方向分解,F_z 表示 Z 方向的分力;F_x 表示 X 方向的分力;F_y 表示 Y 方向的分力;x 表示 X 方向距吊点中心的距离;y 表示 Y 方向距吊点中心的距离;z 表示 Z 方向距吊点中心的距离;l 表示吊耳距吊钩的距离。Z 方向为竖直向上方向,X 方向为盾体水平径向方向,Y 方向为掘进方向。则 $F_z = 350$kN,根据吊耳间距分析得知:

$$F_x = \frac{xF_z}{\sqrt{l^2 - x^2 - y^2}} = \frac{(5254/2) \times 350}{\sqrt{6000^2 - (5254/2)^2 - (4680/2)^2}} \approx 189.172(\text{kN})$$

$$F_y = \frac{yF_z}{\sqrt{l^2 - x^2 - y^2}} = \frac{(4680/2) \times 350}{\sqrt{6000^2 - (5254/2)^2 - (4680/2)^2}} \approx 168.505(\text{kN})$$

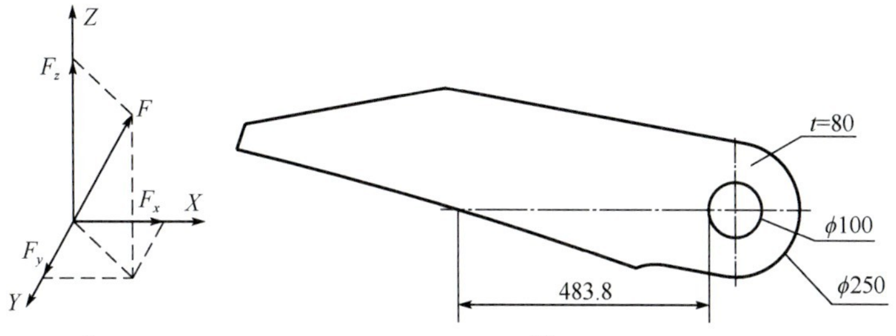

图 4-8　盾体分块 1 吊耳受力示意图(尺寸单位:mm)

对耳板处的强度进行验算,τ_x 表示 X 方向剪应力;τ_y 表示 Y 方向剪应力;τ_z 表示 Z 方向剪应力;τ_{max} 表示吊耳最大剪应力。

$$\tau_x = \frac{F_x}{A_1} = \frac{189.172}{483.8 \times 80} \approx 4.9(\text{MPa})$$

$$\tau_y = \frac{F_y}{A_2} = \frac{168.505}{(250-100)/2 \times 80} \approx 28.1(\text{MPa})$$

$$\tau_z = \frac{F_z}{A_3} = \frac{350}{(250-100)/2 \times 80} \approx 58.3(\text{MPa})$$

$$\tau_{max} = \tau_x + \tau_y + \tau_z \approx 91.3\text{MPa} < [\tau] = 125.3\text{MPa}$$

吊耳受力满足要求。

②盾体分块 1 吊耳焊缝计算:

耳板焊缝如图 4-9 所示,其主要承受 Y 方向弯矩 M_y,Z 方向弯矩 M_z,X 方向压应力暂不考虑。

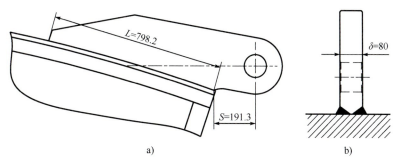

图 4-9　分块 1 吊耳焊缝结构尺寸示意图(尺寸单位:mm)

Y 方向受力 F_y 转化为焊缝所受的弯矩 M_y,其中 S 表示 F_y 距焊缝的距离。

$$M_y = F_y S = 168.505 \times 191.3 = 32235(\text{kN} \cdot \text{mm})$$

耳板焊缝强度验算如下:

$$\sigma_1 = \frac{6M_y}{L\delta^2} = \frac{6 \times 32235}{798.2 \times 80 \times 80} \approx 37.9(\text{MPa})$$

Z方向受力F_z转化为焊缝所受的弯矩M_z,其中S表示F_z距焊缝的距离。

$$M_z = F_z S = 350 \times 191.3 = 66955(\text{kN} \cdot \text{mm})$$

耳板焊缝强度验算如下:

$$\sigma_2 = \frac{6M_y}{L^2\delta} = \frac{6 \times 66955}{798.2 \times 798.2 \times 80} \approx 7.9(\text{MPa})$$

则耳板焊缝总应力为:

$$\sigma_{\max} = \sigma_1 + \sigma_2 = 45.8(\text{MPa}) < [\sigma_w] = 125.3(\text{MPa})$$

焊缝满足要求。

③盾体分块2、分块3、分块9、分块10吊耳受力计算:

分块2、分块3、分块9、分块10在转运时需要竖直起吊,根据实际吊装情况,单个吊点与吊钩的距离为6m,吊点位置及尺寸如图4-10所示。

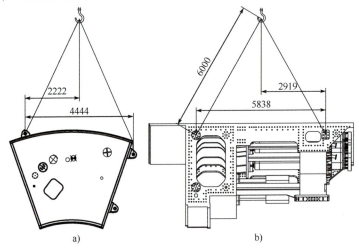

图4-10 盾体分块吊装示意图(尺寸单位:mm)

由于分块10质量最大,只需对分块10进行受力分析。分块10主结构(图4-11)及安装所有附件后的总重约为144t,由4个吊耳承受,所以单个吊耳受力为1440/4 = 360(kN)。其受力分析如图4-12所示。

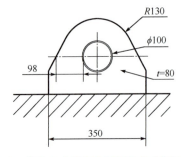
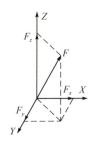

图4-11 分块10吊耳结构示意图(尺寸单位:mm)　　图4-12 分块10吊耳受力示意图

将吊耳受力沿 X、Y、Z 方向分解,F_z 表示 Z 方向的分力;F_x 表示 X 方向的分力;F_y 表示 Y 方向的分力;x 表示 X 方向距吊点中心的距离;y 表示 Y 方向距吊点中心的距离;z 表示 Z 方向距吊点中心的距离;l 表示吊耳距吊钩的距离。Z 方向为竖直向上方向,X 方向为盾体水平径向方向,Y 方向为掘进方向。则 $F_z = 360\text{kN}$,根据吊耳间距计算如下:

$$F_x = \frac{xF_z}{\sqrt{l^2 - x^2 - y^2}} = \frac{(4444/2) \times 360000}{\sqrt{6000^2 - (4444/2)^2 - (5838/2)^2}} \approx 168.480(\text{N})$$

$$F_y = \frac{yF_z}{\sqrt{l^2 - x^2 - y^2}} = \frac{(5838/2) \times 360000}{\sqrt{6000^2 - (4444/2)^2 - (5838/2)^2}} \approx 221.329(\text{N})$$

对耳板处的强度进行验算:

$$\tau_x = \frac{F_x}{A_1} = \frac{168.480}{98 \times 80} \approx 21.5(\text{MPa})$$

$$\tau_y = \frac{F_y}{A_2} = \frac{221.329}{(260 - 100)/2 \times 80} \approx 34.6(\text{MPa})$$

$$\tau_z = \frac{F_z}{A_3} = \frac{360}{(260 - 100)/2 \times 80} \approx 56.3(\text{MPa})$$

$$\tau_{\max} = \tau_x + \tau_y + \tau_z \approx 112.4(\text{MPa}) < [\tau] = 125.3(\text{MPa})$$

式中:τ_x——X 方向剪应力,MPa;

τ_y——Y 方向剪应力,MPa;

τ_z——Z 方向剪应力,MPa;

$\tau_{\max}$——吊耳最大剪应力,MPa。

受力情况满足要求。

分块 2、分块 3、分块 9、分块 10 在安装时起吊,至少需要两个吊车同时作业。根据实际吊装情况,单个吊点与吊钩的距离为 6m,吊点位置及尺寸如图 4-13 所示。

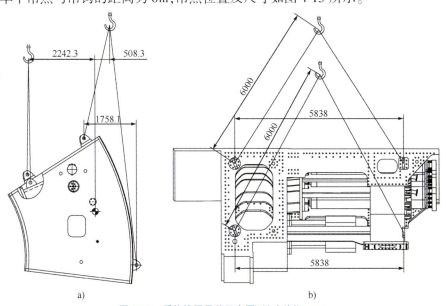

图 4-13 盾体协同吊装示意图(尺寸单位:mm)

在这种情况下分块质量由6个吊耳承受,外侧4个吊耳共用一个挂钩,内侧两个吊耳共用一个挂钩,所以内侧吊耳受力最大。根据分块安装位置及质量,分块9内侧吊耳受力最大,所以对分块9进行受力分析。

分块9主结构及安装所有附件后的总重约为140t,由盾体外侧4个吊耳和盾体内侧两个吊耳承受(图4-14)。盾体内侧两个吊耳所受竖直方向的力如下:

$$F_z = \frac{FS_2}{S_1 + S_2} = \frac{1400 \times 508.3}{2242.3 + 508.3} = 258.6(\text{kN})$$

其受力远小于竖直吊装受力,所以不再进行分析。

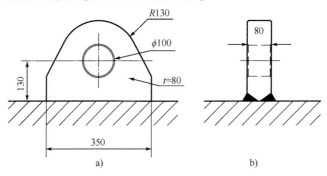

图4-14 吊耳焊缝结构示意图(尺寸单位:mm)

④盾体分块2、分块3、分块9、分块10吊耳焊缝计算:

耳板焊缝主要承受X方向弯矩M_x,Y方向弯矩M_y,Z方向拉力F_z。

X方向受力F_x转化为焊缝所受的弯矩M_x,其中S表示F_x距焊缝的距离。

$$M_x = F_x S = 168.480 \times 130 = 21902.4(\text{N} \cdot \text{mm})$$

耳板焊缝强度验算如下:

$$\sigma_1 = \frac{6M_y}{L^2 \delta} = \frac{6 \times 21902.4}{350 \times 350 \times 80} \approx 13.4(\text{MPa})$$

Y方向受力F_y转化为焊缝所受的弯矩M_y,其中S表示F_y距焊缝的距离。

$$M_y = F_y S = 221.329 \times 130 \approx 28772.8(\text{N} \cdot \text{mm})$$

耳板焊缝强度验算如下:

$$\sigma_2 = \frac{6M_y}{L\delta^2} = \frac{6 \times 28772.8}{350 \times 80 \times 80} \approx 77.1(\text{MPa})$$

Z方向受拉应力:

$$\sigma_3 = \frac{F_y}{L\delta} = \frac{360}{350 \times 80} \approx 12.9(\text{MPa})$$

则耳板焊缝总应力为:

$$\sigma_{\max} = \sigma_1 + \sigma_2 + \sigma_3 = 103.4(\text{MPa}) < [\sigma_w] = 125.3(\text{MPa})$$

焊缝满足要求。

⑤盾体分块4、分块5、分块6、分块7、分块8吊耳受力计算：

分块4、分块5、分块6、分块7、分块8在转运时需要竖直起吊,根据实际吊装情况,单个吊点与吊钩的距离为12m,吊点位置及尺寸如图4-15所示。

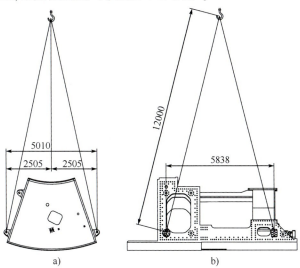

图4-15 盾体分块吊装示意图(尺寸单位:mm)

由于分块4质量最大,只需对分块4进行受力分析。分块4主结构及安装所有附件后的总重约为139t,由4个吊耳承受,所以单个吊耳受力为1390/4 = 347.5(kN)。其结构与受力如图4-16、图4-17所示。

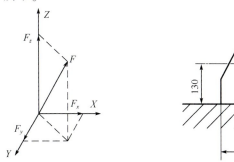

图4-16 分块4吊耳受力示意图　　图4-17 分块4吊耳结构示意图(尺寸单位:mm)

将吊耳受力沿 X、Y、Z 方向分解, F_z 表示 Z 方向的分力; F_x 表示 X 方向的分力; F_y 表示 Y 方向的分力; x 表示 X 方向距吊点中心的距离; y 表示 Y 方向距吊点中心的距离; z 表示 Z 方向距吊点中心的距离; l 表示吊耳距吊钩的距离。Z 方向为竖直向上方向, X 方向为盾体水平径向方向, Y 方向为掘进方向。则 $F_z = 347.5$ kN,根据吊耳间距分析得知：

$$F_x = \frac{xF_z}{\sqrt{l^2 - x^2 - y^2}} = \frac{(5010/2) \times 347.5}{\sqrt{12000^2 - (5010/2)^2 - (5838/2)^2}} \approx 76581.5(\text{N})$$

$$F_y = \frac{yF_z}{\sqrt{l^2 - x^2 - y^2}} = \frac{(5838/2) \times 347.5}{\sqrt{12000^2 - (5010/2)^2 - (5838/2)^2}} \approx 89.2(\text{N})$$

其各方向受力均小于分块 10,且耳板尺寸相同,所以不再进行分析。

分块4、分块5、分块7、分块8 在安装时起吊,至少需要两个吊车同时作业。根据实际吊装情况,单个吊点与吊钩的距离为6m,吊点位置及尺寸如图4-18所示。

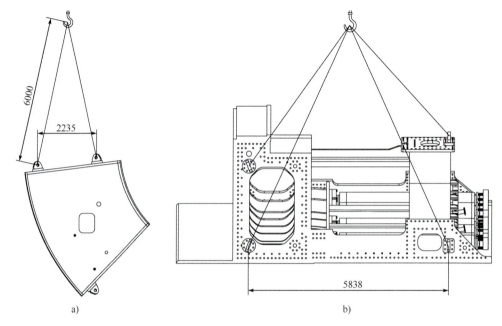

图 4-18　盾体协同吊装示意图(尺寸单位:mm)

由于分块 4 质量最大,只需对分块 4 进行受力分析。分块 4 主结构及安装所有附件后的总重约为139t,由 4 个吊耳承受,所以单个吊耳受力为1390/4 = 347.5(N)。其结构、受力分析同前文,如图4-16、图4-17所示。

根据吊耳间距分析得知:

$$F_x = \frac{xF_z}{\sqrt{l^2 - x^2 - y^2}} = \frac{(2235/2) \times 347.5}{\sqrt{6000^2 - (2235/2)^2 - (5838/2)^2}} \approx 758.2(\text{kN})$$

$$F_y = \frac{yF_z}{\sqrt{l^2 - x^2 - y^2}} = \frac{(5838/2) \times 347.5}{\sqrt{6000^2 - (2235/2)^2 - (5838/2)^2}} \approx 198.1(\text{N})$$

其他方向受力均小于分块 10,且耳板尺寸相同,所以不再进行分析。

(6)米字梁水平转运时吊耳受力计算

米字梁在转运时需要水平放置起吊,根据实际吊装情况,单个吊点与吊钩的距离为6m,吊点位置及尺寸如图4-19所示。

主结构及安装所有附件后的总重约为125t,竖直焊接吊耳受力最为严重。竖直方向单个焊接吊耳受力为:

$$F_z = \frac{FS_1}{2(S_1 + S_2)} = \frac{1250 \times 4070}{2 \times (4070 + 2950)} = 362.4(\text{kN})$$

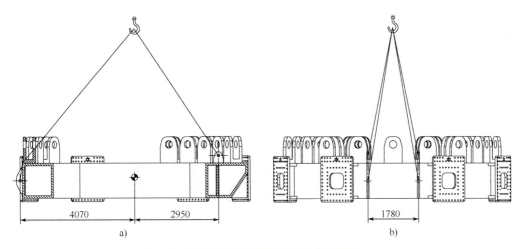

图 4-19 米字梁水平转运吊装示意图(尺寸单位:mm)

其受力分析如图 4-20 所示。

将吊耳受力沿 X、Y、Z 方向分解,F_z 表示 Z 方向的分力;F_x 表示 X 方向的分力;F_y 表示 Y 方向的分力;x 表示 X 方向距吊点中心的距离;y 表示 Y 方向距吊点中心的距离;z 表示 Z 方向距吊点中心的距离;l 表示吊耳距吊钩的距离。Z 方向为竖直向上方向,X 方向为盾体水平径向方向,Y 方向为掘进方向。根据吊耳间距分析得知:

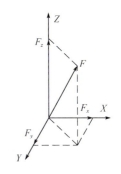

图 4-20 米字梁吊耳受力示意图

$$F_x = \frac{xF_z}{\sqrt{l^2 - x^2 - y^2}} = \frac{2950 \times 362.4}{\sqrt{6000^2 - 2950^2 - (1780/2)^2}}$$
$$\approx 207.7(\text{kN})$$

$$F_y = \frac{yF_z}{\sqrt{l^2 - x^2 - y^2}} = \frac{(1780/2) \times 362.4}{\sqrt{6000^2 - 2950^2 - (1780/2)^2}} \approx 62.6(\text{kN})$$

对耳板处的强度进行验算,τ_x 表示 X 方向剪应力;τ_y 表示 Y 方向剪应力;τ_z 表示 Z 方向剪应力;τ_{max} 表示吊耳最大剪应力:

$$\tau_x = \frac{F_x}{A_1} = \frac{207.7}{98 \times 80} \approx 26.5(\text{MPa})$$

$$\tau_y = \frac{F_y}{A_2} = \frac{62.6}{(260 - 100)/2 \times 80} \approx 9.8(\text{MPa})$$

$$\tau_z = \frac{F_z}{A_3} = \frac{362.4}{(260 - 100)/2 \times 80} \approx 56.6(\text{MPa})$$

$$\tau_{max} = \tau_x + \tau_y + \tau_z \approx 92.9(\text{MPa}) < [\tau] = 125.3(\text{MPa})$$

吊耳受力满足要求。

(7)米字梁吊耳焊缝计算

耳板焊缝主要承受 X 方向弯矩 M_x,Y 方向弯矩 M_y,Z 方向拉力 F_z,吊耳结构如图 4-21 所示。

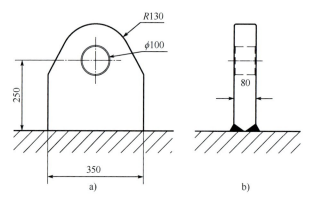

图 4-21 米字梁吊耳焊缝结构尺寸(尺寸单位：mm)

X方向受力 F_x 转化为焊缝所受的弯矩 M_x，其中 S 表示 F_x 距焊缝的距离。

$$M_x = F_x S = 207.7 \times 250 = 51925.0 (\text{kN} \cdot \text{mm})$$

耳板焊缝强度验算如下：

$$\sigma_1 = \frac{6M_y}{L^2 \delta} = \frac{6 \times 51925.0}{350 \times 350 \times 80} \approx 31.8 (\text{MPa})$$

Y方向受力 F_y 转化为焊缝所受的弯矩 M_y，其中 S 表示 F_y 距焊缝的距离。

$$M_y = F_y S = 62.6 \times 250 = 15650.0 (\text{kN} \cdot \text{mm})$$

耳板焊缝强度验算如下：

$$\sigma_2 = \frac{6M_y}{L\delta^2} = \frac{6 \times 15650.0}{350 \times 80 \times 80} \approx 41.9 (\text{MPa})$$

Z方向受拉应力：

$$\sigma_3 = \frac{F_y}{L\delta} = \frac{362.4}{350 \times 80} \approx 12.9 (\text{MPa})$$

则耳板焊缝总应力为：

$$\sigma_{\max} = \sigma_1 + \sigma_2 + \sigma_3 = 86.6 (\text{MPa}) < [\sigma_w] = 125.3 (\text{MPa})$$

焊缝受力满足要求。

(8) 米字梁竖直吊装时吊耳受力计算

米字梁在安装时需要竖直起吊，根据实际吊装情况，单个吊点与吊钩的距离为6m，吊点位置及尺寸如图4-22所示。

米字梁主结构(图4-23)及安装所有附件后的总重约为125t，由两个吊耳承受，所以单个吊耳受力为 1250/2 = 625(kN)。其受力分析如图4-24所示。

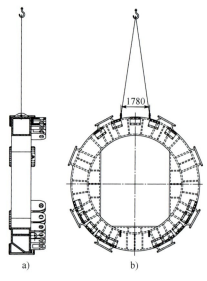

图 4-22 米字梁竖直吊装示意图(尺寸单位：mm)

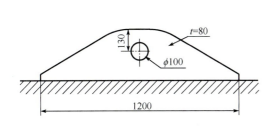
图 4-23 米字梁吊耳结构示意图(尺寸单位:mm)

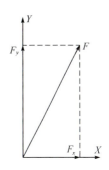
图 4-24 米字梁吊耳受力示意图

将吊耳受力沿 X、Y 方向分解。F_x 表示 X 方向的分力;F_y 表示 Y 方向的分力;x 表示 X 方向距吊点中心的距离;y 表示 Y 方向距吊点中心的距离;l 表示吊耳距吊钩的距离。Y 方向为竖直向上方向,X 方向为盾体水平径向方向。则 $F_y = 625 \mathrm{kN}$,根据吊耳间距分析得知:

$$F_x = \frac{xF_y}{\sqrt{l^2 - x^2}} = \frac{(1780/2) \times 625}{\sqrt{6000^2 - (1780/2)^2}} \approx 93.7(\mathrm{kN})$$

对耳板处的强度进行验算,τ_x 表示 X 方向剪应力;τ_y 表示 Y 方向剪应力;$\tau_{\max}$ 表示吊耳最大剪应力:

$$\tau_x = \frac{F_x}{A_1} = \frac{93.7}{(130 - 100/2) \times 80} \approx 14.6(\mathrm{MPa})$$

$$\tau_y = \frac{F_y}{A_2} = \frac{625}{(130 - 100/2) \times 80} \approx 97.7(\mathrm{MPa})$$

$$\tau_{\max} = \tau_x + \tau_y \approx 112.3(\mathrm{MPa}) < [\tau] = 125.3(\mathrm{MPa})$$

吊耳受力满足要求。

(9)米字梁吊耳焊缝计算

米字梁吊耳结构如图 4-25 所示,耳板焊缝主要承受 X 方向弯矩 M_x,Y 方向拉力 F_y。

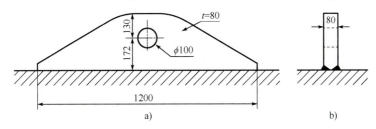
图 4-25 米字梁吊耳结构示意图(尺寸单位:mm)

X 方向受力 F_x 转化为焊缝所受的弯矩 M_x,其中 S 表示 F_x 距焊缝的距离。

$$M_x = F_x S = 93.7 \times 172 = 16116.4(\mathrm{kN \cdot mm})$$

耳板焊缝强度验算如下:

$$\sigma_1 = \frac{6M_x}{L\delta^2} = \frac{6 \times 16116.4}{1200 \times 80 \times 80} \approx 12.6(\mathrm{MPa})$$

Y 方向受拉应力:

$$\sigma_2 = \frac{F_y}{L\delta} = \frac{625}{1200 \times 80} \approx 6.5(\text{MPa})$$

则耳板焊缝总应力为:

$$\sigma_{\max} = \sigma_1 + \sigma_2 = 19.1(\text{MPa}) < [\sigma_w] = 125.3(\text{MPa})$$

焊缝受力满足要求。

尾盾质量较轻,吊耳尺寸与前中盾一致,故不计算尾盾吊耳的受力情况。

4.4 超大直径泥水盾构现场组装

4.4.1 总体布置方案

根据工作井及后配套段结构分布,盾构组装分2个工作面同步进行:工作井井口组装主机及1号拖车;预留吊装井口组装连接桥及2～4号拖车。

工作井吊装设备选用一台 ME650(325+325)t-22(28)m 门式起重机与一台 400t 履带起重机(带超起)配合使用。主要大件吊装为刀盘的平移、翻身、下井,主驱动的翻身和下井,1号拖车下井、对接。

预留井吊装设备选用一台 400t 履带起重机(带超起),进行设备桥组装→2号拖车组装→3号拖车组装→4号拖车组装→整体对接平移。

工作井井口附近有加固区、施工便道,采用 ME650(325+325)t 门式起重机先行组装东线盾构主机及1号拖车;东线组装结束后,通过门式起重机平移结构,将门式起重机平移至西线,进行西线盾构的主机及1号拖车组装。刀盘翻身时,需要预留井口 400t 履带起重机带全配重超起配合;主驱动翻身通过门式起重机外加翻转架即可。

预留井口组装考虑结构顶板的受力及场地布置,采用 400t 履带起重机进行 2～5 号拖车的组装。

中铁装备盾构结构组装与东线海瑞克盾构工序大致相似,主要区别在于海瑞克盾构后配套为4节拖车,而中铁装备盾构后配套为5节拖车。以海瑞克盾构为例,对盾构装备组装工序进行说明:

(1)根据工程的工作井及后配套段结构分布,盾构组装分2个工作面同步进行:工作井井口组装主机及1号拖车;预留吊装井口组装连接桥及2～4号拖车。

(2)工作井组装顺序:刀盘焊接→1号拖车后半部组装→1号拖车前半部组装、对接→盾体分块6组装→盾体分块7组装→盾体分块5组装→盾体分块4、8组装→米字梁组装→主轴承组装→盾体分块3、9组装→盾体分块2、10、1组装→刀盘下井安装→盾体前移至指定位置→盾尾下部分安装→反力架底梁定位安装→安装机梁、安装机整体安装→剩余盾尾块的定位安装。

(3)预留井组装顺序:设备桥组装→2号拖车组装→3号拖车组装→4号拖车组装→整体对接平移。

4.4.2　1号拖车组装

1）1号拖车后半部组装

1号拖车上集中了盾构主要后配套设备。拖车为钢制轨轮，行走在仰拱垫块上。始发前，先在明挖段末段、1段用混凝土浇筑弧形导台，用于放置仰拱垫块和喂片机。1号拖车在工作井安装完成后，将其用卷扬机后移至下沉段结构内。

盾构主井口长度为18m，1号拖车为26m，并且1号拖车整体重达530t，因此无法满足整体吊装要求，所以1号拖车需要分两节组装：前半部分由履带起重机吊装下井，后半部分由门式起重机吊装下井，直接在井下对接。同时，需要铺设临时轨道系统，采用20t卷扬机将对接好的1号拖车往明挖段末段、1段节移动，轨道铺设约32m。

1号拖车后半部组装时先不安装拖车顶层设备，使用门式起重机吊装下井至临时轨道并后移至明挖段1段浇筑的圆弧导台上，如图4-26所示。

2）1号拖车前半部组装并整体后移

在组装1号拖车前半部时，先不安装拖车顶层设备，使用履带起重机将拖车前半部吊装下井至临时轨道，利用门式起重机与履带起重机进行微调后与拖车后半部对接。对接使用螺栓连接并紧固，完成螺栓连接后使用门式起重机进行顶层设备的安装。1号拖车完全组装后使用两台20t卷扬机进行拖拉后移。1号拖车前半部下井组装如图4-27所示，使用门式起重机将1号拖车前半

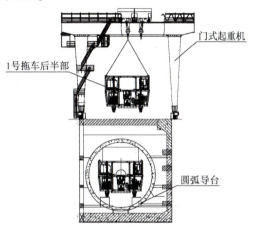

图4-26　1号拖车后半部下井组装示意图

部吊入井中，接着将1号拖车后半部吊入井中，1号拖车前后两部分对接如图4-28所示，1号拖车对接完成后，需将顶层设备吊装下井安装在拖车上，并对1号拖车实施整体后移，如图4-29所示。

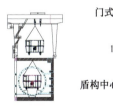
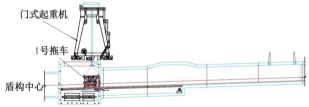

图4-27　1号拖车前半部下井组装示意图

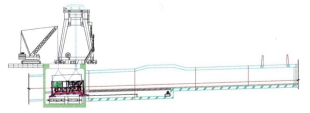

图4-28　1号拖车对接示意图

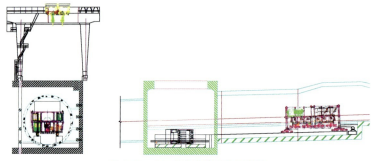

图 4-29 1 号拖车整体后移示意图

4.4.3 主机组装

盾构主机盾体分为 10 块,如图 4-30 所示,底块安放到位后,组装左右侧边块。为了便于底块 6 与左右侧边块 5、7 的顺利对接,需要制作由 4 个 80t 液压缸组成的升降平台。当底块安放到位后,升降平台将底块升高约 200mm,为左右侧边块的对接提供空间。在右侧边块安装好后,两块盾体在始发导台上有向左侧滑移的趋势,需要对底块 6 和边块 5 提前进行支撑固定。盾体按左右侧各一块的顺序依次安装,分别为:盾体分块 6→盾体分块 7→盾体分块 5→盾体分块 4→盾体分块 8→米字梁→主驱动→盾体分块 3→盾体分块 9→盾体分块 2→盾体分块 10→盾体分块 1。

(1)盾体分块 6 组装

盾体分块 6 采用门式起重机吊装下井,由于分块 6 是位于最底部的盾体分块,分块 6 的吊装与定位是整个主机组装的关键点。当分块 6 下放到离始发导台 100mm 时停止下钩,进行定位;当盾构中心线与洞门中心线处于重合状态时,完成定位。在始发导台分块 6 的安放位置上设有液压调节系统,用于分块 6 的定位以及相邻分块的对接,盾体分块 6 组装如图 4-31 所示。

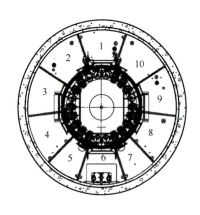

图 4-30 盾体分块示意图

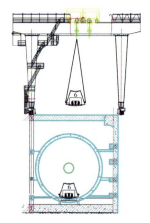

图 4-31 盾体分块 6 组装示意图(尺寸单位:mm)

(2)盾体分块 7 组装

盾体分块 7 组装,同样采用门式起重机进行吊装下井。下井组装前,先通过液压调节系统将分块 6 调整到对接位置,锁定液压调节系统。门式起重机将分块 7 缓缓靠近分块 6,微调分块 7 角度,并结合定位销,使两分块法兰面完全重合,采用螺栓连接并紧固,同时在分块 7 背侧与始发导台之间纵向设置三道工字钢辅助支撑,以防偏转。盾体分块 7 组装如图 4-32 所示,盾体分块 7 侧边支撑如图 4-33 所示。

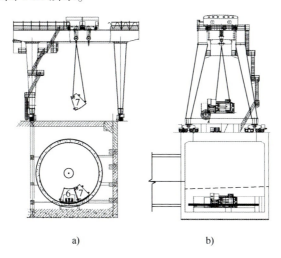

图 4-32　盾体分块 7 组装示意图(尺寸单位:mm)

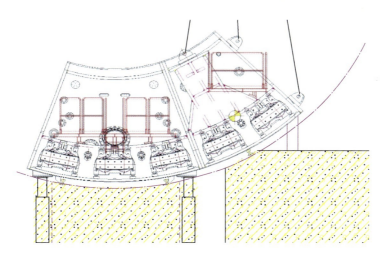

图 4-33　盾体分块 7 侧边支撑示意图(尺寸单位:mm)

(3)盾体分块 5 组装

盾体分块 5 组装,采用门式起重机吊装下井。门式起重机将分块 5 缓缓靠近分块 6,微调分块 5 角度并结合定位销,使两分块法兰面完全重合,采用螺栓连接并紧固,同时在分块 5 背侧与始发导台之间纵向设置三道工字钢辅助支撑,以防偏转(同盾体分块 7)。此时收回液压调节系统,使 3 块盾体分块受力于始发导台两侧钢轨上,如图 4-34 所示。

(4)盾体分块 4 组装

盾体分块 4 组装,采用门式起重机吊装下井。门式起重机将分块 4 缓缓靠近分块 5,微调分块 4 角度,并结合定位销,使两分块法兰面完全重合,采用螺栓连接并紧固,如图 4-35 所示。

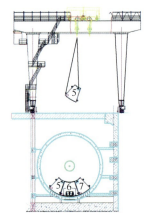
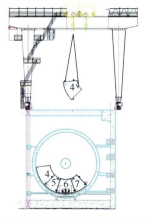

图4-34 盾体分块5组装示意图　　　图4-35 盾体分块4组装示意图
　　　（尺寸单位：mm）　　　　　　　　（尺寸单位：mm）

（5）盾体分块8组装

盾体分块8组装，采用门式起重机吊装下井。门式起重机将分块8缓缓靠近分块7，微调分块8角度并结合定位销，使两分块法兰面完全重合，采用螺栓连接并紧固，如图4-36所示。

（6）米字梁组装

米字梁组装，采用门式起重机下井安装，将米字梁与盾体分块4、分块5、分块6、分块7、分块8用螺栓连接并紧固。米字梁组装如图4-37所示。

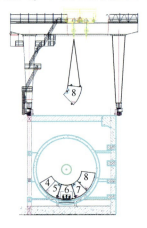
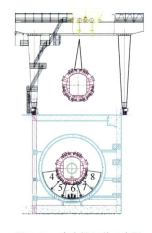

图4-36 盾体分块8组装示意图　　　图4-37 米字梁组装示意图
　　　（尺寸单位：mm）　　　　　　　　（尺寸单位：mm）

（7）主驱动组装

主驱动重约450t，用ϕ90mm×20m钢丝绳两对挂到ME325t+325t门式起重机的大钩上，在支撑平台上安装好主驱动翻转架。装好翻转架后，用双钩及主驱动两端的4个吊耳，将主驱动平放至地面。主驱动的2个主吊耳挂于门式起重机双钩，直接用翻转架慢慢翻身，后吊装下井。将主轴承与分块4、5、6、7、8用螺栓连接，预留井口3号拖车前移与2号拖车对接，如图4-38所示。

(8) 盾体分块 3 组装

盾体分块 3 组装,采用门式起重机吊装下井。门式起重机将分块 3 缓缓靠近分块 4,微调分块 3 角度,并结合定位销,使两分块法兰面完全重合,采用螺栓连接并紧固,如图 4-39 所示。

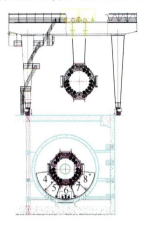 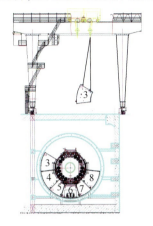

图 4-38　主驱动组装示意图　　　图 4-39　盾体分块 3 组装示意图
　　　（尺寸单位：mm）　　　　　　　（尺寸单位：mm）

(9) 盾体分块 9 组装

盾体分块 9 组装,采用门式起重机吊装下井。门式起重机将分块 9 缓缓靠近分块 8,微调分块 9 角度,并结合定位销,使两分块法兰面完全重合,采用螺栓连接并紧固,如图 4-40 所示。

(10) 盾体分块 2 组装

盾体分块 2 组装,采用门式起重机吊装下井。门式起重机将分块 2 缓缓靠近分块 3,微调分块 2 角度,并结合定位销,使两分块法兰面完全重合,采用螺栓连接并紧固,盾体分块 2 组装如图 4-41 所示。

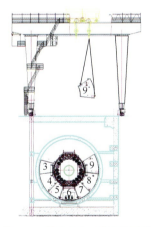 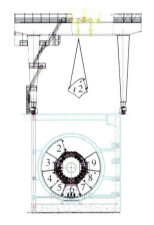

图 4-40　盾体分块 9 组装示意图　　　图 4-41　盾体分块 2 组装示意图
　　　（尺寸单位：mm）　　　　　　　　（尺寸单位：mm）

(11) 盾体分块 10 组装

盾体分块 10 组装,采用门式起重机吊装下井。门式起重机将分块 10 缓缓靠近分块 9,微调分块 10 角度,并结合定位销,使两分块法兰面完全重合,采用螺栓连接并紧固,如图 4-42 所示。

（12）盾体分块 1 组装

盾体分块 1 组装，采用门式起重机吊装下井。门式起重机将分块 1 缓缓靠近分块 10、分块 2，微调分块 1 角度，并结合定位销，使两分块法兰面完全重合，采用螺栓连接并紧固，如图 4-43 所示。

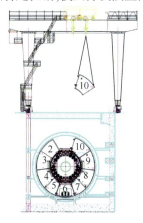

图 4-42　盾体分块 10 组装示意图　　图 4-43　盾体分块 1 组装示意图
（尺寸单位：mm）　　　　　　　　　（尺寸单位：mm）

4.4.4　刀盘下井组装

刀盘下井组装共分三个步骤：刀盘平移→刀盘翻身→刀盘下井组装。

（1）刀盘平移

刀盘在地面拼焊完成后先由门式起重机吊装刀盘平移至翻身处。刀盘上设有平移吊耳，门式起重机通过平移吊耳栓挂，起吊刀盘离地面 1m，缓慢移动至工作井最外侧（保留离基坑 2m 安全距离），如图 4-44 所示。

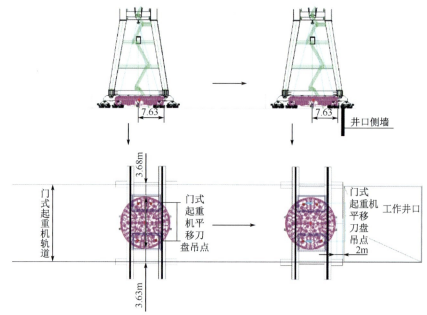

图 4-44　刀盘平移示意图

(2) 刀盘翻身

履带起重机行走至刀盘焊接区,配合门式起重机将刀盘翻身至65°后,履带起重机下钩将刀盘放到垫好的枕木上,撤去履带起重机,门式起重机通过自身慢慢提升,利用大车调节至竖直状态,如图4-45所示。

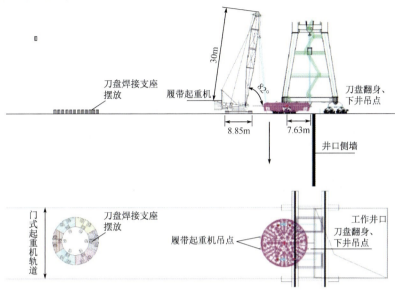

图4-45 刀盘翻身示意图

(3) 刀盘下井组装

刀盘下井时,由于总宽度将近3000mm,盾体与结构间预留净空为4500mm,可确保刀盘有足够空间顺利下井。采用ME325t+325t双钩起吊下井,刀盘下井组装如图4-46所示。

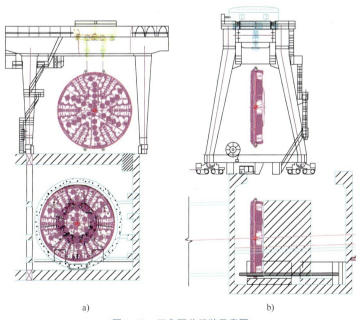

图4-46 刀盘下井组装示意图

4.4.5 主机前移

受工作井净空限制,盾体、刀盘在组装完成后,需要利用盾构底部的推进液压缸向前顶推主机,顶推至距离延长洞门 800mm 的位置(刀盘上表面)。顶推液压缸作用在反力架的地梁及下腰梁上,如图 4-47 所示。

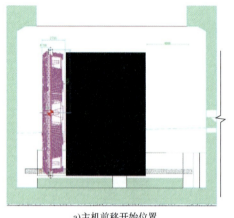

a) 主机前移开始位置　　b) 主机前移到位位置

图 4-47　主机前移

4.4.6 盾尾底块安装

盾尾分 4 块,受净空限制,不具备整体吊装下井的条件。通过盾尾出厂时的定位块,先进行盾尾底块的定位安装,通过螺栓连接,不焊接固定。盾尾下部安装如图 4-48 所示。

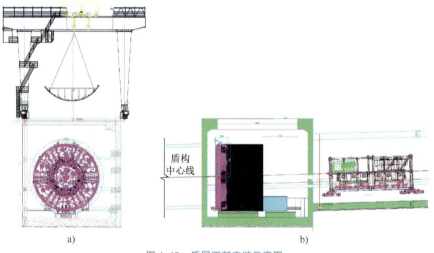

图 4-48　盾尾下部安装示意图

4.4.7 安装机安装

安装机、安装机梁通过地面组装,整体下井。安装机、梁整体下井净空尺寸仅富余 200mm 左右,下井时需注意设备与始发井结构的距离,用揽风绳牵引,如图 4-49 所示。

4.4.8 反力架安装

反力架底梁、下腰梁在盾构组装开始前,需要提前固定到始发导台混凝土预留螺栓及钢板上,同时进行焊接固定。上腰梁、顶梁及支撑系统在拖车与主机对接前需要安装完毕。

4.4.9 连接桥安装

(1) 连接桥前部安装

预留井口净空尺寸长 14m、宽 12.5m,能满足设备连接桥及拖车的分段组装下井。

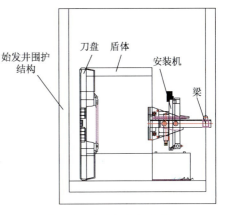

图 4-49　安装机组装示意图

设备连接桥总长 33m,分 3 节组装,前、中、后质量分别约为 105t、105t、130t,从预留井口组装。组装时,先下前部分,利用预制的钢结构支腿固定;安装好后,利用卷扬机前移,如图 4-50~图 4-52 所示。3 段组装时,均在井口利用履带起重机直接对接,并整体前移,如图 4-53、图 4-54 所示。在连接桥的前部和后部,预制的钢结构支腿上安装有 4 个 80t 千斤顶,用于下井后与 1 号拖车、2 号拖车的对接。

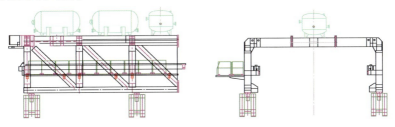

图 4-50　连接桥前部安装示意图

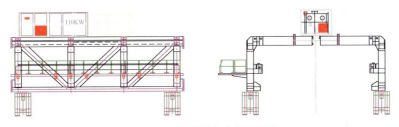

图 4-51　连接桥中部安装示意图

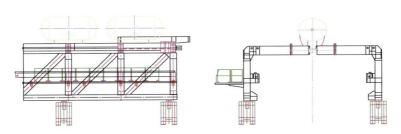

图 4-52　连接桥后部安装示意图(尺寸单位:mm)

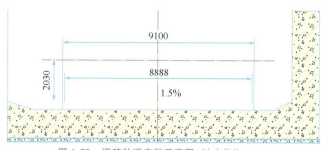

图 4-53 滑移轨道安装示意图(尺寸单位:mm)

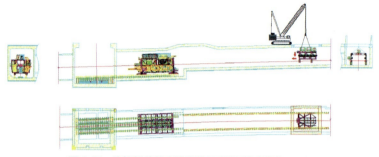

图 4-54 连接桥前部安装前移示意图(尺寸单位:mm)

(2)连接桥中部安装

组装时,利用预制的钢结构支腿固定;安装好后,利用卷扬机前移,如图 4-55 所示。

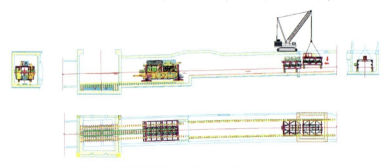

图 4-55 连接桥中部安装前移示意图(尺寸单位:mm)

(3)连接桥后部安装

组装时,利用预制的钢结构支腿固定;安装好后,利用卷扬机前移,如图 4-56 所示。

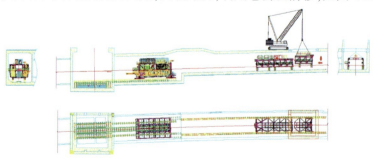

图 4-56 连接桥后部安装前移示意图(尺寸单位:mm)

4.4.10　2号拖车组装前移

(1) 2号拖车组装

拆除轮对连接座,焊接始发滑槽板,采用4根9m钢丝绳由吊装孔整体吊放2号拖车于临时轨道4上,拖动前移,与前方被顶起的连接桥完成连接组装。2号拖车安装如图4-57所示。

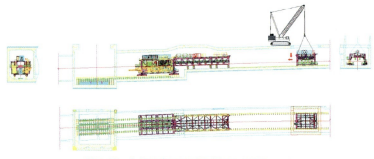

图4-57　2号拖车安装示意图(尺寸单位:mm)

(2) 2号拖车前移

1号拖车、连接桥、2号拖车为一个整体向前平移,与主机对接。

4.4.11　3号、4号拖车组装

3号拖车安装同2号拖车方法,完成3号拖车组装,并与2号拖车连接,如图4-58所示。

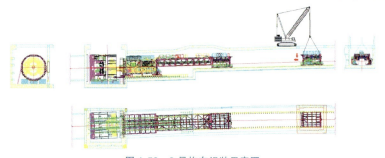

图4-58　3号拖车组装示意图

4号拖车总长18m,需分两节下井安装。其安装同2号拖车方法,完成4号拖车的吊放,并完成与3号拖车连接,如图4-59所示。

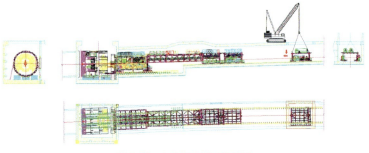

图4-59　4号拖车组装示意图

4.4.12 总装

整体结构完成后安装连接桥及 2 号、3 号拖车间双管片吊机连接梁,连接各部分拖车上各种水管、气管、液压管、风管及风机等,完成后配套及其设备的吊放下井组装,如图 4-60 所示。

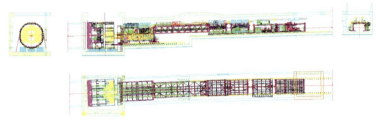

图 4-60 整机组装示意图

4.4.13 门式起重机平移变轨

因两台盾构在始发井组装部件是使用同一台门式起重机,所以待东线盾构需在工作井组装的部件全部完成下井后,将门式起重机平移变轨到西线轨道上,其门式起重机大车行走机构自带旋转装置,可通过旋转装置将大车行走机构转向移到西线轨道。

4.5 超大直径泥水盾构调试

4.5.1 调试前准备工作

盾构调试主要分为 4 个部分:单机空载调试、单机负载调试、联机空载调试、联机负载调试。以"中铁 306 号"为例,其单机、联机调试大纲分别见表 4-11、表 4-12。

单机调试大纲　　　　表 4-11

位置	名称	单机空载					单机负载				
		功率(kW)	电压(V)	空载电流(A)	振动值(cm/s)	杂音	功率(kW)	电压(V)	负载电流(A)	振动值(cm/s)	杂音
主液压泵站	推进泵电机1	160	400	95	0.04	正常	160	400	200	0.06	正常
	推进泵电机2	160	400	95	0.04	正常	160	400	200	0.06	正常
	推进泵电机3	110	400	61	0.05	正常	110	400	152	0.08	正常
	安装机电机	250	400	130	0.05	正常	250	400	282	0.07	正常
	安装机应急泵	11	400	12	0.05	正常	11	400	18	0.07	正常
	注浆泵电机	132	400	72	0.05	正常	132	400	173	0.06	正常
	砂浆转运电机	110	400	61	0.05	正常	110	400	152	0.07	正常
	碎石机电机1	90	400	61	0.04	正常	90	400	152	0.05	正常
	碎石机电机2	90	400	49	0.05	正常	90	400	102	0.06	正常

续上表

位置	名 称	单机空载					单机负载				
		功率(kW)	电压(V)	空载电流(A)	振动值(cm/s)	杂音	功率(kW)	电压(V)	负载电流(A)	振动值(cm/s)	杂音
主液压泵站	盾体功能电机	30	400	16	0.03	正常	30	400	37	0.05	正常
	换刀泵电机	18.5	400	10	0.05	正常	18.5	400	24	0.06	正常
	辅助泵电机1	75	400	41	0.03	正常	75	400	95	0.04	正常
	辅助泵电机2	7.5	400	4.2	0.04	正常	7.5	400	9.8	0.05	正常
	冷却泵电机1	7.5	400	4	0.05	正常	7.5	400	9	0.06	正常
	冷却泵电机2	4	400	1.8	0.05	正常	4	400	4.2	0.06	正常
泥浆泵	P2.1泵电机	1100	690	160	0.1	正常	1100	690	289	0.2	正常
	P0.1泵电机	200	400	108	0.1	正常	200	400	210	0.13	正常
	P0.2泵电机	160	400	95	0.1	正常	160	400	182	0.14	正常
	P0.3泵电机	90	400	61	0.1	正常	90	400	144	0.13	正常
	P1.1泵电机	1100	690	160	0.1	正常	1100	690	289	0.2	正常
水泵	内循环水泵1	45	400	24	0.07	正常	45	400	65	0.08	正常
	内循环水泵2	45	400	24	0.06	正常	45	400	65	0.08	正常
	工业水泵	30	400	16.5	0.08	正常	30	400	38	0.1	正常
	污水泵电机1	90	400	49	0.1	正常	90	400	131	0.12	正常
	污水泵电机2	110	400	61	0.1	正常	110	400	151	0.13	正常
风机	风机1	45	400	90	0.1	正常	45	400	90	0.2	正常
	风机2	45	400	90	0.1	正常	45	400	90	0.2	正常
空气压缩机	5台	90	400	65	—	正常	90	400	128	—	—
主驱动电机	16台	350	690	75	0.03	正常	350	690	133	0.03	正常

联机调试大纲　　　　　　　　　　　　　　　　　　　　　　　表4-12

位置	名 称	联机空载					联机负载				
		功率(kW)	电压(V)	空载电流(A)	振动值(cm/s)	杂音	功率(kW)	电压(V)	负载电流(A)	振动值(cm/s)	杂音
主液压泵站	推进泵电机1	160	400	200	0.06	正常	160	400	240	0.06	正常
	推进泵电机2	160	400	200	0.06	正常	160	400	240	0.06	正常
	推进泵电机3	110	400	152	0.08	正常	110	400	188	0.08	正常
	安装机电机	250	400	282	0.07	正常	250	400	330	0.07	正常
	安装机应急泵	11	400	18	0.07	正常	11	400	18	0.07	正常
	注浆泵电机	132	400	173	0.06	正常	132	400	173	0.06	正常
	砂浆转运电机	110	400	152	0.07	正常	110	400	152	0.07	正常

续上表

位置	名称	联机空载					联机负载				
		功率(kW)	电压(V)	空载电流(A)	振动值(cm/s)	杂音	功率(kW)	电压(V)	负载电流(A)	振动值(cm/s)	杂音
主液压泵站	碎石机电机1	90	400	152	0.05	正常	90	400	152	0.05	正常
	碎石机电机2	90	400	102	0.06	正常	90	400	102	0.06	正常
	盾体功能电机	30	400	37	0.05	正常	30	400	37	0.05	正常
	换刀泵电机	18.5	400	24	0.06	正常	18.5	400	24	0.06	正常
	辅助泵电机1	75	400	95	0.04	正常	75	400	95	0.04	正常
	辅助泵电机2	7.5	400	9.8	0.05	正常	7.5	400	9.8	0.05	正常
	冷却泵电机1	7.5	400	9	0.06	正常	7.5	400	9	0.06	正常
	冷却泵电机2	4	400	4.2	0.06	正常	4	400	4.2	0.06	正常
泥浆泵	P2.1泵电机	1100	690	289	0.2	正常	1100	690	430	0.2	正常
	P0.1泵电机	200	400	210	0.13	正常	200	400	330	0.13	正常
	P0.2泵电机	160	400	182	0.14	正常	160	400	231	0.14	正常
	P0.3泵电机	90	400	144	0.13	正常	90	400	189	0.13	正常
	P1.1泵电机	1100	690	289	0.2	正常	1100	690	430	0.2	正常
水泵	内循环水泵1	45	400	65	0.08	正常	45	400	65	0.08	正常
	内循环水泵2	45	400	65	0.08	正常	45	400	65	0.08	正常
	工业水泵	30	400	38	0.1	正常	30	400	38	0.1	正常
	污水泵电机1	90	400	131	0.12	正常	90	400	131	0.12	正常
	污水泵电机2	110	400	151	0.13	正常	110	400	151	0.13	正常
风机	风机1	45	400	90	0.2	正常	45	400	90	0.2	正常
	风机2	45	400	90	0.2	正常	45	400	90	0.2	正常
空气压缩机	5台	90	400	128	—	—	90	400	128	—	—
主驱动电机	16台	350	690	133	0.03	正常	350	690	133	0.03	正常

1)电力供应

(1)高压

高压配电间为10kV双路供电,在两条母线间设有联络柜,以实现应急状态下的电源转换。同时高压成套柜配置有速断、过流保护,并增设零序电流保护,整个配电间设置有监控报警系统。

每台盾构的10kV电源由中心配电间专用柜接出,采用两根YJV22-3×185+3×95/3电缆。电缆在进洞使用前,均需要进行高压耐压测试,严格控制泄漏电流。在实验时,高压耐压测试需做到30kV并保持3min,当泄漏电流小于50μA时,方可使用,一旦高于50μA,按不合格处理,严禁使用。同时,隧道内的高压接头都要进行耐压测试,技术要求与高压电缆相同。高压电缆从高压室电缆井接出(一头为终端头,一头为 TJB 母头),沿围堰西侧便道外侧,从预留的东西向沟槽中接入预留井口。下井口沿东面侧墙挂钩敷设,通过 TJB 接头与盾构自带的两盘高压电缆对接。隧道内每 2m 设一个电缆挂钩,并有胶套防护。

(2)低压

1号拖车上部设备安装完成后,拖车会整体后移进入明挖结构段。在1号拖车、设备连接桥以及2号拖车连成整体,3号、4号、5号拖车连成整体后,可以分两个工作面独立进行电缆的敷设:

①一部分进行4号拖车上设备的接线,包括:盾构自带高压电缆与下井高压电缆的连接防护,盾构高压电缆与高压柜的接线,高压柜与两台变压器的接线,变压器与变频柜、动力柜,变频柜与动力柜间的接线,动力柜至泥浆延伸系统及污水系统的接线。接线需严格参照图纸执行。

②一部分进行1号拖车上主机室内接线,包括电脑与可编程逻辑控制器(PLC)之间的接线、主控室与空气压缩机的接线、主控室与注浆泵控制柜的接线、控制柜与注浆泵的接线、主控室与拖车各控制柜的环网接线。

所有电缆卷盘在装机前必须照单清点。在接线之前,都必须做如下处理:绝缘必须在 20MΩ 以上,线鼻子必须抛光,接头重新做热缩管处理。接线需先接负载侧,并确认负载绝缘及密封良好,然后再接电源侧。

配合装机顺序,电气装机顺序为:前仓液位传感器及冲洗阀、土压传感器、泥浆门、碎石机—盾体控制柜、泥浆管路、推进液压缸、盾尾油脂、EP2 及 HBW 密封润滑脂、齿轮油循环系统、排污泵、辅助油箱—刀盘16台主电机—保压系统、泥浆管路、冲洗管路、保压管路、人舱—安装机—拖车与主机对接时的电缆连接、主电机及编码器电缆、管片拼装机、网络连接、各电源及控制线、人舱、照明动力箱、污水泵等。

主机内线路多为控制线路。在接线时,必须保证电缆的绝缘并做好各种接头的密封,接线需先接负载侧,地线也必须接好。所有接线都必须牢靠,接头必须固定。依照以上顺序,按照更改后的图纸,逐一接线。

2)管线延伸

(1)泥浆管延伸

东线海瑞克盾构泥浆管延伸系统为伸缩管式,西线中铁装备盾构弯曲式延伸。泥浆管路延伸位于4号、5号拖车末端,两台盾构分别布置在拖车的左右两侧。始发时需要沿地面安装管路从预留井口下井对接。

(2)电缆及管线延伸

本方案两台盾构其中最大总功率达 11500kW,由2根 $185mm^2$ 10kV 专线提供电力,5号拖车顶层安装有2套 400m 储存电缆卷筒。循环水管延伸由盾构上水管卷筒储备长度 40m、DN200mm 规格软管,借助电动卷筒可实现水管延伸。

4.5.2 电气元件测试

高压电缆卷筒、高压柜、变压器在安装好后,进行耐压泄流测试,测试方法与上述高压电缆测试方法相同。变频柜及动力柜需进行线路绝缘检查。安装时,需核对所有拖车上预留的接线口,定位时需注意各部件间的尺寸,保证电缆长度能满足连接需要。定位好后,需对各部件进行固定防滑,变压器在接线完成后需用栅格网进行防护。在拖车型钢梁上,焊接接地排,将各部件与拖车、主机连接成整体,同时与预留井口的预留接地端相连,并测量接地电阻,确保低于 4Ω。

以上所有高压部分,在通电前都必须按照技术规范做相关测试,包括交直流耐压、直流电阻、吸收比、变比等,测试合格后方可通电。

4.5.3 拖车调试

按照以下步骤,对拖车进行调试,并记录调试的结果。

(1)高压电力系统调试。高压柜、变压器送电前需做耐压测试,测试标准参考高压电缆,动力柜变频器柜送电后先检测电压是否正常。

(2)盾构照明系统、临时用电系统调试。动力柜送电后检查照明系统运行情况,检测所有照明设备是否正常运行。

(3)主控室内工业电脑、PLC 测试。动力柜送电至主控室后,开展工业电脑、PLC 送电测试。

(4)拖车网络连接及调试。拖车网络包括 PLC 通信、控制回路、语音视频系统等。先检测控制系统,保证所有控制电路正常,控制回路正常后再连接 PLC 通信,保证所有 PLC 从站在线。

(5)泥浆延伸系统调试。泥浆延伸系统包括伸缩管、延伸架、泥浆泵等。检测伸缩管机构是否水平、延伸架行走是否平稳,泥浆泵空载变速运行是否正常。

(6)污水系统调试。污水系统包括污水泵、污水箱、潜污泵等。点动确定电机转向,检测污水泵与潜污泵转向,检测污水箱液位,检测污水系统的自动运行。

(7)水循环系统调试。水循环系统包括外循环水泵、工业水泵、工业水箱、内循环水泵、内循环水箱等。点动确定电机转向,检测各电机转向是否正确,水箱液位是否正常,自动加水装置是否正常。

(8)液压系统电机等调试。先油泵通电,检查液压油过滤、循环系统,点动确定电机转向,检测各液压系统电机转向,液压过滤系统压力差是否正常。

(9)保压系统空气压缩机远程控制调试。检测空气压缩机本地启动是否正常,远程控制是否正常,反馈压力与罐体压力表压力是否一致。

(10)注浆系统调试。检测砂浆罐搅拌电机转向、砂浆罐搅拌叶转动是否正常,润滑系统注入是否正常,注浆泵液压系统是否正常,注浆压力传感器及脉冲传感器是否正常,B 液泵运转是否正常,B 液流量计是否正常。

(11)拖车泥水系统测试。检测泥浆泵运转是否正常,主控室反馈信息是否正确,各阀位是否正确,阀位开关反馈信息是否正确。

4.5.4 密度计调试

密度计的首次安装由厂家指导安装,首次调试由厂家进行调试。要求密度计厂家对现场技术人员进行调试相关培训,后续调试可由现场技术人员完成。

4.5.5 主机联机调试

按照以下步骤,对主机进行联机调试,并记录调试的结果。

(1)保压系统控制部分测试。检测控制气压是否正常,气路反馈是否正常。

(2)主轴承 HBW 系统测试。检测工作压力是否正常,并对刀盘进行油脂注入直至从刀盘法兰面溢出。

(3)EP2 油脂密封系统。检测 EP2 油脂密封系统是否正常,并将油脂注满主轴承直至溢出。

(4)盾尾油脂注入系统测试。检测工作压力是否正常,各球阀开关是否正常,自动工作情况是否正常。

(5)齿轮油循环系统测试。检测压力流量、液位报警功能是否正常,保压罐液位是否正常。

(6)管片安装系统测试。各自由度功能检测、真空吸盘功能检测、吸盘试压检测。

(7)推进系统测试。测试推进速度、液压缸压力能够达到设计要求。

(8)刀盘驱动系统测试。测试正转、反转功能、最大速度、速度调节、压力等是否正常。

(9)其他辅助液压系统测试。

(10)碎石机测试。碎石机动作、工作压力、破碎能力是否达到设计指标。

(11)泥水处理系统循环。工况是否正常,压力、速度自动调节是否满足设计。

(12)整机联动控制测试。整机联动控制是否正常,各个环节在控制室的控制情况是否正常。

(13)盾构故障显示测试。测试盾构能否正确显示故障。

(14)认真记录测试数据,填写盾构调试报告。

4.5.6 主机仓体调试

(1)人舱调试。人舱保压设定压力为 3bar,保压时间为 30min。观察各连接处是否有漏气现象,观察各仪表显示是否正常,加减压力是否正常。

(2)气垫仓调试。重点对点式液位传感器进行调试,具体为从底部往上将每个点式液位传感器短接,在主控室观察是否有信号输出。

(3)绳式液位传感器调试。将绳索端头经气垫仓两侧固定装置拉紧并固定于底部夹扣处,保证绳索周边与金属物品间距至少 10cm。校准零位值、正负距离值,使两绳索液位保证同步,并从主控室观察反馈信号是否正常。

(4)气垫仓气压传感器调试。气垫仓加压实验压力为 0.2bar,主控室观察压力反馈是否准确,否则将校准传感器。

(5)仓内加压实验。实验压力为 0.2bar,保压时间为 60min,观察盾体各连接处及泥浆门等位置是否有漏气现象。

4.6 本章小结

超大直径泥水平衡盾构主机及后配套结构复杂,整机质量大、涉及系统多,现场的组装及调试是一项关键而繁重的工作,组装调试的进度和质量不仅影响当前阶段的工期进展,而且直接关乎整机性能的发挥、寿命周期的持续,对整个工程的顺利开展至关重要。本章从盾构概况、组装安排及施工组织、关键吊装设备参数及关键部件验算等方面进行介绍,重点对刀盘的焊接及精度保持、超大直径盾构现场组装、超大直径盾构调试关键技术进行了介绍,阐明了超大直径盾构组装的整体方案及具体的步骤、超大直径盾构刀盘焊接及精度保持措施,最后对拖车、密度计、主机联机调试、主机仓体调试都做了具体的说明,对超大直径泥水平衡盾构的组装及调试工作具有很强的参考和借鉴作用。

第 5 章

超大直径泥水盾构始发与到达关键技术

盾构始发与到达技术是盾构施工的重要环节，具有施工时间长、准备步骤多、安全风险高的特点，尤其是在复杂地层下施工的超大直径泥水盾构，始发与到达施工难度大，本章以汕头海湾隧道为例，对含孤石地层的盾构始发以及超大直径泥水盾构水中到达技术进行介绍。

5.1 超大直径泥水盾构始发技术

5.1.1 盾构始发技术简述

盾构施工可划分为始发、掘进和到达阶段，其中，盾构始发和到达出现问题的概率较高，一直是盾构施工的难点之一。尤其是超大直径盾构始发步骤多，周围施工环境复杂，施工风险高，有时还需要采用一些辅助工法，制订合理的盾构始发专项施工方案。

盾构始发主要内容包括始发前竖井端头地层加固、安装盾构始发基座、安装始发反力架、破除洞门地下连续墙和围护结构、安装洞门密封、盾构姿态复核、拼装负环管片、盾构贯入工作面建立压力等，一般流程如图5-1所示。

海湾隧道东线盾构始发段需完成 EK6+837.5～EK6+762.8 的施工，共计掘进 74.7m，完成正洞管片拼装 32 环，以东线盾构为例，始发施工进展如图5-2所示。其中空推段为 1.2m（EK6+837.5～EK6+836.3围护结构采用人工破除），回填区段为 55.5m（EK6+818.3～EK6+762.8）。盾构掘进至 EK6+762.8 后停机进仓进行检修作业。

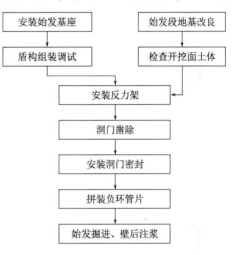

图 5-1 盾构始发一般流程图

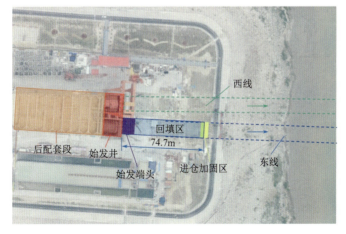

图 5-2 东线盾构施工进展平面示意图

5.1.2 端头加固

1) 始发端头段地质

始发端头段隧道顶部地层以②$_1$淤泥、④$_4$中粗砂为主;洞身掘进段以②$_1$淤泥、②$_2$淤泥质土、⑤$_1$砂质黏土、⑥$_2$强风化花岗岩为主;隧道底部地层以⑥$_2$全风化花岗岩、⑥$_3$中风化花岗岩为主。端头段地质补勘发现始发端头全强风化花岗岩地层内有孤石分布,如图5-3、图5-4所示,孤石情况见表5-1、表5-2。

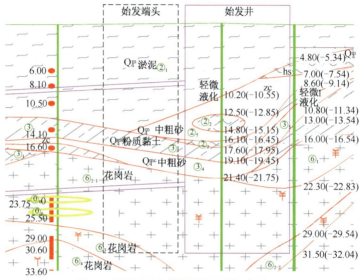

图5-3 始发端头地质纵断面示意图(高程:m)

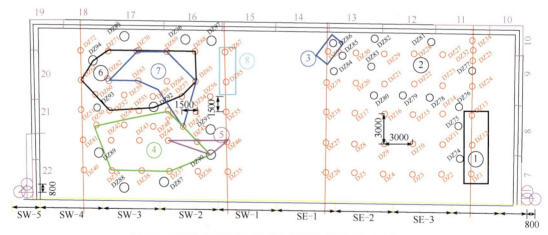

图5-4 始发端头孤石、基岩凸起分布平面示意图(尺寸单位:mm)

东线始发端头孤石情况一览表　　　　表5-1

孤石编号	尺寸:长×宽×高(m×m×m)	侵入隧道的范围
孤石①	1.5×6.0×4.0	横坐标:+6.0~+7.5;纵坐标:-7.5~-4.9
孤石②	10.1×5.38×5.61	横坐标:-2.5~+7.5;纵坐标:-7.5~-0.5
孤石③	2.9×3.0×4.0	横坐标:-7.5~-6.0;纵坐标:-7.5~-3.1

表 5-2 东线始发端头孤石与隧道位置关系统计表

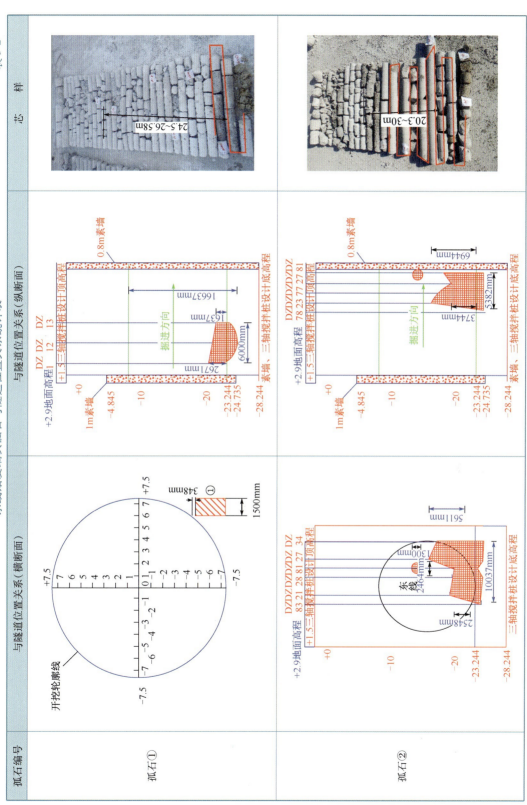

续上表

孤石编号	与隧道位置关系（横断面）	与隧道位置关系（纵断面）	芯样
孤石③			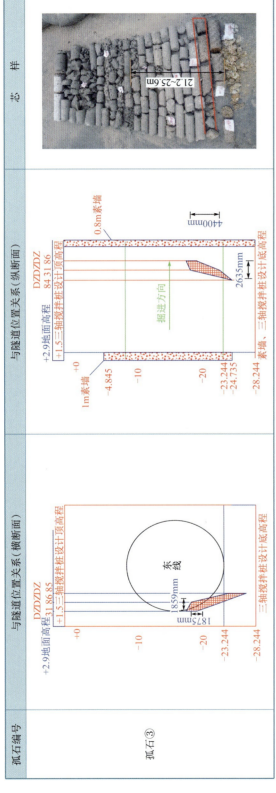

2) 回填区段地质

回填区表层从上至下为 1.0m 回填土、3.0m 回填砂,下方原状地质主要为淤泥层、砾砂夹层、粉质黏土层、淤泥质土夹层、砾质黏土、全风化花岗岩层、强风化花岗岩层、中风化花岗岩层。隧道下半部全、强风化层有孤石、基岩分布,如图 5-5、图 5-6 所示。

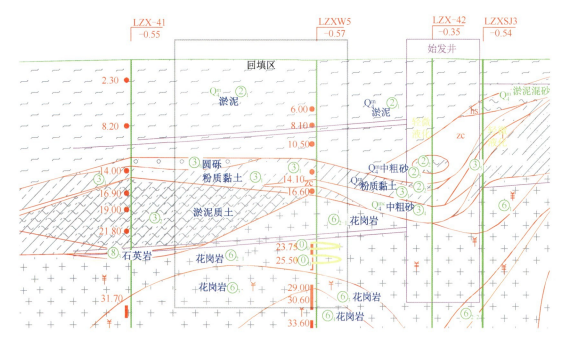

图 5-5 回填区地质纵断面示意图(高程:m)

3) 始发端纵向土体加固长度计算

利用日本规范公式计算加固长度。根据日本 JET GROUT 协会(JJGA)规范采用的计算公式,假定加固体为整体板块,加固体长度计算公式如下:

$$t_1 = \left(\frac{K\beta PD^2}{4\sigma_t}\right)^{1/2} \tag{5-1}$$

式中:P——封门中心处水土压力合力,MPa;

D——封门直径,m;

σ_t——加固土体的极限抗拉强度,MPa;

K——安全系数,取 1.5;

β——计算系数,取 1.2。

利用静力理论对端头加固区长度进行核算。根据静力理论,将加固土体简化为弹性薄板,看作小挠度问题进行分析,且这样计算的结果满足实际是厚板的端头加固土体的强度和刚度要求,是在偏于安全的范围之内。以单圆为例,基于基尔霍夫假设,将已有模型简化为四周自由支撑厚度为 t 的弹性薄板,如图 5-7 所示。

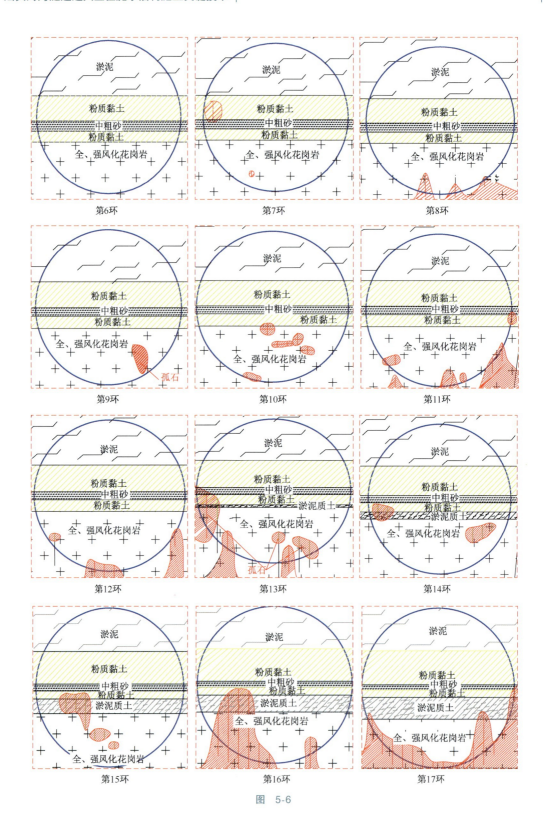

图 5-6

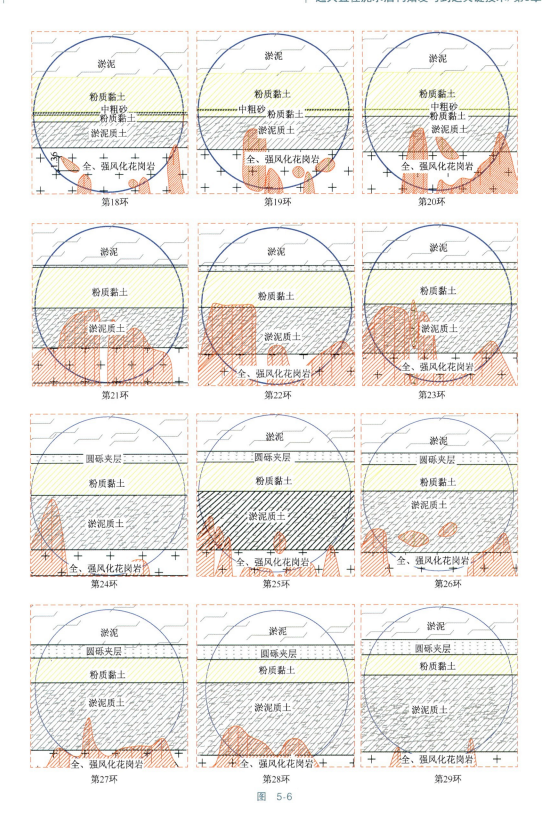

图 5-6

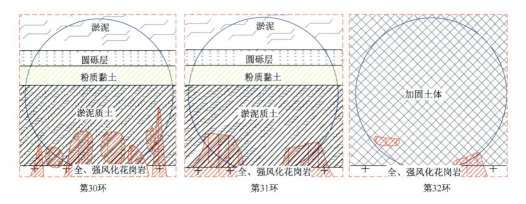

图 5-6 回填区各环地质横断面示意图

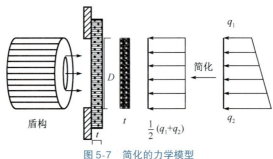

图 5-7 简化的力学模型

按弹性力学原理,求得在外侧水土压力的作用下,弹性薄板中心的最大弯曲应力、强度验算公式:

$$\begin{cases} \sigma_{\max} = \beta \dfrac{PD^2}{4t^2} \leqslant \dfrac{\sigma_t}{K} \\ \beta = \dfrac{3}{8}(3+\mu) \\ P = \upsilon_2 \sum_{i=1}^{2} \gamma_i h_i \end{cases} \tag{5-2}$$

式中:D——工作井封门直径,m;

t——盾构端头纵向加固长度,m;

P——作用在封门中心处的侧向水土压力,kPa,采用水土合算,土压力按静止土压力考虑;

σ_t——土体加固后的极限抗拉强度,MPa,据工程经验取其极限抗压强度值的 10%;

μ——加固土体的泊松比;

γ_i——第 i 层土重度,kN/m³;

h_i——第 i 层土厚度,m;

υ_2——洞身段土体侧压力系数,按粉质黏土侧压力系数选取。

根据薄板的边界条件,满足抗拉要求的端头土体的纵向加固范围为:

$$t_2 = \sqrt{\frac{3K(3+\mu)PD^2}{32\sigma_t}} \tag{5-3}$$

按弹性力学原理求得圆板支座处最大剪力的公式：

$$\tau_{\max} = \frac{PD}{4t_3} \leqslant \frac{\tau_c}{K} \tag{5-4}$$

式中：τ_c——加固后土体的极限抗剪强度，MPa，根据经验 $\tau_c = q_u/6$；
$\quad\quad q_u$——加固后土体的无侧限抗压强度，MPa；
$\quad\quad K$——安全系数，一般取 1.5。

由式(5-4)可以求得满足抗剪要求的纵向加固范围为：

$$t_3 \geqslant \frac{KPD}{4\tau_c} \tag{5-5}$$

因此，根据静力学理论强度准则，加固同时满足抗拉和抗剪强度要求的纵向土体加固范围为：

$$t \geqslant \max(t_1, t_2, t_3) \tag{5-6}$$

始发端头地层主要为淤泥、粉质黏土及小部分中粗砂。主要地层土体物理力学参数见表5-3。

土体物理力学参数表   表5-3

编号	土 层	厚度(m)	天然重度(kN/m³)	黏聚力(kPa)	内摩擦角(°)	侧压力系数 k_0	泊松比 μ
②₁	淤泥	15.2	15.4	9	3.2	0.82	0.45
③₁	粉质黏土	3.0	19.0	19	12	0.43	0.3

端头加固要求加固土体的无侧限抗压强度 $q_u \geqslant 1$ MPa，计算时取 $q_u = 1$ MPa。洞门直径 D 为 15.45m，隧道顶部埋深 $h = 10.7$m。将各参数值分别代入式(5-1)、式(5-3)、式(5-5)中计算 t_1、t_2、t_3 中，求得 $t_1 = 11.5$m，$t_2 = 11.68$m，$t_3 \geqslant 4.41$m，则纵向土体加固范围：$t \geqslant 11.68$m。

4）始发端地层加固方法

始发井围护结构采用地下连续墙+混凝土支撑的支护形式，工作井尺寸为 25m×49.9m×26m（宽×长×深），其中南岸始发端头埋深约 8.5m。为确保盾构的顺利始发，在始发井端头设置 18m×51m 的端头加固区，加固方式采用外围三面 800mm 厚素混凝土地下连续墙与始发井围护结构组成合围区，合围区内地层用 $\phi 850$mm×600mm 三轴搅拌桩加固。为防止破除始发井端头连续墙后地层坍塌，始发井端头墙开洞范围外侧设计为 1000mm 厚素混凝土地下连续墙，如图 5-8a)所示。

为保证超大直径盾构始发洞门破除安全，在设计洞门范围素混凝土地下连续墙基础上，沿盾构掘进方向设置 3 排 $\phi 1200×800$mm 高压旋喷桩；素混凝土地下连续墙与始发井围护结构地下连续墙接头处采用 3 根 $\phi 1200$mm×800mm 三重管高压旋喷桩止水；同时对素混凝土地下连续墙与三轴搅拌桩间形成的间隙，采用 $\phi 1200$mm×800mm 高压旋喷桩补强，桩长同三轴搅拌桩长度，如图 5-8b)所示。

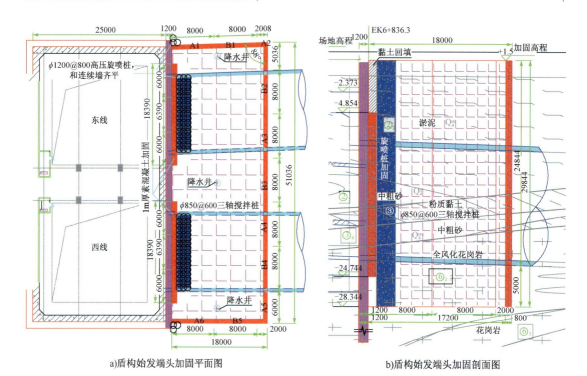

a) 盾构始发端头加固平面图　　　　b) 盾构始发端头加固剖面图

图 5-8　南岸始发井端头加固区方案图(尺寸单位:mm,高程:m)

始发端头孤石区域地层加固:采取压密注浆工艺,按照 1.5m×1.5m 梅花形方式进行布孔,共布置 277 孔,注单液浆。U 形素混凝土墙每个接头布置 2 个注浆孔,共 30 个,注双液浆。注浆量控制按加固区域的土体体积的 20% 进行置换设计,在预设注浆压力下每延米注浆量约 0.45m³。

5)端头加固施工

(1)施工总体方案

第 1 阶段:首先进行始发井端头 17.2m 范围内的三轴搅拌桩加固,施工顺序为先绕端头加固区域四周施工三排搅拌桩。施工过程中,对于遇到的石英岩脉层、孤石等无法下钻时,现场进行标记,并及时测取桩位坐标。

第 2 阶段:四周搅拌桩施工完成形成包围形式后,再按照垂直盾构掘进方向逐排施工剩余的搅拌桩。根据场地条件,进行加固区周圈素混凝土地下连续墙施工。素混凝土地下连续墙软土部分采用液压槽壁机成槽,入岩部分采用冲击锤成槽。

第 3 阶段:进行盾构始发井端部地下连续墙和洞门范围素混凝土地下连续墙施工。其中洞门范围素混凝土墙施工距离始发井端头地下连续墙外边线预留 30cm 的间距,且由于该段素墙位于加固体内,采用冲击锤冲击的方法进行成槽。素墙施工完成后,开始施工洞门范围素混凝土地下连续墙后方 3~5 排 φ1200mm×800mm 三重管高压旋喷桩,同时对端头加固区存在的部分石英岩脉层、孤石地层无法完成搅拌桩施工的区域,采用地质钻机引孔,然后采用三重管高压旋喷桩进行石英岩脉和孤石下部地层加固。对于洞门范围素混凝土墙和始发井端部地下连续墙之间的间隙采用高压旋喷桩注浆填充。

第4阶段:始发井基坑开挖完成后,根据始发井端头地下连续墙变形情况,对由于端头地下连续墙变形引起的地下连续墙与加固区之间的间隙采用注浆方式填充。

(2)端头加固机械设备

根据工程的地质特征和搅拌桩的成槽要求,选用1台三轴搅拌机,1套泥浆配套系统,主要设备投入见表5-4、表5-5。

搅拌桩主要施工机械设备配备表 表5-4

序号	设备名称	型号规格	单位	数量	序号	设备名称	型号规格	单位	数量
1	三轴搅拌桩机	JB160A	台	1	4	拌浆机	SM-200-2	台	2
2	挖掘机	PC200	台	1	5	拌浆桶	SS-400-1	个	1
3	泥浆泵	BW-250	台	2	6	储浆池	—	个	1

高压旋喷桩主要机械设备配套表 表5-5

序号	设备名称	规格型号	单位	数量
1	钻机	XY-150	台	1
2	高喷台车	XP-30B	台	1
3	高压泵	3D2-5Z栓塞泵	台	1
4	灌浆泵	HB-80	台	1
5	空气压缩机	压力:0.8MPa,排气量:6m³/min	台	1
6	泥浆泵	BW-150	台	2
7	拌浆机	WJG-80	台	2

注:施工中可根据现场需求进行机具调整。

(3)三轴搅拌桩施工工艺

三轴搅拌桩施工工艺流程:场地平整→桩位布置→桩机就位→制备水泥浆→预搅下沉→提升喷浆搅拌→桩机移位。

具体施工方法如下:

①根据施工工艺要求,工程搅拌桩加固采用 $\phi 850mm@600mm$ 咬合施工,咬合距离为250mm,桩位搭接如图5-9所示。

②搅拌成桩。根据设计要求,先进行搅拌下沉切割土体,然后提升搅拌喷浆至桩顶高程,重复进行搅拌下沉和提升搅拌喷浆,搅拌成桩。

③搅拌速度及注浆控制。三轴水泥搅拌桩成桩在下沉时为便于钻进,避免注浆孔堵塞,注入少量水泥浆即可,提升过程中边均匀注入水泥浆液边搅拌提升,同时根据设计要求严格控制下沉和提升速度,下沉速度不大于0.5m/min,提升速度不大于1m/min。浆液流量与钻头提升速度相匹配,确保额定浆量在桩身长度范围内均匀分布,避免因提升过快,产生真空负压,孔壁坍方。在桩底部分适当持续搅拌注浆,做好每次成桩的原始记录。

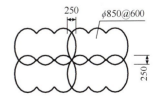

图5-9 桩位示意图(尺寸单位:mm)

④制备水泥浆液及浆液注入。水泥进场后采用水泥罐储存,正式施工前进行试成桩工艺性试验,确定注浆量、钻进速度、提升速度、搅拌次数等参数。水泥浆液的水灰比、水泥掺量及注浆压力等技术参数严格按照试桩工艺确定的技术参数控制,见表5-6;以浆液输送能力控制注浆压力,钻进搅拌和搅拌提升时应连续压水泥浆。端头加固水泥搅拌桩水泥掺量不小于20%,即被搅拌土体中水泥掺量为538.2kg/m。

注浆施工技术参数 表5-6

检查项目	试桩参数	检查方式	备 注
水泥掺量(kg/m)	538.2	设备仪表	—
水灰比	1.5~2	比重计	浆液相对密度不低于1.364
注浆压力(MPa)	0.4~0.7	压力表	根据地质情况及管路长度调整

(4)高压旋喷桩施工工艺

高压旋喷桩施工工艺流程如图5-10所示。

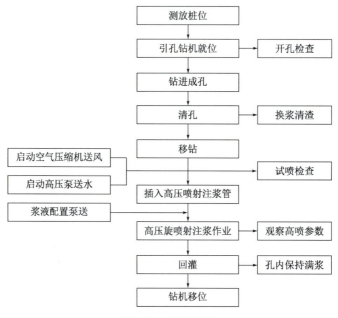

图 5-10　工艺流程图

主要的施工步骤如下:

①施工准备。平整施工场地,场地平整确保钻机吊车行走、作业过程平稳安全。合理布置施工机械、输送管路和电力线路位置,确保施工场地的"三通一平"。根据施工场地平面布置图,合理布置沟渠,将施工废浆引流至废浆池。修建排污系统:旋喷桩施工过程中将会产生10%~20%的冒浆量,为此需要修建排污系统,将废浆液引入专设的沉淀池中,沉淀后的清水根据施工需要可进行重复利用。沉淀的泥土则在开挖基坑时一并运走。

②测量放线。按照设计桩位,测量组对桩位进行现场测放并有效标记,经复核无误后方可开始下钻。

③钻孔准备。钻机就位后,对桩机进行调平、对中,调整桩机的垂直度,保证钻孔垂直度偏

差小于1%;钻孔前应调试水泵、空气压缩机、泥浆泵,使设备运转正常;校验钻杆长度,通过钻杆长度控制桩体长度,保证桩体顶、底高程满足设计要求。

④钻孔。钻机施工前,应首先在地面进行试喷,在钻孔机械试运转正常后,开始引孔钻进。钻孔过程中要详细记录好钻杆节数,保证钻孔深度的准确。

⑤制浆。选用P.O42.5级普通硅酸盐水泥,水灰比为0.9~1.1,水泥掺量为30%。根据每根桩的灰浆用量,提前制作,并充分搅拌,搅拌时间少于3min的不得使用,超过初凝时间的浆液也不得使用;灰浆须经过滤网的过滤,以防喷嘴发生堵塞;抽入储浆桶内的灰浆要不停地搅拌。

⑥拔出钻杆,插入注浆管。引孔至设计深度后,拔出钻杆,并换上喷射注浆管插入预定深度。在插管过程中,为防止泥沙堵塞喷嘴,适当注入少量浆液,以免压力过高,将孔壁射穿。

⑦旋喷提升。当喷射注浆管插入设计深度后,接通泥浆泵,然后由下向上旋喷,同时将泥浆清理排出。喷射时,先应达到预定的喷射压力,喷浆后再逐渐提升旋喷管,以防扭断旋喷管。为保证桩底端的质量,喷嘴下沉到设计深度时,在原位置旋转30s,待孔口冒浆正常后再旋喷提升,到设计的终喷高度停喷,并提出喷射管。钻杆的旋转和提升应连续进行,不得中断,钻机发生故障,应停止提升钻杆和旋转,以防断桩,并立即检修排除故障。为提高桩底端质量,在桩底部1.0m范围内应适当增加钻杆喷浆旋喷时间。在旋喷提升过程中,可根据不同的土层,在设计范围内调整旋喷参数。

⑧回灌。喷射至桩顶高程灌浆结束后,应利用水泥浆进行回灌,直到孔内浆液面不下沉为止。

⑨钻机移位。喷射结束后,应及时清洗注浆泵及输送管道,管内机内不得残存水泥浆,以防堵塞,然后将钻机移位。

6)始发端头段效果验证

为了检测端头段效果,对搅拌桩进行水泥土抗压强度试验。本次共钻芯检测4根水泥土搅拌桩,其中4根桩芯样整体成桩均匀性较好,水泥搅拌均匀,胶结较好,芯样多呈柱状~长柱状,少量呈块状(图5-11)。对4根桩取芯样进行水泥土抗压强度试验,所取水泥土芯样试件抗压强度在2.0~3.1MPa之间,均满足设计要求(≥1.0MPa),检测结果见表5-7。

a)

b)

c)

图5-11 三轴搅拌加固体取芯照片

芯样检测结果 表5-7

序号	桩号	有效桩(m)	孔深(m)	芯样描述	芯样强度(MPa) 平均值	芯样强度(MPa) 代表值	桩身均匀性
1	T7	24.53	26.54	0~24.53m为水泥土,芯样多呈柱状~长柱状,该段水泥土均匀性较好;24.53~26.54m为强风化花岗岩,未见水泥土搅拌纹理	上:2.4 中:9.6 下:2.1	2.1	均匀性较好,桩长满足设计要求
2	D614	25.14	27.04	0~25.14m为水泥土,芯样多呈柱状~长柱状,该段水泥土均匀性较好;25.14~27.04m为强风化花岗岩,芯样呈柱状、块状,见水泥土搅拌纹理	上:4.8 中:4.5 下:3.1	3.1	均匀性较好,桩长满足设计要求
3	D62	26.12	28.02	0~26.12m为水泥土,芯样多呈柱状~长柱状,该段水泥土均匀性较好;26.12~28.02m为强风化花岗岩,芯样呈柱状、块状,见水泥土搅拌纹理	上:4.1 中:5.2 下:2.9	2.9	均匀性较好,桩长满足设计要求
4	D568	26.22	28.29	0~26.22m为水泥土,芯样多呈柱状~长柱状,该段水泥土均匀性较好;26.22~28.29m为强风化花岗岩,芯样呈柱状、块状,见水泥土搅拌纹理	上:2.0 中:2.6 下:3.9	2.0	均匀性较好,桩长满足设计要求

根据对加固体取芯测得的土体参数,实际无侧限抗压强度$q_u \geq 2\text{MPa}$,且加固长度为18m,结合上述计算结果分析,加固区长度满足施工要求。

5.1.3 盾构始发反力架计算分析

1)始发反力架简介

反力架为框架式钢结构,如图5-12所示,设计尺寸为17m(宽度)×18.5m(高度),中心部位预留直径为13.3m的环形区用于后配套设备通过。其主要由正面板、背面板及腹板组成,安装时底部支座与混凝土内预埋件连接;左、右侧腹板及背面板与支撑系统(钢支撑)连接。盾构始发时,液压缸推力产生的反作用力经管片传递作用在正面板上,经支座、支撑系统最终传至始发井混凝土结构上。反力架采用的材料为Q345,面板采用厚度为40mm的板材,腹板采用厚度为30mm的板材。

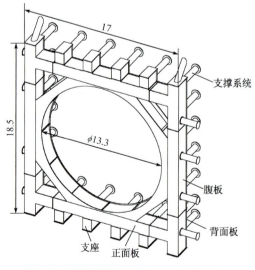

图5-12 反力架结构设计示意图(尺寸单位:m)

2)反力架有限元模型

(1)有限元模型建立

建模过程中,不考虑对模型影响不大的局部特征,忽略螺栓孔、吊耳等。反力架由钢板焊接制造,在三维几何建模的基础上抽取中面,采用板壳单元(SHELL)离散。对于个别区域板之间为锐边连接、网格离散后质量较差的情况,修改该部分模型。背面板区域与22根钢支撑连接,腹板与8根钢支撑相连接,连接均采用节点耦合的方法处理。运用三种尺寸的网格(70mm、50mm、40mm)进行网格独立性验证,结果表明网格的种类和网格尺寸对结果影响很小,最终整个模型网格全局尺寸控制在50mm;对于与支撑系统连接的部位,进行局部网格细化,尺寸控制为25mm,整个模型单元总数为760646,节点总数为739399。

(2)反力架材料参数

反力架结构的材料为Q345,其材料特性见表5-8。

Q345 材料特性 表5-8

材料	弹性模量(GPa)	泊松比	密度(kg/m³)	屈服强度(MPa)	抗拉强度(MPa)
Q345	206	0.28	7850	345	490~620

(3)荷载及边界条件

盾构工作时受力较复杂,盾构总推力计算如下:

$$F = \beta D^2 \tag{5-7}$$

式中:β——经验系数,kN/m²,一般取值500~1200;

D——盾构直径,m。

狮子洋隧道和海湾隧道盾构均在淤泥地层始发,盾构轴线埋深均在20m附近,端头区都采用"旋喷加固+素混凝土地下连续墙+注浆+降水井"方案施作,不考虑地下水的影响,采用经验类比的方法对推力进行估算,依据佛莞狮子洋隧道泥水平衡盾构($D=13.56$m)前50环掘进推力数据,见表5-9,对该隧道盾构($D=15.03$m)始发推力进行推算,经过推算得到海湾隧道盾构始发前50环最大推力为57615kN(近似为60000kN),结果如图5-13所示。

佛莞狮子洋前50环推力数据 表5-9

环数	推力(kN)	环数	推力(kN)	环数	推力(kN)	环数	推力(kN)	环数	推力(kN)
1	18227	11	32163	21	38732	31	41340	41	44396
2	17595	12	33078	22	39559	32	41175	42	41155
3	14685	13	38148	23	40240	33	43432	43	44415
4	22996	14	35900	24	39374	34	46897	44	44425
5	23492	15	36902	25	39783	35	39355	45	42537
6	27200	16	36523	26	40270	36	42031	46	41934
7	29137	17	37603	27	40892	37	41583	47	46459
8	29613	18	37194	28	41165	38	43997	48	41953
9	30567	19	39676	29	41613	39	43228	49	46410
10	32192	20	39744	30	46050	40	44396	50	45048

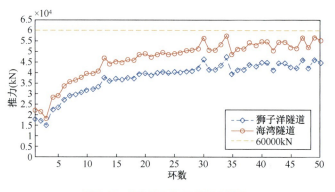

图 5-13 盾构始发前 50 环推力预测

(4) 反力架边界条件

反力架底部通过 6 个支座结构与始发井预埋件连接,左、右两侧各 4 根钢支撑,背面板后 22 根钢支撑及另外 2 根斜支撑均与始发井主体结构通过预埋件相连,将钢支撑端部视为固定端约束,施加荷载和边界条件后的模型如图 5-14 所示。

3) 有限元分析结果

用静力学分析的方法计算反力架在 60000kN 荷载下的最大变形及应力分布规律。用等效应力(Von Mises Stress)作为结构的评定标准,等效应力云图如图 5-15 所示。由图可知,加载区域因受载应力较大,处于 63~169MPa 的范围,其他区域的应力则相对较小,为 64MPa 以下,结构极小部分区域出现应力集中,最大应力为 254MPa。应力集中产生因板材连接处呈直角且离加载区较近。将最大应力数值与材料的屈服极限 345MPa 比较,反力架在 60000kN 工况下静强度安全系数为 1.36。综上,反力架结构能够满足盾构始发的要求。

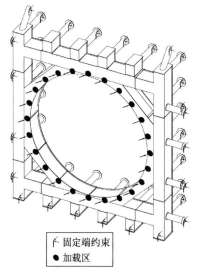

图 5-14 施加荷载和边界条件后模型示意图
注:直支撑、斜支撑、左右侧支撑及支座底端施加固定端约束。

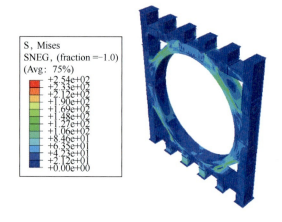

图 5-15 反力架的等效应力云图

反力架变形云图如图 5-16 所示,红色为变形量大的区域,最大变形量为 9.57mm,位于反力架正面板顶部(受载部位),从底部至顶部变形量呈增大趋势,因底部支座有固定连接刚度强,而上方支座未起到约束作用,刚度弱,因此上部加载区产生变形较下部大。依据《钢结构设计标准》(GB 50017—2017),反力架挠度容许值达到重级工作制桥式起重机的要求水准,根据公式,$L_k \leq 0.017\text{m}(17\text{mm})$ 即可,可见反力架的变形量是符合要求的。

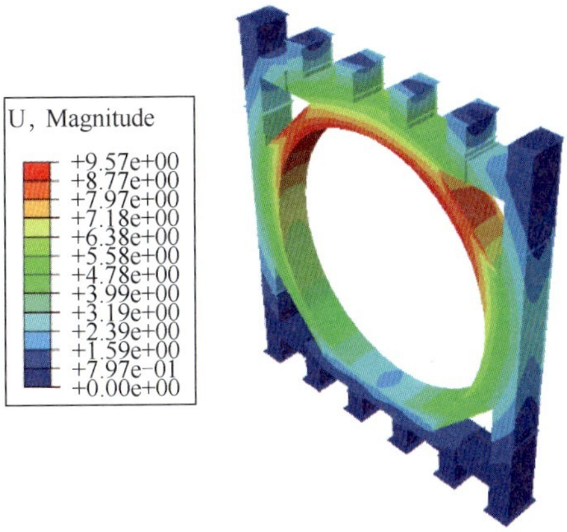

$$L_k \leq \frac{1}{1000} Y_b \tag{5-8}$$

图 5-16 反力架的变形云图

式中:Y_b——跨度对反力架,m,取 17m;
　　　L_k——结构最大变形量,m。

5.1.4 海湾隧道泥水盾构始发

1)海湾隧道盾构始发方案

工程所用为 15m 级超大直径盾构,结合工程实际设计了一套始发方案如图 5-17 所示,盾构主机在钢筋混凝土基座上由钢轨支撑,通过推进液压缸作用由钢结构反力架提供反力,盾构主机以 3‰ 的坡度进行下坡始发。

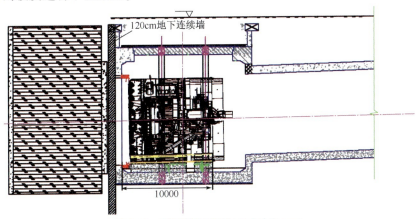

图 5-17 盾构始发示意图(尺寸单位:mm)

2)始发基座

始发基座剖面如图 5-18 所示,在混凝土底板上施作始发基座,混凝土结构中留有钢结构件预埋,钢板上铺设 QU100 钢轨 4 根,始发时依靠液压缸推动使盾壳在钢轨上滑动,钢轨上涂有润滑油脂以减小摩擦力。

3)洞门预埋钢环

(1)洞门预埋钢环设计

盾构隧道与始发井连接洞门处采用钢环相接,其中钢环外径为 $\phi16.25\text{m}$(内径为 $\phi15.45\text{m}$),厚为 0.1m,环框面板宽 0.40m,整套钢环重约 16.7t。钢环中间采用型钢网格结构支撑及连接。

(2)洞门预埋钢环安装

由于海湾隧道断面大,根据盾构始发井洞门墙体支撑架设位置,洞门钢环设计分8块加工,加工完成经现场拼装检查合格后,再随盾构始发井侧墙分段施工分块(分8块)的预埋安装,安装顺序为先顶部,其次两侧,最后底部。分块钢环之间用型钢网格支架连接,以保证拼装后钢环整体精度、平整度满足要求,为防止洞门钢环安装后侧墙混凝土浇筑不造成钢环上浮、错位等变形,在钢环分块安装、固定时,将钢环面板背侧的锚固筋与侧墙主筋及洞门环形钢筋准确对接、焊接牢固。钢环安装施工如图5-19所示。

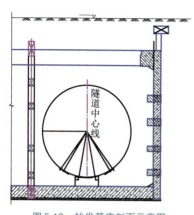

图5-18 始发基座剖面示意图

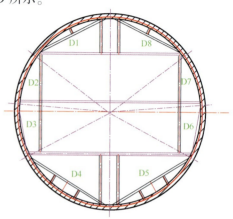

图5-19 洞门钢环安装示意图

(3)洞门预埋钢环填充密实度检测

在洞门钢环外部主体侧墙施工完成后盾构始发前,需对洞门钢环背侧混凝土填充密实度进行检测,对存在空洞、填充不密实的部位进行开孔灌注混凝土、砂浆,确保洞门钢环背侧填充密实,以免在盾构始发建压掘进过程中出现渗漏,影响盾构始发掘进。

4)洞门破除

洞门破除是盾构始发中的一项重要工作,其流程如图5-20所示。

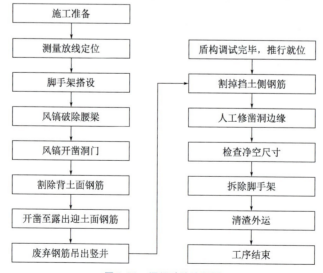

图5-20 洞门破除流程图

(1) 洞门破除前准备工作

① 对盾构始发端头的加固效果进行钻孔取芯,分析加固及降水效果,特别是当土体渗透性达不到设计要求时,采取洞口水平二次注浆加固处理,确保注浆效果。

② 完善应急预案且应急物资准备到位,如有异常立即启动项目施工应急预案。

③ 要求施工现场水、电已接入,施工设备及材料到场并验收合格,相关技术准备工作已完善到位。

④ 必须启动降水井作业,将周边水位降至隧道底板以下,提高土体的自稳能力。

⑤ 在完成洞门水平探孔抽芯、垂直抽芯检测、降水试验后,向监理申请破除洞门,经监理批准后,才能进行洞门破除作业。

其中,水平探孔检测和脚手架搭设及拆除是两项重要的工作。具体操作如下:

水平探孔检测。为测始发端头加固效果,需对始发端头布设水平探孔进行验证,以便确认旋喷桩及素墙隔水效果,水平探孔平面布置如图5-21所示。待测量组将探孔点位放样完成后,钻孔人员手持水平YT-28钻机由上而下逐个钻孔。钻孔时,注意钻进情况及返水情况,钻孔完成后,值班人员测定每个孔的出水量,根据渗水量对端头加固渗透性进行检测,为了防止探孔过程中或钻孔完成后出现有流水、涌砂现象,拟在钻杆末端焊接一个 $\phi 40mm$ 球阀,以方便控制出水量,如流水、流沙量较大,立即用木楔子和棉纱进行封堵,并及时注双液浆进行堵水。

图5-21 始发端头加固水平探孔示意图

水平探孔检测结构满足要求后,方可进行洞门的破除施工。要求探孔位置渗水量不得大于 $1m^3/d$,探孔无明显线流,且探孔内无泥沙流出。如不符合上述要求,必须采取补充注浆、端头降水措施,以满足洞门破除作业安全要求。现场水平探孔钻孔后如图5-22所示。

a)

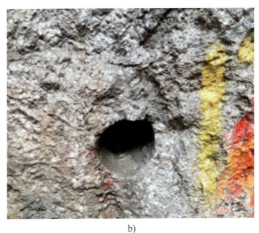

b)

图5-22 水平探孔钻孔后照片

脚手架搭设及拆除。洞门破除平台采用脚手架搭设。脚手架采用 $\phi 48mm$ 钢管,高度为17.6m(含顶部1.3m护栏),设置21道竖撑、14道横撑,间距均为0.8m,宽度为1.2m。脚手架需下部垫实,脚手架侧面须用斜撑将其撑实,正面与盾构撑实。上人横撑上面均铺设木板,并与横撑固定,破除洞门最后一层之前需将架手架延伸至破除面,确保作业安全。脚手架具体搭设如图5-23所示。

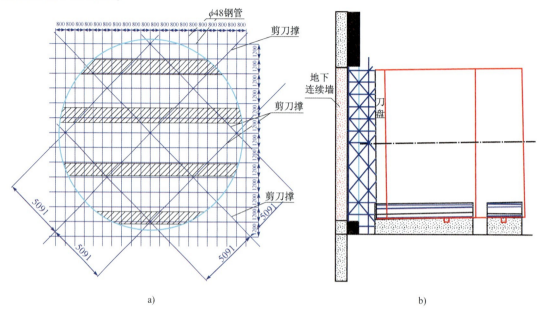

图5-23　脚手架搭设示意图(尺寸单位:mm)

脚手架搭设控制要点:

①按照规定的方案和尺寸进行搭设,注意杆件的搭设顺序。

②脚手架及时与结构拉结或采用临时支顶,以确保搭设过程的安全。

③拧紧扣件(拧紧程度要适当),有变形的杆件和不合格的扣件(有裂纹、尺寸不合适、扣接不紧等)不能使用。

④搭设工人必须佩挂安全带。

⑤随时校正杆件垂直和水平偏差,避免偏差过大。

⑥脚手架在暂停施工时,一定要确保架子稳定,以免发生意外。

⑦脚手架横杆与竖杆相交伸出的端头,均应不小于50cm,以防止杆件滑脱。

⑧扣件开口朝向:用于连接大横杆的对接扣件,开口应朝架子内侧,螺栓向上,避免开口朝上,以防雨水进入。

⑨扣件拧紧程度:装螺栓时应注意将根部放正和保持适当的拧紧程度,保证螺栓紧固,这对于脚手架的承载能力、稳定性和安全性影响很大。

脚手架拆除及要点:

①拆除脚手架前,应先划出警戒区标志,并派专人警戒。

②脚手架拆除时,应严格遵守拆除顺序。先将脚手架上的存留材料、杂物等清除干净,自上而下,按先装后拆、后装先拆的顺序进行,一般是先拆栏杆、脚手板、剪刀撑,而后拆小横杆、

大横杆、立杆等。

③拆除的材料应统一向下传递至地面,一步一清。不准采用踏步拆法,严禁向下抛掷或用推(拉)倒的方法拆除。

(2)洞门破除

工程地下连续墙采用 C30 钢筋混凝土,抗渗等级 P10,水下灌注混凝土,厚度为 1200mm。地下连续墙钢筋净保护层为 80mm。槽段接头采用工字钢接头。

洞门壁混凝土采取风镐破除,破除工作分两步进行,第一步先凿除外层 1m 厚钢筋混凝土,并割除钢筋及预埋件,外层混凝土凿除按照图 5-24 标记顺序,先上部后下部,钢筋及预埋件割除彻底,以保证预留的洞门直径。第二步,进行地下连续墙内侧钢筋及 0.2m 混凝土的破除,破除的时间点是盾构组装调试完成,并推进至洞门 1.0~1.5m 时,根据实际洞门大小共分 8 层 44 块,顺序为先下部后上部,先中间后两边(如第 8 层,按照 43、42、44 顺序破除),采取膨胀剂预裂 + 人工破除方式作业,采用"18 + 8"的作业模式,即每天 18h 进行破除作业,8h 进行清渣及破除面垂直钻孔装膨胀剂预裂。

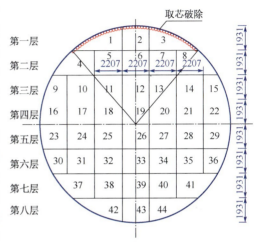

图 5-24 洞门分块破除示意图(尺寸单位:mm)

每破除一块区域及时检查始发洞门的净空尺寸,确保混凝土及钢筋未侵入洞门钢环范围之内。

始发导台与洞门密封环之间搭设清渣平台,破除下的混凝土渣由人工配合 PC-60 挖机进行装运至吊斗,使用吊斗由吊机吊运出基坑。

洞门破除完成后,由测量组配合现场施工作业人员对破除的掌子面的平整度进行测量,确保破除面符合施工要求。

洞门破除安全措施:

①严格按照交底规定的尺寸进行搭设,注意杆件的搭设顺序。脚手架及时与结构拉结或采用临时支顶,以确保搭设过程的安全。拧紧扣件(拧紧程度要适当),有变形的杆件和不合格的扣件(有裂纹、尺寸不合适、扣接不紧等)不能使用。

②在破除洞门的过程中,尽可能减小振动,避免沿着地下连续墙出现涌泥沙通道,且所有的混凝土块、钢筋以及工字钢接头都必须取出,防止混凝土块、钢筋以及工字钢接头与刀具缠绕损坏刀具。

③外层破除工作先上部后下部。钢筋及预埋件割除须彻底,以保证预留门洞的直径。

④若探孔无明显的渗漏水、泥等情况,则应迅速破除剩余混凝土。破除钢筋混凝土顺序为从上而下,先破除洞圈内所有混凝土,再割除所有钢筋,混凝土破除顺序为由上而下,钢筋割断顺序为由下而上。混凝土及钢筋清理掉后,盾构方可始发。

⑤洞门破除必须在端头土体检查合格后进行,特别是当土体渗透性达不到要求时,需要利用洞门进行注浆处理至合格。

⑥在破除过程中,大于250mm混凝土块以及所有的钢筋都必须取出,钢筋割除的范围要确保满足盾构刀盘顺利通过。

⑦在破除过程中,必须在通风、照明、人力配备上满足要求,尽快完成洞门破除,避免掌子面长时间的暴露。在施工过程中要密切观察掌子面的情况,遇到问题要及时处理,不能盲目施工。

⑧在破除完毕后,盾构要及时贯入将掌子面支撑,避免端头土体失稳。洞门破除期间应加强基坑监测频率,发现异常及时上报相关领导。

5) 盾构空推

盾构空推掘进至掌子面过程中,由测量组加强对盾构、管片姿态的复核,并安排专人24h对反力架、洞门情况进行观察,发现异常情况时要停止推进,待异常情况处理完毕后方可继续推进。盾构组装期间空推如图5-25所示,盾构拼装负环期间空推如图5-26所示。

图5-25 盾构组装期间空推　　　　图5-26 盾构拼装负环期间空推

在盾构空推掘进中,及时将负环管片与始发导台导轨间的空隙用纵向型钢垫实,然后继续将管片推出,直至与反力架靠紧,然后用钢板将负环管片与反力架之间的缝隙填实并将垫块焊接牢固。

盾构空推掘进中,负环管片按照错缝的方式进行拼装。负环管片在拖出过程中及时对负环管片进行支撑,避免负环管片失圆过大引起管片拼装困难。在始发导台两侧安装三脚支架,三脚支架顶部加175H型钢,要求175H型钢与盾壳紧密接触。

盾构两侧有防止盾构扭转的防扭块,在防扭块脱出始发导台的时候,及时割除防扭块,连接点要割除干净,避免防扭块对洞门造成损害。

在每环管片推出盾尾后,将管片与始发导台导轨间隙用钢楔块及时进行支垫,将管片压力均匀地传递给三脚架。每环管片加设两个钢楔块,楔块点焊在始发导台导轨上。

当盾构推进 -5 环管片时,此时盾构刀盘缓慢进入洞门圈密封帘布,洞门圈四周必须保证有6个位置进行观察,并保证与盾构内部联系畅通。任何位置刀盘接触洞门密封挡板时,都必须停机处理。观察密封板与盾构外壳的相对尺寸与设计偏差是否在可承受范围内,确认无误后继续推进。

待 -4 环管片推进1450mm左右、刀盘离掌子面20cm距离,此时停机、建仓。在洞门密封里注密封油脂,注油脂后继续推进。密封装置需压注油脂体积约10m³,油脂压力约1bar。此环拼装完成后,需割除盾尾底部钢板垫条。

6) 盾构始发建仓

建仓分四步进行:①将气垫仓与泥水仓连通阀关闭,并将泥水仓排气阀打开,气垫仓排气阀关闭。②将泥浆场准备好的浆液打入开挖面中,保持开挖仓泥浆液面保持在中线以上3m。③对气垫仓进行缓慢加压,每次加压不高于0.1bar,观察盾构前后仓内的液位显示高度,当泥水仓最上方的排气阀开始喷出泥浆时,将该排气阀门关闭。此时,检查气垫仓液位,若液位在中心线±0.5m,不需调整,若在此范围之外,启动泥浆循环系统,微调液位至该范围,此时切口环顶部压力显示为0。④低速转动刀盘约15min,同时对气垫仓加压至切口环顶部压力显示为0.1bar,打开泥水仓排气阀,转动刀盘搅拌将产生的气体排净。再缓慢降低气压,直至将切口环顶部压力缓慢调成0bar。

进行以上四步时,观察洞门密封情况,及时堵漏。如发生小规模渗漏可采用棉布、棉纱、沙袋、聚氨酯、盾尾密封油脂等材料进行正面封堵,并适当增加泥浆的黏度。如发生较大渗漏需立即停止加注泥浆,查明原因处理完毕后方可继续注入泥浆。建仓的同时向橡胶帘布间、帘布与第二道密封刷之间预埋管注入密封油脂,并在两道密封刷之间注入密封油脂。

7) 洞门二次密封

始发建仓前将洞门钢丝刷密封腔体内充填油脂,以增强密封装置的密封效果。为防止盾构始发掘进时泥土、地下水及循环泥浆从盾壳和洞门的间隙处流失以及盾尾通过洞门时同步注浆浆液的流失,拟在工作井地面采用备用油脂泵进行注脂作业。

建仓前,提前在帘布橡胶板间注入油脂,泥水建仓过程中根据帘布橡胶板漏水情况,在渗漏点附近,通过在密封环上的油脂注入孔加注油脂来封堵帘布橡胶板与盾体之间的空隙。

盾构向前推进过程中,待盾尾最后一道钢丝刷完全进入密封环内后,此时在密封环处安装的为0环管片。将20mm厚钢板加工成楔形,将最外侧折页压板与0环管片抵紧,并与密封环焊接固定,形成二次密封,确保盾构泥水压力平衡,确保密封效果,以保证盾构同步注浆的顺利实施,楔形钢板可根据折页压板与0环管片之间间隙进行调整。

8) 盾构试掘进

泥水压力的设定是泥水盾构施工的关键,维持和调整压力值是盾构推进操作中的重要环节,其中包括推力、推进速度和排浆量三者的相互关系,以及对盾构施工轴线和地层变形量的控制也比较重要。因此,盾构试掘进过程中,要根据不同地质条件、覆土厚度、地面情况设定泥水压力,选定泥水性能指标,并根据地表隆陷监测结果及时调整泥水压力和性能。

在试掘进段的掘进速度要保持相对平稳,并逐步增加到20mm/min的速度,按操作规程控制好掘进纠偏量,减少对地层的扰动。利用在空旷地带掘进的地面环境,选择多组不同的泥水压力和泥水性能指标试掘进,并加强地表隆陷观测,得出泥水压力设定与地表隆陷的关系。同步注浆量和注浆压力要根据推进速度、排浆量适当调整,并通过加强盾构通过后地表隆陷监测确定同步注浆和盾构通过后地表隆陷的关系。试掘进段应加强盾构隧道的轴线控制,掌握盾构纠偏的主要施工参数。

试掘进过程必须严格控制盾构的掘进参数,降低掘进速度,控制盾构掘进姿态,密切注意调整各系统参数、掘进参数、泥浆参数以保证盾构的顺利掘进,始发段试掘进参数见表 5-10。

盾构始发段试掘进参数表 表 5-10

序号	区段 (m)	泥水顶部压力 (bar)	推力 (kN)	掘进速度 (mm/min)	刀盘转速 (r/min)	注浆压力 (MPa)	备 注
1	0~18	—	20000~60000	5~10	0.8~1.2	—	始发端头加固区
2	18~82	1.5~1.7	25000~40000	10~25	1.0~1.5	0.27~0.3	围堰内回填区
3	82~101	1.7~1.8	30000~40000	15~25	0.8~1.0	0.3~0.35	围堰大堤
4	101~160	1.8~2.1	35000~40000	15~25	1.0~1.5	0.3~0.35	抛石区

9）盾构始发姿态控制及要求

盾构始发段东线位于直线上,西线位于 $R=6900$m 曲线上,盾构在始发推进过程中,可能不完全按照设计的隧道轴线前进,从而产生一定的偏差。当这种偏差超过一定限界时就会使隧道衬砌侵限、盾尾间隙变小进而导致管片局部受力恶化,并造成地层损失增大,从而使地表沉降加大,因此盾构施工中必须采取有效技术措施控制掘进方向,及时有效纠正掘进偏差。确保盾构沿着设计线路掘进是隧道施工的一个主要目标,因此,掘进中方向的控制十分重要,线路中线平面位置和高程的允许偏差宜控制在 ±20mm。主要有以下要求：

①采用 VMT 自动导向系统和人工测量辅助进行盾构姿态监测。VMT 自动导向系统配置了导向、自动定位、掘进程序软件和显示器等,能够全天候在盾构主控室动态显示盾构当前位置与隧道设计轴线的偏差及趋势,据此来调整控制盾构掘进方向,使实际线路始终保持在允许的偏差范围内。随着盾构推进,导向系统后视基准点需要前移,必须通过人工测量来进行精确定位。为保证推进方向的准确可靠,应每天进行人工测量,以校核自动导向系统的测量数据并复核盾构的位置、姿态,确保盾构掘进方向的正确。

②采用分区操作盾构推进液压缸控制盾构掘进姿态。根据线路条件所做的分段轴线拟合控制计划、导向系统反映的盾构姿态信息,结合掘进所处的地层情况,通过推进系统液压缸分区操作来控制掘进中的姿态。具体操作原则如下：a. 如果盾构滚角过大,则通过反转刀盘来减小滚角值。b. 如果盾构水平向右偏,则提高右侧分区的推进液压缸压力;反之,则提高左侧分区的推进液压缸压力;如果盾构竖直下偏,则提高下部推进液压缸压力,反之亦然。

③进行盾构竖直姿态控制。一般情况下,盾构的竖直偏差宜控制在 ±20mm 以内,倾角可控制在 ±5mm/m 以内。特殊情况下,倾角亦不宜超过 ±10mm/m,否则会因盾构转弯过急引起盾尾间隙过小和管片错台及破裂等问题。当盾构在上软下硬地层掘进时,为防止盾构抬头,盾构宜适当保持下俯姿态。操作盾构时,注意上部推进液压缸和下部推进液压缸的行程差,液压缸行程差不能相差过大,一般控制在 ±20mm 内,特殊情况下也不能超过 60mm。

④进行盾构水平姿态的控制。盾构在直线段掘进,其水平轴线偏差控制在 ±20mm 以内,水平偏角控制在 ±3mm/m 以内,否则会因盾构急转引起盾尾间隙过小和管片的错台及破裂等问题。在曲线段掘进,盾构的水平偏差应控制在 ±30mm 以内,水平偏角应控制在 ±5mm/m 内,曲线半径越小控制难度越大。当开挖面内的地层左右软硬相差很大且在曲线段时,盾构的

方向控制将比较困难，此时可降低掘进速度，合理调节各分区的推进液压缸压力，必要时可将水平偏角放宽到±10mm/m，以加大盾构的调整力度。

⑤进行盾构脱离始发导台前的姿态控制。在盾构脱离始发导台前，盾构的方向受始发架的限制，沿始发导台的方向直线掘进，主要控制盾构的旋转及保证各组推进液压缸的推力平衡。

⑥盾构始发过程姿态控制要求。在切换刀盘转动方向时，保留适当的时间间隔，切换速度不宜过快，切换速度过快可能造成管片受力状态突变，进而使管片结构损坏。

⑦根据掌子面地层情况应及时调整掘进参数，调整掘进方向时设置警戒值与限制值，达到警戒值时就应该实行纠偏程序。按照勤纠缓纠的原则，蛇行修正及纠偏时缓慢进行，如修正过程过急，蛇行反而更加明显。在直线推进的情况下，选取盾构当前所在位置点与设计线上远方的一点作一直线，然后再以这条线为新的基准进行线形管理。在曲线推进的情况下，使盾构当前所在位置点与远方点的连线同设计曲线相切。在推进液压缸压力的调整中不宜过快、过大，否则可能造成管片局部破损甚至开裂。正确选择管片封顶块的拼装位置，确保拼装质量与精度，以使管片端面尽可能与计划的掘进方向垂直。

10）隧道通风及管线布置

每条盾构隧道均配置2台(110kW)多级变速轴流风机压入式通风来除尘、降温和提供作业人员及设备所需要的新鲜空气。通风管采用2500mm拉链式帆布通风软管，风机设在盾构始发井处。待盾构拖车全部进入正线隧道后，安装通风机并启用通风系统。

根据盾构施工的特点，在隧道内布置"四管、三线"。四管即$\phi500$mm泥浆管、$\phi100$mm的冷却水管（两根）、$\phi200$mm的排污管一根、$\phi2500$mm的通风管；三线即10kV高压电缆、380/220V照明线、通信线。

11）负环管片拆除

盾构始发掘进完成，后配套拖车完全进入洞内后，即可考虑进行负环管片的拆除，在负环管片拆除时要注意以下问题：

①拆除负环管片前一定要对管片背后注浆的效果进行认真的检查，在确认管片背后浆液凝固后才能开始拆除。要防止在负环管片拆除后由于摩擦力不足导致管片整体被推动。

②负环管片拆除前，要保证洞门处管片拉紧装置的安装质量，切实保证拉紧装置起到拉紧管片防止管片变形的作用。

③负环管片拆除属于高空作业，安全隐患较大，在拆除过程中安全员现场值班，严格按有关安全管理规定进行管片的拆除，保证管片拆除过程安全。

5.2 超大直径泥水盾构水中到达技术

5.2.1 盾构水中到达方案综述

工程隧道外径为14.5m，为超大直径盾构水下隧道。接收井处隧道覆土厚度为14.37m，距离水域31~44m。洞门外侧钢筋及保护层破除完成后，向接收井内回填砂土及水，可保持洞门内外水土压力的平衡，并可提供压紧管片环间止水条的反力，确保到达安全与质量。

东、西线均采用水中到达方式。盾构到达前,完成洞门测量、接收基座浇筑、接收井内回填砂(至封堵墙底部)、回灌水至设计高度(至环框梁顶部),同时利用作业平台进行洞门地下连续墙破除(东线外侧全部钢筋及其保护层)。东线盾构推进至加固体后,开始进行二次注浆,并在盾尾到达地下连续墙时停机进行止水环密封效果检查,并在此时进行第二次回填砂至盾构顶部以上2m,止水效果检查合格后继续推进至盾尾中心进入地下连续墙60cm,再次停机进行二次注浆并开孔检查止水效果。然后继续推进至施作临时洞门位置(盾尾离开主体墙0.85m),并停机进行二次注浆,检查管片背后止水效果,满足要求后开始逐层降水清砂,并同步施作洞门临时封堵,完成后通过预留注浆管注浆封堵洞门圈梁与管片间空隙;待西线盾构距离洞门50环时,破除西线洞门地下连续墙(外侧全部钢筋及其保护层),之后重复东线一次回填、盾构推进、第二次回填、注浆及效果检查、降水清渣、临时封堵洞门施工;之后将东线、西线盾构推进至拆机位置,按先东后西的顺序拆除盾构;最后施作东、西线永久外包洞门结构,并对接收井内进行清理。水中到达流程如图5-27所示。

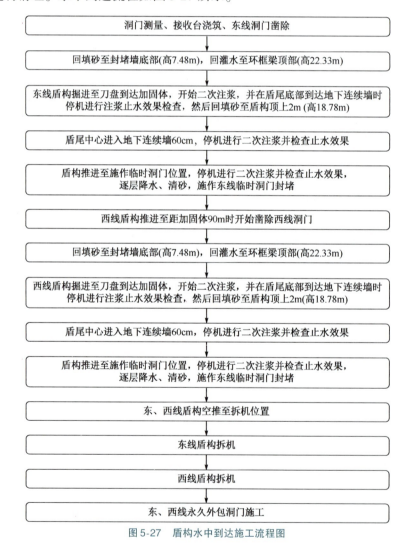

图5-27 盾构水中到达施工流程图

5.2.2 接收井设计

北岸盾构接收井位于华侨公园内,深32.49m,长×宽为48.06m×30m。盾构井处顶面整平高程为3.76m,围护结构顶(冠梁)高程为2.983m,设置0.8m高挡土墙,挡水墙高度为0.4m。为保证基坑安全与稳定,盾构井开挖阶段采用地下连续墙+内支撑体系,地下连续墙厚1.2m,采用六道钢筋混凝土支撑:第一、二、三道混凝土支撑宽×高为1000mm×1000mm;第四、五、六道混凝土支撑宽×高为1300mm×1200mm。接收井端墙洞门范围内的地下连续墙内侧钢筋采用玻璃纤维筋替代。

因盾构吊出需要,内支撑需在主体结构完成后拆除,围护结构支撑受力转换为环框梁+内部框架梁柱受力。在围护结构顶设置3500mm×1800mm冠梁(兼作顶框梁),在冠梁下设置3500mm×2500mm第二道腰梁(兼作中框梁)。接收井主体结构平、纵、横断面如图5-28~图5-30所示。

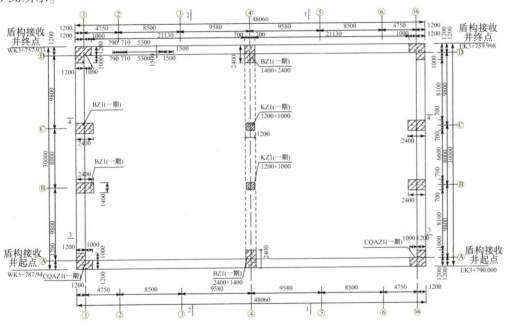

图5-28 接收井主体结构平面布置示意图(尺寸单位:mm)

5.2.3 盾构到达端头工程地质

1)详勘地质情况

盾构接收井场区范围内从上到下穿越地层主要为淤泥、粉细砂、淤泥质土、砾砂、中粗砂、强风化花岗岩、中风化花岗岩。盾构到达端场区内钻孔揭露地层主要为第四系海积沉积层、海陆交互相沉积、残积土层及燕山期侵入岩。其中,第四系地层主要包括填筑土、淤泥、淤泥混砂、粉细砂、淤泥质土、中粗砂、粉质黏土、砾砂等;燕山期侵入岩主要为花岗岩,局部见辉绿玢岩(脉)穿插。接收端头地质情况如图5-31、图5-32所示。

根据详勘报告,各地层参数见表5-11。

各地层参数表　　　　　　　　　　表 5-11

地层编号	土质	天然重度 γ (kN/m³)	黏聚力（直剪）c (kPa)	内摩擦角（直剪）φ (°)	侧压力系数 K_0	承载力特征值 f_{k0} (kPa)	渗透系数建议值 (m/d)	桩极限端阻力标准值 ($L\geqslant 30$) (kPa)	桩侧土的极限摩阻力标准值 (kPa)
②₁	淤泥	15.4	9	3.2	0.82	50	0.02	—	10
②₃	淤泥混砂	18.1	12.5	8	0.54	80	5	—	25
②₄	粉细砂	19.5	3	28	0.43	90	5	450	25
③₂	淤泥质土	17	17.3	6.1	0.72	80	0.02	—	35
③₄	中粗砂	20.5	—	30	0.33	350	22	2400	70
④₁	淤泥质土	17.5	17.3	6.1	0.72	80	0.02	450	45
④₂	粉质黏土	18.1	23	11.5	0.64	100	0.02	460	40
④₄	中粗砂	21	—	35	0.33	450	22	2500	85
④₅	砾砂	21.1	—	40	0.28	500	22	2600	90
⑥₁	全风化花岗岩	19	15	23.3	0.33	350	0.1	1500	80

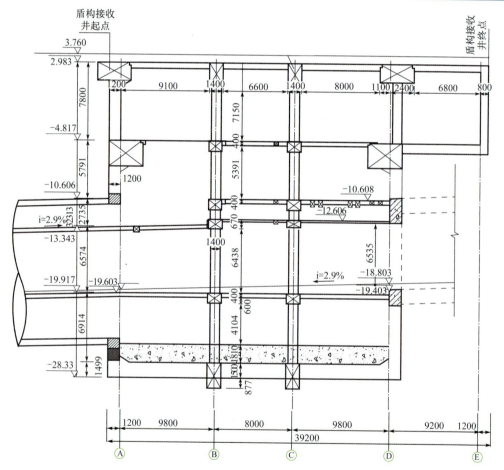

图 5-29　接收井主体结构纵断面布置示意图（尺寸单位：mm，高程：m）

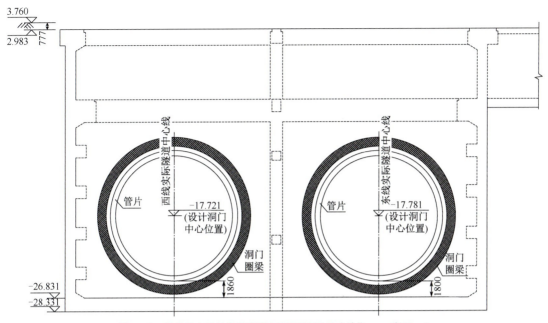

图 5-30　接收井主体结构横断面布置示意图(尺寸单位:mm,高程:m)

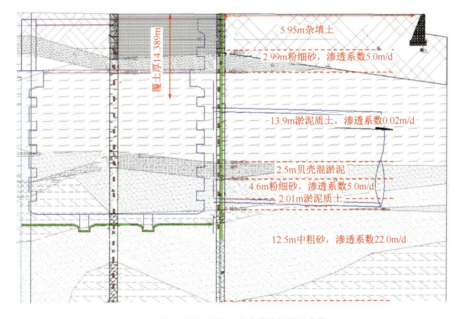

图 5-31　东线接收端头地质纵断面示意图

2）补勘地质情况

北岸接收井地下连续墙施工期间，对到达端头地质情况进行补勘，根据补勘孔揭露，到达端地质从上到下依次为填筑土、淤泥质土、贝壳混淤泥、中粗砂，补勘孔平面布置图、补勘地质剖面图如图 5-33、图 5-34 所示。从地下连续墙施工期间补勘孔可知，端头区域在高程 −27.5m 以下进入③$_1$ 粉质黏土层。

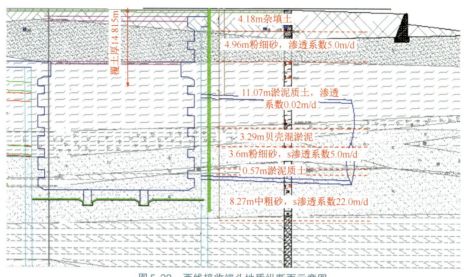

图 5-32 西线接收端头地质纵断面示意图

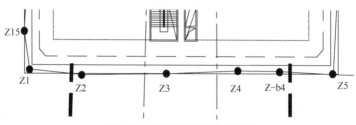

图 5-33 补勘孔平面布置示意图

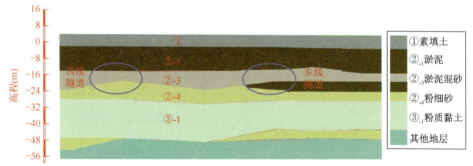

图 5-34 补勘地质剖面示意图

3）详勘、补勘地质对比情况

通过对详勘、补勘地质勘察结果进行对比，详、补勘揭露地层基本一致，主要差异在于详勘地质探孔揭露东线隧道轮廓底不透水层（粉质黏土层）距离隧道底 12.5m，粉质黏土层呈现东低西高的现象，但补勘揭露东西线粉质黏土层高度基本一致，无太大差异。

4）接收端头水文地质

（1）地表水径流特征

地表水网纵横交错，汕头市周边断续分布着韩江、榕江、练江等一系列北西向河流，这些河流皆由北西流向南东汇入南海之中，这与区内地形总体为北西高、南东低相一致，地表水系的发育也因此而生。由于地表水系发育，河口及滨海平原形成溪沟密集的网状水系，同时，也是地下水的主要补给区之一。

汕头市境内,集水面积100km²以上的河流(含干支流)31条,其中独立流入南海9条,流域面积超过1000km²的河流有韩江、榕江、练江、黄冈河和龙江。

海湾隧道工程跨越苏埃湾,下经妈屿岛与南海相通,上经礐石与牛田洋连接,牛田洋纳韩江、榕江之水,分别由汕头港和濠江吐入南海。

(2) 地下水特性

根据区内地下水的赋存特征及形成条件,可将测区地下水划分为松散岩类孔隙潜水、松散岩类孔隙承压水及块状岩类裂隙水。区内地下水的补给,主要为大气降水和垂直渗入补给。

(3) 潮汐特性

苏埃湾内潮汐属不规则半日潮,潮差不大,平均为1.0~1.5m,常年的最大潮差在2.3~2.7m之间,涨潮差稍大于落潮差;涨潮平均历时约长于落潮平均历时1h左右,多年平均涨潮历时6小时3分至6小时50分,落潮历时5小时30分至5小时50分。

根据历史水文资料获得汕头妈屿岛处潮位资料如下:

①100年一遇洪(潮)水位为3.85m(珠江基准高程3.11m)。
②50年一遇洪(潮)水位为3.45m(珠江基准高程2.71m)。
③30年一遇洪(潮)水位为3.07m(珠江基准高程2.33m)。
④20年一遇洪(潮)水位为2.95m(珠江基准高程2.21m)。
⑤多年平均高潮位为1.10m。

(4) 波浪

苏埃湾口面向南海,湾口附近有妈屿、鹿屿、表角等岛形成天然屏障,加之口门外建有导流防沙堤,外海波浪对港内泊稳的影响甚小。

(5) 海流

苏埃湾潮流性质属不正规半日潮流型。湾内狭长水道的深泓线附近一般为最大流速的分布区,如鹿岛水道的最大落潮流速可达2.0~3.0m/s。

5.2.4 端头加固及降水

1) 盾构接收端头加固设计

盾构接收端头采用 ϕ850mm@600mm 三轴搅拌桩满堂加固,加固体与围护结构间采用钻孔压密注浆加固,具体加固措施为:

①纵向加固长度9m+1.7m(9m为原设计加固长度,1.7m为增加两排搅拌桩长度),上部加固至场地高程,下部至隧道底以下5m并进入不透水层(孔深34m),左右加固至盾构隧道管片外边缘5.0m。

②搅拌桩加固体与接收井围护结构间缝隙采用 ϕ600mm@400mm 高压旋喷+袖阀管压密注浆对接缝处止水,钻孔深度至搅拌加固体底,钻孔间距400mm。

③桩体垂直度偏差不大于1.5%,桩位偏差不大于50mm,桩体28d无侧限抗压强度不小于1.0MPa,加固体渗透系数小于 1.0×10^{-7} cm/s。

接收井端头加固设计平面如图5-35所示,端头加固设计纵断面如图5-36所示。

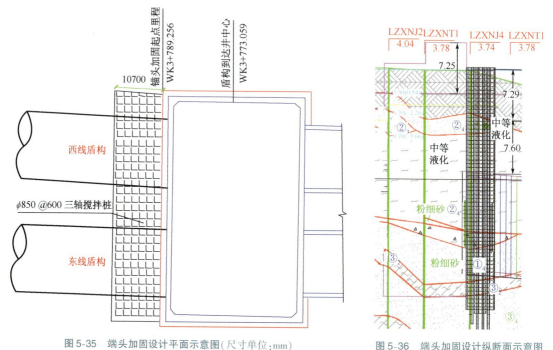

图 5-35 端头加固设计平面示意图(尺寸单位:mm)　　图 5-36 端头加固设计纵断面示意图

2)端头加固方式

对接收端头采用 $\phi850mm@600mm$ 三轴搅拌桩满堂搅拌加固,如图 5-37 所示,加固长度为纵向 9m+1.7m(1.7m 为新增两排搅拌桩长度),东西加固至盾构隧道管片外边缘 5m 范围内,加固深度至隧道底以下 5m,同时在加固体与地下连续墙之间施作一排 $\phi600mm@400mm$ 三重管高压旋喷桩,并利用高压旋喷桩对加固体与地下连续墙接触角部进行加固补强,共计 131 根桩。

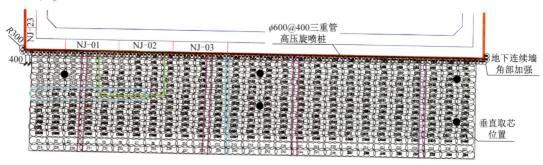

图 5-37 三轴搅拌孔位布置示意图(尺寸单位:mm)

为增强高压旋喷桩间止水效果,每隔三根桩用袖阀管压密注浆进行补充,袖阀管间距为 1200mm,隧道顶部 5m 以下采用花管。隧道轮廓范围内袖阀管压密注浆一次加固到位,隧道轮廓线外袖阀管成孔后,仅注浆将袖阀管外部封堵完成,并将袖阀管内部清洗干净备用。

加固施工过程严格控制旋喷压力、浆液质量、提升速度、旋喷转速等参数,确保加固质量。

3)端头加固检测

(1)垂直取芯检测

端头加固完成28d后进行加固体强度效果检查,检测数量为总桩数的1%,且不得少于3根,进行全孔取芯钻孔,观察芯样,检查土体处理的连续性,接收端头加固体垂直取芯数量为5根。主要检测加固体强度及渗透系数,取芯位置应选取桩间咬合等加固薄弱位置,且不在隧道范围内,钻孔取芯深度与加固深度一致,设计为34.5m。

①取芯强度检测

高压旋喷桩与三轴搅拌桩水泥土芯样无侧限抗压强度均不小于1.0MPa。

②加固体渗透系数检测

在加固体的强度达到要求以后,需要对加固区的渗透性进行检查,要求加固体渗透系数不大于 1×10^{-7} cm/s。

③加固体均质性检测

利用钻孔岩土芯进行检测,现场观察加固体的均质性。

(2)水平探孔检测

为了进一步检测接收端头加固效果,在加固体与地下连续墙接缝、地下连续墙阳角位置加固完成28d后,洞门破除前在洞门范围内进行水平探孔检测,水平探孔设置10处,取芯深度2m,主要检测加固体止水效果,布孔方式如图5-38所示。

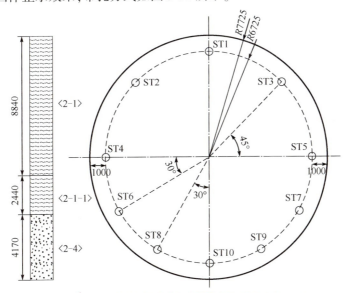

图5-38 东、西线水平探孔孔位布置示意图(尺寸单位:mm)

①水平探孔钻孔

根据预定孔位进行放样,然后按自上而下的顺序逐个钻孔。先用水钻取孔,孔口固定止水钢板及一个 ϕ40mm 球阀后采用YT-28钻机开始钻孔。

钻孔时,注意对钻头所处位置的软硬程度、是否存在空腔、渣样组成及颜色和渗水量等情况对掌子面前方土体进行判断分析,发现渗水量过大、夹泥、夹砂等异常情况时,及时关闭球阀并反馈。

钻孔完成后，值班人员测定每个孔的出水量，根据渗水量对端头加固渗透性进行判断，如流水、流沙量较大，立即用木楔子和棉纱进行封堵，用双液浆进行堵水并及时上报。

② 水平探孔渗水量检测

水平探孔完成后需对每个孔进行渗水量观测并记录。以每个探孔允许渗流量、不能出现带压力线流，且探孔内无泥沙流出为标准。水平探孔检测结构满足要求后，方可进行洞门破除施工。如不符合上述要求，必须采取补强注浆措施，以满足洞门破除安全作业要求。

4) 端头加固施工工艺

三轴搅拌桩施工工艺和高压旋喷桩施工工艺参考始发端地层加固对应的工艺流程，在此不再赘述。

5) 接收井端头降水

为满足盾构水下接收施工需求，在到达端头加固体周边设置13口降水井和加固体内部设置1口观测井，布置如图5-39所示。降水井分布在东线东侧5口、西线西侧5口、东西线之间3口，降水井间距5m，各自距离加固体边缘2m，距离加固体北端面2m。观测井设置在东西线之间，距离加固体北端2.5m。降水井与观测井结构设计一样，深度为36m，钻孔至加固体底部以下2m，井底至透水层顶进入隔水层2m范围内采用花管，花管长度为15m，其余位置采用实管。降水井在洞门破除前、降水清砂施作临时洞门前进行抽排水降低水位。

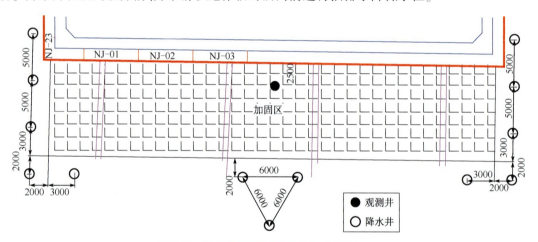

图5-39　降水井平面布置示意图（尺寸单位：mm）

5.2.5　封堵墙及基座施作

盾构到达时隧道覆土厚度为14.37m，接收井内回填砂+回灌水至环框梁顶，此时盾构泥水仓顶部压力可设定为1.4bar。为避免回填料侵入后端主体结构，需将接收井四周封闭。根据主体结构设计，需对明挖主体结构及上部风道部分进行封堵。

明挖主体结构封堵设计在接收井北端墙与明挖段交界处需现浇一处600mm厚钢筋混凝土封堵墙，封堵墙钢筋采用植筋方式与底板、顶板连接，并锚入侧墙及中隔墙钢筋内，从回灌开始至清理完成需全程加强对封堵墙的监测。顶板上部风道部分依靠主体结构与风塔之间的地下连续墙封堵挡水。

封堵墙高7.5m,宽33.8m,混凝土强度为C45,抗渗等级P10,采用双层配筋结构,横向主筋采用ϕ32mm@100mm,竖向主筋采用ϕ32mm@100mm,分布筋采用ϕ12mm@300mm×300mm梅花形布置,保护层厚60mm,封堵墙结构形式如图5-40所示。

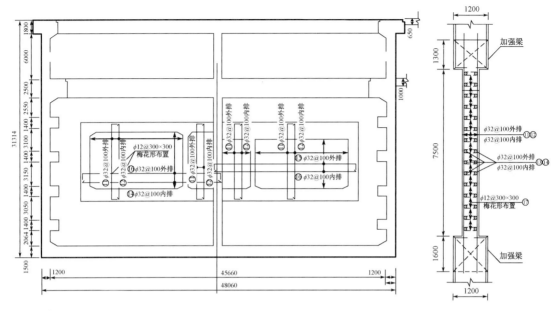

图5-40 封堵墙结构及配筋示意图(尺寸单位:mm)

北岸盾构接收井内顶板以上设计整体回填2.01m素混凝土,盾构接收基座在素混凝土上再整体回填926mm(最低处)C15砂浆,回填砂浆考虑2.9%纵坡,考虑洞门稳定性及拆机需要,再将端墙外6.3m(拆机位置盾尾至端墙距离)范围内砂浆提高50cm。根据拆机位置预留一道1.5m宽盾尾拆解通道、两道1m宽盾体拆解通道、一道1m宽施作洞门封堵空间,横向预留至主体墙,在各预留空间内使用沙袋回填,并在洞门封堵空间沙袋内掺入5%水泥以提高沙袋硬度。浇筑砂浆前在接收井靠近北端墙位置预留出施作卷扬机基础空间。在砂浆回填完成、井内回填砂之前,在东西线中间立柱之间堆码4m高沙袋(与第一次回填砂高度一致)。

5.2.6 洞门破除

1) 洞门破除方法

接收洞门地下连续墙为双层配筋,其中内侧为玻璃纤维筋,外侧为钢筋。工程洞门破除仅需破除外侧全部的ϕ32mm钢筋网及其80mm厚保护层。洞门破除利用回填好的砂作为作业平台,利用机械方式从下到上2m一个循环分层进行破除。洞门破除完成后,由技术人员配合现场施工作业人员对破除面进行检查,确保破除面符合施工要求。洞门破除预留钢筋如图5-41所示。

2) 洞门破除流程

洞门破除流程如图5-42所示。

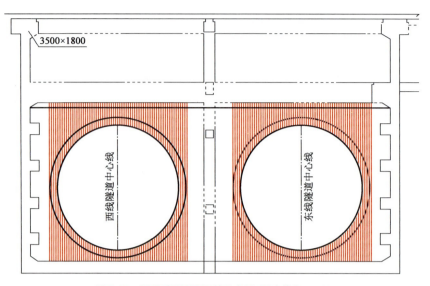

图 5-41 洞门破除预留钢筋示意图(尺寸单位:mm)

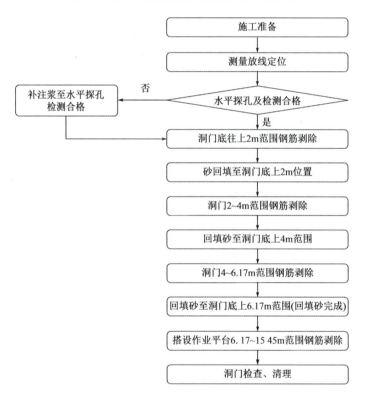

图 5-42 洞门破除流程图

3)洞门破除前准备工作

(1)洞门圈内腰梁破除完成。

(2)首先对盾构接收端头的加固效果进行垂直、水平钻孔取芯,分析加固及止水效果,特别是当土体渗透性达不到设计要求时,采取洞口水平二次注浆加固处理,确保注浆效果。

(3)应急预案完善且应急物资准备到位,如有异常立即启动项目施工应急预案。
(4)施工现场用水、用电接入。
(5)施工设备及材料到场并验收合格。
(6)相关技术准备工作完善到位。
(7)在完成垂直取芯、水平探孔检测后,书面向监理单位申请,经监理批准后,才能进行洞门破除作业。

4)洞门破除安全措施
(1)在破除洞门的过程中,尽可能减小振动,避免沿着地下连续墙出现涌泥沙现象。
(2)外层破除工作先下部后上部,钢筋破除须彻底,以保证预留门洞的直径。
(3)洞门破除必须在端头土体检查合格后进行,特别是当土体渗透性达不到要求时,需要利用洞门进行注浆处理至合格。
(4)在破除过程中,必须在通风、照明、人力配备上满足要求。
(5)在施工过程中要密切观察破除面的情况,遇到问题要及时处理,不能盲目施工。
(6)洞门破除期间加强基坑监测频率,发现异常及时汇报。

5.2.7 贯通前测量工作

1)盾构测量、复核及纠偏
在盾构到达前50环时,应对盾构的位置和盾构隧道的测量控制点进行准确的测量,明确实际隧道中心轴线与隧道设计中心轴线的关系,并对盾构接收井的洞门进行复核测量,确定盾构的贯通姿态及掘进纠偏计划。在考虑盾构的贯通姿态时须注意两点:一是盾构贯通时的中心轴线与隧道设计轴线的偏差,二是到达洞门位置的偏差。综合这些因素在隧道设计中心轴线的基础上进行适当调整,纠偏要逐步完成,确保轴线准确,保证盾构安全进入洞门圈。主要包括以下内容:

①控制测量。在盾构贯通前严格按照要求在距贯通面100m时进行地面控制测量、联系测量及洞内控制测量,对洞内所有的测量控制点进行一次整体的、系统的控制测量复核,对所有控制点的坐标进行精密、准确的平差计算。

②盾构姿态人工复核测量。在100m和50m处对盾构导向系统进行复核测量。在盾构到站前的最后一次导向系统搬站时,充分利用在贯通前100m时线路复测的结果,用测量二等控制点的方法精确测量测站、后视点的坐标和高程(测量全站仪和后视棱镜的坐标及高程)。

③到达洞门复核测量。为准确掌握到达洞门施工情况,在盾构贯通前对盾构到达洞门进行复核测量,测量项目包括洞门中心位置偏差、洞门全圆半径等。必要时根据测量结果对洞门进行相应的处理。

2)盾构姿态控制
盾构在推进最后50环过程中,根据定向测量和联系测量成果、洞门圈实测成果,有计划地进行纠偏工作,推进纠偏严格按照少量多次的原则进行,使东线盾构姿态控制在水平 +10 ~ +20mm和垂直 +30 ~ +40mm,西线盾构姿态控制在水平 +30 ~ +45mm和垂直 -50 ~ -40mm,以保证盾构顺利到达。

5.2.8 井内回填砂、回灌水

洞门外侧钢筋及保护层破除、接收基座施工完成后,进行接收井砂、水回填施工,在回填之前在侧墙上标记刻度线以便降水清砂时判断液位变化情况。西线盾构到达再次进行砂土回填时东线盾构未拆机,依靠自身盾尾密封阻止砂土进入东线隧道内。井内回填分为两个阶段:

①第一次回填与洞门破除同步进行。首先回填砂至封堵墙底部,高度为7.48m,然后回灌水至设计高程(环框梁顶部),高度为22.33m(图5-43)。回填完成后提供水土压力为1.3bar。

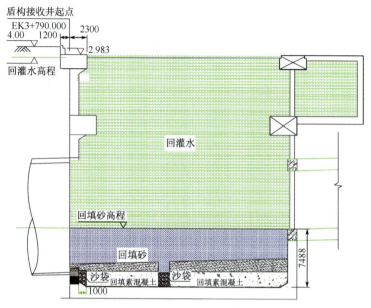

图5-43 第一次回填示意图(尺寸单位:mm,高程:m)

②第二次回填在盾构盾尾到达地下连续墙内侧,回填主要目的为保证盾尾离开地下连续墙时的注浆效果。回填砂至盾构顶上2.0m,回填高度距底板18.78m,然后回灌水至设计高程,高度为11.03m(水深减少高度与二次回填砂高度一致),如图5-44所示。回填完成后提供泥水压力为1.43bar。

5.2.9 盾构到达段施工

泥水压力的控制是泥水平衡盾构施工的关键,维持和调整压力值又是盾构推进操作中的重要环节,其中包括推力、推进速度和排浆量三者的相互关系,以及对盾构施工轴线和地层变形量的控制也较为重要。因此,盾构到达段的掘进施工,要根据不同地质条件、覆土厚度、地面情况设定泥水压力,选定泥水性能指标,并根据地表隆沉监测结果及时调整泥水压力和泥水性能。在到达掘进段的掘进速度要保持相对平稳,并逐步减小掘进速度,按操作规程控制好掘进纠偏量,减少对地层的扰动。同步注浆量和注浆压力要根据掘进速度、排浆量适当调整,并通过加强盾构通过后地表隆沉监测确定同步注浆量和压力。到达段应加强盾构隧道的轴线控制,掌握盾构纠偏的主要施工参数,将施工轴线与设计轴线的偏差及地层变形控制在允许的范围内。盾构到达段掘进施工,分7个阶段进行。

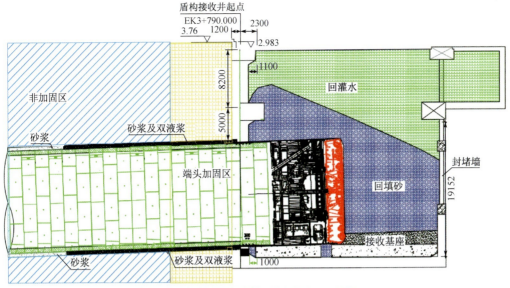

图 5-44 第二次回填示意图(尺寸单位:mm,高程:m)

1)第一阶段:盾构推至加固体前90m范围内的掘进(刀盘进入加固体前)

第一阶段掘进由海域段下穿北岸防洪大堤后进入陆域段,最后到达接收加固体前。在海域段掘进时,关键在于根据实测洞门位置对盾构姿态的调整,盾构姿态调整遵循"勤纠偏、缓纠偏"原则,同时必须严格控制盾构的掘进参数,掘进速度保持平稳,合理设定泥水压力,减小盾构掘进对前方土体的扰动。

盾构刀盘进入防洪大堤后的掘进控制关键在于地表沉降控制。在防洪大堤处隧道上覆土厚度瞬间增大,因此进入防洪大堤前10环开始调整泥水压力设定,调整梯度为0.05bar/环,直至提升至大堤上计算泥水压力。同时该段掘进必须严控同步注浆量及注浆压力,加强地表隆沉监测,根据地表隆沉情况调整注浆参数。此外还需要严格控制掘进参数、各系统参数及泥浆性能参数,关注盾构掘进方向,尽量避免大幅度纠偏。到达段盾构推进至加固体前90m范围内施工纵断面如图5-45所示。

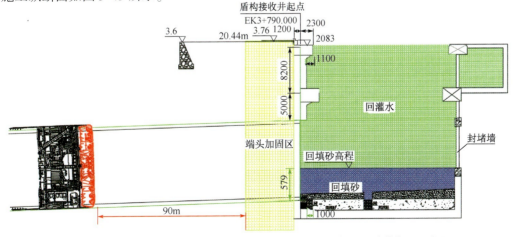

图 5-45 到达段盾构推进至加固体前90m范围内施工纵断面示意图(尺寸单位:mm,高程:m)

(1) 推进过程中应严格控制掘进参数、泥浆参数等,避免发生地表坍塌等风险,见表5-12。

盾构推进至加固体前90m范围内参数表　　　　　表5-12

阶段	泥水仓顶部压力(bar)	推力(kN)	掘进速度(mm/min)	刀盘转速(r/min)	注浆压力(MPa)	泥水密度(g/cm³)	同步注浆量(m³)
第一阶段	1.75~2.25	70000~90000	25~35	1	0.4~0.5	1.25~1.35	35~40

(2) 在下穿大堤时的掘进速度要保持相对平稳、不宜过快,减小盾构推进对前方土体的扰动,掘进速度不大于25mm/min。按操作规程控制好掘进纠偏量,减少对地层的扰动。

(3) 严格控制盾构姿态,应遵循"勤纠偏、缓纠偏"的原则,减小地层扰动;控制盾尾间隙,保证盾尾间隙的均匀,间隙的调整不易过急,应缓慢调整。

(4) 严格控制切口的泥水仓压力,压力值采用水土合算方式确定,根据监测情况适时调整;严控进浆流量及出浆流量,避免出现超挖现象,并及时调整有关参数,确保开挖面稳定。

(5) 推进过程中加强刀具旋转监测的数据分析,防止刀具损坏严重;推进过程中加强盾尾油脂的压注,防止盾尾漏浆。

(6) 加强盾构姿态、管片姿态、导向系统的复核,及时进行盾构姿态调整,确保盾构按预计的姿态顺利贯通。

(7) 加强监控测量,增大监测频率为2次/d,及时分析反馈监测结果,以信息化指导施工。盾构推进至北岸大堤前45m开始加强对地面及周边环境监测并记录上报数据,隧道上方地面沿隧道轴线方向每6m设一个监测断面,共设置5排监测断面,监测点间距为5m。过程中根据监测数据情况再调整监测频率,并根据地表监测数据对盾构掘进参数进行相应调整。

(8) 设置专人对堤坝地表情况进行24h巡察,查看有无冒浆、冒气、裂缝等异常情况。

2) 第二阶段:加固体内掘进

在端头加固检测合格后,盾构方可进入加固体内。盾尾还未进入加固体时,在该阶段掘进需加强同步注浆控制,同时每环掘进完成后利用管片原设计二次注浆孔开始进行二次注浆施作止水环,堵塞过水通道。该段掘进严格控制泥水压力、掘进速度、泥浆环流等参数稳定,尽量保持盾构姿态不变,避免造成超挖。在盾构刀盘进入加固体范围后,由于原状土改良,进加固体前需要将泥水压力设定值由2.1bar调整至1.4bar,一次调整到位。加固体内掘进如图5-46所示。

(1) 参数设置

推进过程中应严格控制掘进参数、泥浆参数等,避免发生地表坍塌、盾体卡壳等风险,见表5-13。

盾构推进至加固体范围内参数表　　　　　表5-13

阶段	泥水仓顶部压力(bar)	推力(kN)	掘进速度(mm/min)	刀盘转速(r/min)	注浆压力(MPa)	泥水密度(g/cm³)	同步注浆量(m³)
第二阶段	1.4~2.1	40000~60000	5~10	1.0	0.2~0.4	1.2~1.25	35~40

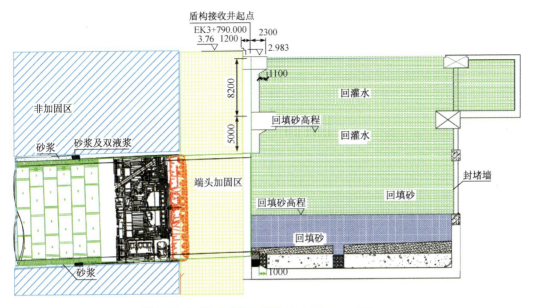

图 5-46 加固体内掘进示意图(尺寸单位:mm,高程:m)

(2)注浆控制

①同步注浆。到达段的同步注浆应及时填充脱出盾尾管片背后的环形间隙,保证浆液填充饱满,注浆浆液选择水泥砂浆,水泥砂浆的凝结时间在 3~6h 之间,浆液的强度不小于 2.0MPa,注浆压力控制在 0.4~0.6MPa 之间,注浆扩散系数为 1.5~1.8,注浆量控制在 35~40m³,正常情况下要求每环注浆量不得小于设计注浆量。浆液配合比见表 5-14。

同步浆液配合比表(kg/m³)　　　　　　　表 5-14

注浆方式	水泥	砂	粉煤灰	泥浆	外加剂	水
同步注浆	165	1120	55	460	—	—

②二次注浆。二次注浆目的是封堵加固体外侧地下水渗流通道,防止刀盘穿过地下连续墙时加固体外侧地下水通过盾壳背部通道涌入盾构井,在非加固体与加固体、加固体与地下连续墙、地下连续墙与主体墙接缝处应重点关注。在盾构刀盘进入加固体每环掘进完成后停机进行二次注浆,二次注浆位置定于盾尾后 3 环处,注浆从下到上左右对称、多次、少量进行,该段对应环号为东线 1510~1515 环、西线 1509~1514 环。二次注浆采用单液浆配合双液浆形式,以水泥浆为 A 液、水玻璃为 B 液,A、B 液混合后的凝结时间控制在 60s 左右,双液浆配合比应在每次施工前进行试验调整,根据试验结果确定实际配合比。浆液材料选用 PO42.5 普通硅酸盐水泥和波美度 35Be′的水玻璃,由管片注浆孔注入。控制压力暂定为 0.4~0.5MPa 之间,注浆量为 0.2m³/孔,双液浆配合比见表 5-15。

双液浆初步配合比表　　　　　　　表 5-15

浆液类型	35Be′水玻璃	水泥	水	水泥浆水灰比	A、B 液混合体积比
双液浆	447kg/m³	500kg/m³	500kg/m³	1:1	1:0.5

注浆结束标准以注浆压力与注浆量进行双重控制,待浆液终凝后,打开阀门确认若无渗漏水,可判断注浆效果满足要求。

(3)注意事项

①严格控制盾构姿态,特别是盾构切口的姿态(根据实测洞门圆心位置,进入加固体前需将东线盾构姿态控制为水平+10～+20mm、垂直+30mm～+40mm之间;进入加固体前西线盾构姿态控制为水平+30～+45mm、垂直-50～-40mm之间),进入加固体后盾构姿态调整较困难,避免出现卡盾现象。

②控制盾尾间隙,保证盾尾间隙的均匀,间隙的调整不易过急,缓慢调整。

③严格控制切口的泥水仓压力,压力值采用水土合算方式确定,暂定泥水仓顶部压力为1.4bar,根据地表监测情况实时调整。

④推进过程中加强盾尾油脂的压注,适当增加油脂注入量,暂考虑为160～200kg/环,防止盾尾漏浆。

⑤加强监控测量,增大监测频次为4次/d(具体根据地表情况适时调整),及时分析反馈监测结果,信息化指导施工。

⑥严控进浆流量及出浆流量,避免出现超挖现象,及时调整有关参数,确保开挖面稳定。

3)第三阶段:地下连续墙掘进

盾构掘进通过地下连续墙过程施工重点在于掘进参数控制,以及加强同步注浆及二次注浆施作止水环质量控制。掘进地下连续墙前需确保端头加固检测质量合格。该阶段掘进参数设置及注浆控制标准与第二阶段一致。

为保证盾构水下到达时刀盘对地下连续墙切削效果及开挖直径,盾构掘进地下连续墙采用全盘滚刀布置,在盾构到达地下连续墙前完成对刀盘刀具的检查更换,特别是周边刀的检查更换,确保开挖直径、盾体顺利通过并且姿态可控。东西线刀具配置如下:

东线海瑞克盾构中心滚刀6把(双轴双刃)、正滚刀26把(双轴双刃)、边滚刀7把(4把双轴双刃+3把单刃)可全部常压更换,刮刀202把(可常压更换的为48把),滚刀具备实时旋转监测功能。

西线中铁装备盾构中心滚刀6把(双轴双刃)、正滚刀27把(双轴双刃)、边滚刀7把(5把双轴双刃+2把单刃)可全部常压更换,刮刀238把(可常压更换的为48把),滚刀具备实时磨损检测和旋转监测功能。

4)第四阶段:盾构推进至盾尾底部到达地下连续墙

该阶段是工程水下接收关键点之一。施工重点是加强该段同步注浆及二次注浆质量,施作止水环,以确保管片背部填充密实,堵塞过水通道,避免接收井内降水清渣过程发生涌水涌砂等风险。该段掘进应严格控制泥水压力、掘进速度、泥浆环流等参数稳定,尽量保持盾构姿态不变。加固体内管片使用5环多孔特殊环管片(东线1518～1523环,西线1517～1522环)、一环外弧面预埋钢板及接驳器特殊管片,多孔特殊环管片用于二次注浆施作封堵环,要求每掘进完成一环后停机对多孔管片背部进行二次补偿注浆,预埋钢板特殊环为主线隧道最后一环管片,用于施作洞门结构。到达段盾构推进至盾尾到达地下连续墙如图5-47所示。

盾尾底部到达地下连续墙后,开始进行砂、水的第二次回填。此次回填主要为保证盾尾离开地下连续墙后注浆效果,回填砂至盾构顶上2m,回填高度为距底板18.78m,同步抽排水维持水位在设计高程处,结束时回灌水高度为11.03m。砂、水回填前做好同步注浆及二次注浆工作,回填过程中需间断转动刀盘以规避盾构刀盘被困的施工风险,同时做好水位变化、封堵墙稳定性等施工监测工作。盾构二次回填盾尾与地下连续墙位置关系如图5-48所示。

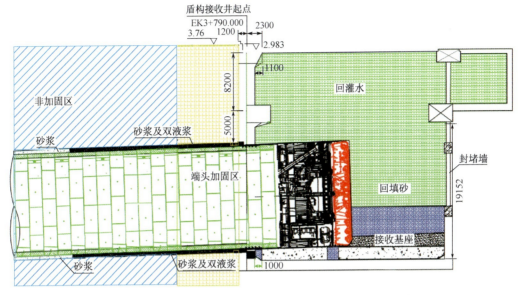

图5-47 到达段盾构推进至盾尾到达地下连续墙示意图(尺寸单位:mm,高程:m)

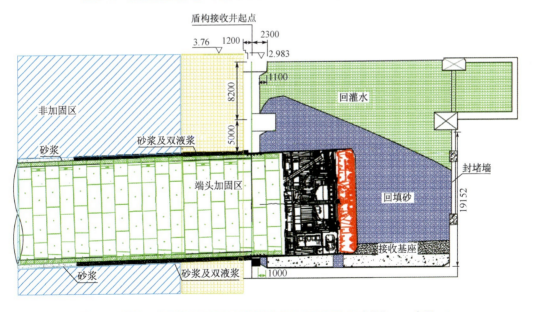

图5-48 盾构二次回填盾尾与地下连续墙位置关系示意图(尺寸单位:mm,高程:m)

(1)参数设置

推进过程中严格控制掘进参数、泥浆参数等,避免发生地表坍塌、盾体卡壳等风险,见表5-16。

盾构推进至加固体范围内参数表　　　　　　　　　　　　　　　　表5-16

阶段	泥水仓顶部压力（bar）	推力（kN）	掘进速度（mm/min）	刀盘转速（r/min）	注浆压力（MPa）	泥水密度（g/cm³）	同步注浆量（m³）
第四阶段	1.4	40000~60000	5~10	1.0	0.2~0.4	1.2~1.25	26~28

（2）注浆控制

①同步注浆。到达段的同步注浆应及时填充脱出盾尾管片背后的环形间隙，保证浆液填充饱满，注浆浆液选择水泥砂浆，水泥砂浆的凝结时间在3~6h之间，浆液的强度不小于2.0MPa，注浆压力控制在0.4~0.6MPa之间，注浆扩散系数为1.1~1.2，注浆量控制在26~28m³，正常情况下要求每环注浆量不得小于设计注浆量。浆液配合比见表5-17。

同步浆液配合比表（kg/m³）　　　　　　　　　　　　　　　　表5-17

注浆方式	水泥	砂	粉煤灰	泥浆	外加剂	水
同步注浆	165	1120	55	460	—	—

②二次注浆。盾构推进至盾尾底部到达地下连续墙过程每环掘进完成后停机进行二次注浆。二次注浆在拖出盾尾后3环处开始，从下到上左右对称、多次、少量进行，该段对应环号为东线1518~1523环，西线1517~1522环。二次注浆采用单液浆配合双液浆形式，以水泥浆为A液、水玻璃为B液，A、B液混合后的凝结时间控制在60s左右，双液浆配合比应在每次施工前进行试验调整，根据试验结果确定实际配合比。浆液材料选用P.O42.5普通硅酸盐水泥和波美度35Be′的水玻璃，由管片注浆孔注入。控制压力暂定为0.4~0.5MPa之间，注浆量为0.2m³/孔，双液浆配合比见表5-18。

双液浆初步配合比表　　　　　　　　　　　　　　　　　　　表5-18

浆液类型	35Be′水玻璃	水泥	水	水泥浆水灰比	A、B液混合体积比
双液浆	447kg/m³	500kg/m³	500kg/m³	1:1	1:0.5

注浆结束标准以注浆压力与注浆量进行双重控制，待浆液终凝后，打开阀门确认无渗漏水，可判断注浆效果满足要求。

受盾构仰拱垫块影响，隧道底部会有部分区域无法进行开孔注浆，此部分区域需要在两侧二次注浆时加大单液浆注入量，根据不同拼装点位，对二次注浆孔及仰拱垫块相对关系进行模拟，模拟结果如图5-49所示，遮挡无法进行二次注浆分块数量为1~2块。

③注浆效果检查。盾尾到达地下连续墙注浆完成后需检测止水效果，利用电钻钻透注浆孔进行观察的方式，钻孔深度至管片外弧面20cm，检查位置主要为管片腰部以下。检查合格标准是孔内不出现明显线流，允许有清水滴流，无泥沙流出。若检查不合格则再次实施补充注浆，直到检查不出现明显线流为止，以防止地下水进入接收井内。检查合格后用注浆孔密封塞盖及止

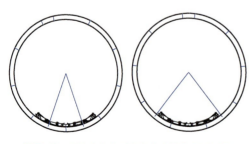

图5-49　管片分块与仰拱垫块位置关系模拟图

回阀进行封口。

(3) 管片拉紧装置

对盾构掘进推力组成进行分析,掌子面地层提供反力占重要部分,盾构接收过程中,当刀盘通过地下连续墙后,掌子面提供给盾构的反力骤减,接收段管片在失去后盾管片支撑后会松弛,导致管片环缝张开,影响密封防水效果,进而对隧道结构或周边环境产生不利影响,为规避相应施工风险,需在接收段管片拼装完成后立即焊接拉紧装置,拉紧装置在每条线最后 10 环范围内使用,拉紧装置通过管片螺栓处连接挂耳后用 16 号槽钢将两环管片拉紧,每环拉紧 9 处,拉紧装置保持到洞门现浇钢筋混凝土达到设计强度,如图 5-50 所示。

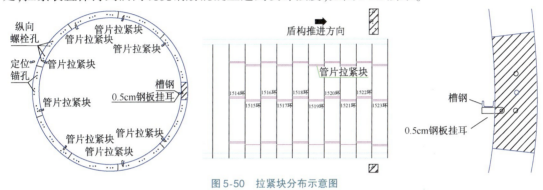

图 5-50 拉紧块分布示意图

5) 第五阶段:盾构推进至盾尾中心进入地下连续墙 60cm

盾构推进至盾尾中心进入地下连续墙 60cm 施工重点在于停机进行二次注浆,对地下连续墙与加固体接缝位置止水,并在二次注浆完成后开孔检查止水效果,盾尾中心进入地下连续墙如图 5-51 所示。根据到达管片位置模拟情况,此时东线最后一环多孔特殊环管片腰部以下二次注浆孔已全部脱出盾尾,西线最后一环多孔特殊环管片二次注浆孔已全部脱出盾尾。该阶段掘进参数设置及注浆控制标准与第四阶段一致。

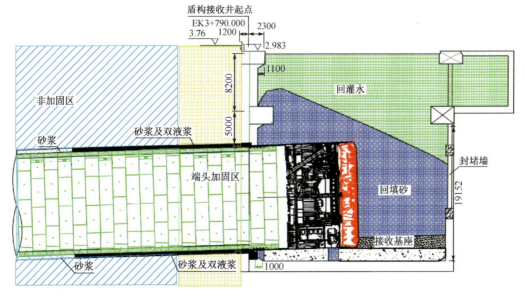

图 5-51 盾尾中心进入地下连续墙 60cm 示意图(尺寸单位:mm,高程:m)

6)第六阶段：盾构推进至施作临时封堵洞门位置

东西线施作临时封堵洞门位置均定于第3环辅助环推进1m（辅助第2环拼装底部3块管片），此时，最后一环预埋钢板特殊环管片已完全脱出盾尾，东线切口里程为E3+773.677（盾尾距离主体侧墙0.85m），西线切口里程为W3+771.74（盾尾距离主体侧墙0.85m）。该阶段推进时缓慢转动刀盘循环出渣，持续进行同步注浆和二次补偿注浆，保持盾构姿态稳定。

（1）参数设置

推进过程中严格控制掘进速度、泥浆环流等。同步注浆扩散系数取1.5~1.6，盾构推进至施作洞门临时封堵位置参数见表5-19。

盾构推进至施作洞门临时封堵位置参数表   表5-19

阶段	泥水仓顶部压力（bar）	推力（kN）	掘进速度（mm/min）	刀盘转速（r/min）	注浆压力（MPa）	泥水密度（g/cm³）	同步注浆量（m³）
第六阶段	1.4	20000~40000	5~10	1.0	0.2~0.3	1.05~1.15	35~38

（2）注浆控制

①同步注浆。到达段的同步注浆应及时填充脱出盾尾管片背后的环形间隙，保证浆液填充饱满，注浆浆液选择普通水泥砂浆，水泥砂浆的凝结时间在3~6h之间，浆液的强度不小于2.0MPa，注浆压力控制在0.4~0.6MPa之间，注浆扩散系数为1.5~1.6，注浆量控制在35~38m³，每环注浆量不得小于设计注浆量。浆液配合比见表5-20。

同步浆液配合比表（kg/m³）   表5-20

注浆方式	水泥	砂	粉煤灰	膨润土	外加剂	水
同步注浆	200	510	440	170	—	450

②二次注浆。二次注浆采用单液浆配合双液浆形式，以水泥浆为A液、水玻璃为B液，A、B液混合后的凝结时间控制在60s左右。浆液材料选用P.O42.5普通硅酸盐水泥和波美度35Be′的水玻璃，由管片注浆孔注入，暂定控制压力为0.4~0.5MPa，注浆量为0.2m³/孔。二次注浆在拖出盾尾后开始，二次注浆应从下到上左右对称进行，双液浆配比应在每次施工前进行试验调整，根据试验结果确定实际配合比。双液浆初步配合比见表5-21。

双液浆初步配合比表   表5-21

浆液类型	35Be′水玻璃	水泥	水	水泥浆水灰比	A、B液混合体积比
双液浆	447kg/m³	500kg/m³	500kg/m³	1:1	1:0.5

（3）注浆效果检查。盾尾到达地下连续墙注浆完成后需检测止水效果，利用电钻钻透注浆孔进行观察的方式，钻孔深度至管片外弧面20cm，检查位置主要为管片腰部以下。洞门临时封堵位置如图5-52所示，检查合格标准是孔内不出现明显线流，允许有清水滴流，无泥沙流出。若检查不合格则再次实施补充注浆，直到检查不出现明显线流为止，以防止地下水进入接收井内。检查合格后用注浆孔密封塞盖及止回阀进行封口。

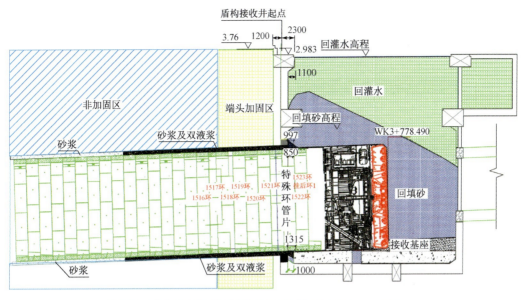

图 5-52 东线施作洞门临时封堵位置示意图(尺寸单位:mm,高程:m)

7) 第七阶段:盾构推进至拆机位置

东线盾构推进至拆机位置应在西线盾构到达施作洞门临时封堵位置,并将砂、水清理到底,洞门临时封堵施作完成后进行,如图 5-53 所示。

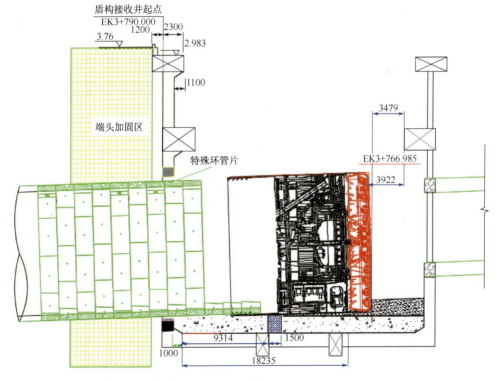

图 5-53 东线接收端拆机位置示意图(尺寸单位:mm,高程:m)

东线拆机位置为切口环里程 E3+766.985、西线为切口环里程 W3+765.046 处。此过程推力只需拼装底部 3 块管片提供盾构向前推进反力,根据模拟计算,东西线各需拼装 3 环不成环管片,即东西线各需 3 环非完整辅助环(底部 3 块)和 1 环完整辅助环。

5.2.10 井内逐层降水清砂及永久洞门施作

(1)井内逐层降水清砂

盾构推进至施作洞门临时封堵位置后,进行井内逐级降水,如图 5-54 所示。在进行井内降水过程中,加固区内降水井持续降水。第一次先将水位降低至回填砂高程,然后清砂至盾构顶,然后按 3m 层高分层进行降水、清砂。井内降水清砂先利用盾构循环系统进行抽排,在接收井水位降低至设定位置后,采用挖机配合人工方式进行,盾壳周边的砂土人工开挖清理。清砂时进行放坡清理,先清除洞门周边砂土。每层降水清砂完成后记录高程刻度线,并且在降水清砂过程观察刻度线变化,确定无异常变化后方可进行下一层降水清砂作业。降水清砂作业前准备好弧形钢板、棉絮等应急堵水物资,必要时井内紧急回灌升压。

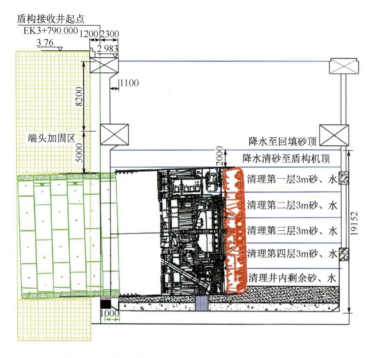

图 5-54 逐层降水、清砂示意图(尺寸单位:mm,高程:m)

(2)洞门临时封堵

洞门临时封堵采用喷射混凝土形式,在洞门临时封堵完成后再施作永久洞门结构,如图 5-55 所示。洞门临时封堵施工前应提前在地面加工好钢筋骨架,洞门临时封堵钢筋配筋形式如图 5-56 所示,两排环向主筋采用 $\phi22mm@200mm$,箍筋采用 $\phi10mm@250mm$。当每层砂水清理完成后,立即使用 $\phi20$ 钢筋将钢筋骨架与洞门圈及特殊管片预埋接驳器连接固定,随即开始喷射 C25 早强混凝土封堵洞门,喷射混凝土应保证管片背部间隙填充密实,在混凝土达到一定强度后开始清理下一层砂、水。

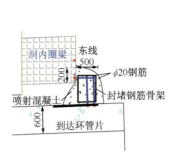

图 5-55　洞门临时封堵示意图
(尺寸单位:mm)

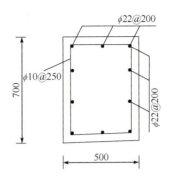

图 5-56　洞门临时封堵配筋示意图
(尺寸单位:mm)

(3)施作永久外包洞门结构

在东西线盾构拆机完成后及时施作永久外包洞门结构(图 5-57、图 5-58),外包洞门采用 $\phi 22$ 钢筋与预埋钢板管片上预埋接驳器连接,且通过在洞门圈梁上植筋并预埋接驳器进行连接,植筋深度不小于 $15d$(d 为钢筋直径),钢筋环向间距为 250mm,尽快对洞门形成封堵,外包洞门施工中应做好管控工作,确保施工安全及结构耐久性。

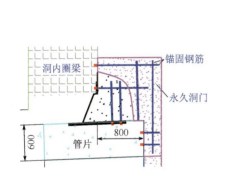

图 5-57　东线永久洞门结构示意图
(尺寸单位:mm)

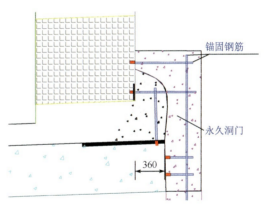

图 5-58　西线永久洞门结构示意图
(尺寸单位:mm)

根据东线最后一环管片与主体端墙关系模拟结果(图 5-59),东线最后一环(1523 环)顶部伸出端墙 1066mm,底部伸出端墙 1486mm,为满足接收井内后期施工净空需求,需将东线最后一环管片切割,切割面平行于主体墙,切割后管片顶部、底部均距离主体墙 800mm。管片是否切割根据最终管片与主体端墙位置关系确定。

根据西线最后一环管片与主体端墙关系模拟结果(图 5-60),西线最后一环(1522 环)顶部伸出端墙 360mm,底部伸出端墙 780mm,将最后一环管片按照顶部伸出长度切割下部管片,暂定伸出端墙 360mm 以外部分全部割除,然后施作永久洞门结构。

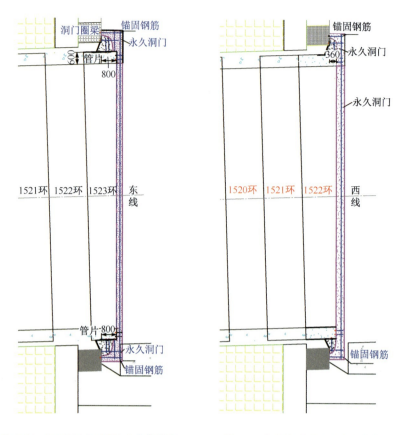

图 5-59 东线接收管片与主体端墙关系示意图(尺寸单位:mm)

图 5-60 西线接收管片与主体端墙关系示意图

5.3 本章小结

超大直径泥水盾构始发与到达环节涉及内容多、风险大,通过对海湾隧道超大直径泥水盾构始发与到达进行研究,得出如下结论:

(1)根据始发端头加固区及回填区的边界条件情况,盾构掘进通过前,针对始发段地层内存在的孤石采取预处理措施,并对始发段地层进行加固,确保地层加固的质量。

(2)超大直径泥水盾构始发推力荷载大,需要对始发反力架进行计算分析。通过对反力架结构的强度及稳定性分析,其强度和变形的安全系数均大于1.3。

(3)海湾隧道盾构均采用水中到达方式,本章详细介绍了水中到达的施工技术,可为类似超大直径盾构的水中到达与接收提供参考。

第 6 章

海湾隧道典型地层盾构施工关键技术

汕头海湾隧道地处华南地区,地层复杂多变,地勘表明隧道线路中既有孤石随机分布,亦有沿海常见的极软地层,还有高强度基岩凸起,施工难度极大。盾构从含孤石地层始发,掘进通过海域高强度基岩凸起地层,面临孤石探测及预处理、基岩地层掘进、刀具磨损、刀盘结泥饼等诸多技术难题。本章针对孤石地层施工、海域基岩凸起地层盾构施工、常压刀盘防泥饼、刀具状态监测与更换、施工监测等内容展开,对海湾隧道典型地层盾构施工中的重难点进行分析和总结,旨在为类似工程条件的盾构隧道施工提供有价值的参考。

6.1 孤石地层施工技术

6.1.1 孤石地层特性和施工难点

孤石的产生主要是由于岩石受到外动力地质作用,岩石的外层易发生成层裂开和鳞片状剥落的缘故,加之岩石内常有相互交错的裂缝,沿裂缝风化最深,棱角最容易风化使岩石变成圆球状。孤石是花岗岩中普遍存在的一个现象,是其差异风化的一种表现形式。孤石的形成受到地形、气候以及花岗岩的特征如矿物组成、结构、构造等因素的影响。

(1)孤石的形成过程
①高温的花岗岩岩浆从地球深处侵入地壳表层。
②地壳表层的花岗岩浆冷却结晶,岩体的浅部因极大的温差,收缩成三维的网状裂痕。
③浅部的花岗岩受到风化作用,形成残积层、全风化层和强风化层。

(2)孤石区域地球物理特征
①孤石区域密度特征。孤石相对于周边介质为高密度体,其密度较大,相对周边介质有一定的质量盈余。
②孤石区域电性特征。孤石电阻率大,相对于周边介质为高阻异常体,其量级不一样,孤石会引起地下电磁场的变化,从而推断出孤石的赋存状态。
③孤石区域弹性波速特征。不同岩性的岩石声速不同,同一岩性的岩石,由于其结构状态的变化,波长也会发生相应的变化。孤石与周边介质的弹性波速截然不同,可据此推断孤石的赋存状态。

孤石分布具有离散型、空间特征不规律、形状各异、大小不一等特点,岩石单轴抗压强度大多可以达到120MPa以上。由于其分布的不确定性,很难通过探测手段准确掌握其分布规律,给盾构掘进带来极大的隐患。

(3)孤石地层施工难点
①孤石不易被钻探全部发现,需要进行专门的处理,可能需要频繁带压进仓换刀及检修,施工风险大。
②掘进过程中,刀具贯入度低,施工效率低,掘进过程中对周边土体扰动大,地表沉降控制难度大。
③由于孤石周围强风化和全风化地层稳定性差,遇水极易软化崩解,且其渗透性因风化程度的差异极不均匀,掌子面稳定性不易控制,换刀风险作业风险大。

④盾构施工组织管理难度大、施工速度慢、经济效益差,甚至出现被迫停机的现象。

⑤盾构掘进时,容易出现刀盘偏载,刀盘、刀具严重磨损,盾构掘进偏离隧道轴线,甚至发生盾构被卡等风险。

6.1.2 孤石地层施工总体方案

根据地勘资料,盾构始发段的地层内存在大量孤石、基岩,盾构始发掘进后可能出现盾构刀具掉落、刀具崩齿、刀盘泄渣口结泥饼、掘进参数异常等问题。为在孤石地层盾构顺利施工,需要进一步查明地质情况,根据相关边界条件合理选择注浆加固孤石周边地层、孤石密钻孔、孤石基岩爆破等预处理措施。

盾构在孤石地层掘进主要在盾构始发阶段,需要完成 EK6+837.5~EK6+762.8 的施工,共计掘进 74.7m,管片拼装 32 环,始发井围护结构采用人工破除,该段为空推段 1.2m,回填区段 55.5m,预计掘进至 EK6+762.8 后停机进仓检修作业,详见图 5-2。盾构始发段工程地质条件见第 5 章,本节不再赘述。

根据始发端头加固区及回填区的边界条件情况,盾构掘进通过前,针对始发段地层内存在的孤石、基岩,采取了以下预处理措施:

(1)始发端头加固区内孤石。由于始发端头区域距离始发井围护结构距离较近,不宜采用爆破的施工方法,根据现场情况采取先采用注浆加固孤石周围地层与密钻孔处理相结合的处理措施。

(2)回填区内孤石、基岩。回填区距离始发井围护结构有足够的距离,因此采用深孔爆破与爆破后注浆封堵相结合方式进行预处理。

(3)始发端头加固区设计为三轴搅拌加固。根据需要在回填区末端设置了盾构进仓三轴搅拌加固区域。

6.1.3 始发端头加固区内孤石预处理

1)始发端头加固区孤石探测方法

结合端头三轴加固情况,初步判断孤石或基岩存在范围,结合前期钻探资料结果,通过钻探加密,端头加固区的孤石已探明。始发端头加固区补勘揭露的孤石、基岩情况如下:

(1)如图 6-1 所示,始发端头隧道范围内按照 3m×3m 布置,局部地段根据前期补勘揭露的孤石、基岩凸起情况,按照 1.5m×1.5m 加密布置,共布置 73 个孔;根据钻孔揭露的孤石情况,进一步加密钻孔间距,以摸清孤石边界形状;钻孔终孔以隧道底下部 1m,即从地面向下成孔 27m 结束。

(2)钻孔优化后布置:东线钻 32 个孔,其中 14 个孔揭露孤石或基岩存在。西线钻 39 个孔,其中 28 个孔揭露孤石或基岩存在。根据上述钻孔揭露的孤石情况,增加 25 个孔(图中用黑圈表示),进一步摸清孤石、基岩的延伸范围。

(3)根据钻孔揭露的孤石情况,如图 6-2 所示,将始发端头的孤石确定为 7 块孤石及 1 处基岩凸起(7 号区域),其中东线 3 块孤石,西线 4 块孤石和 1 处基岩凸起。实验室对补勘岩石做抗压强度试验,岩石强度最大值在 4 号孤石区内,单轴抗压强度最大为 110MPa。

2) 孤石注浆固结

（1）对孤石周围的地层进行固结注浆处理，盾构始发端头加固平面布孔如图 6-3 所示。

（2）对素墙之间的接缝处进行注浆止水处理。

（3）对原来三轴未加固和未加固到位的桩进行补充加固。

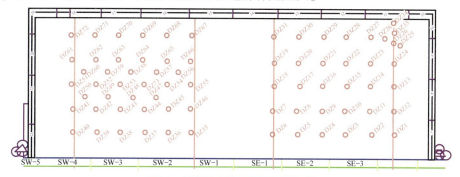

图 6-1　始发端头取芯平面布置示意图

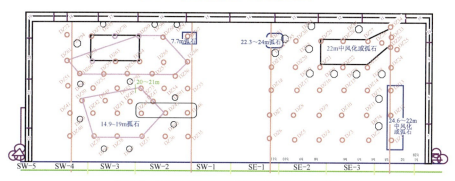

图 6-2　始发端头取芯增加孔位后平面布置示意图

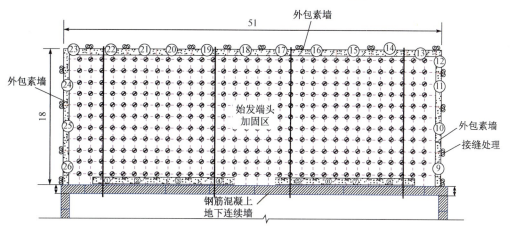

图 6-3　盾构始发端头加固平面布孔示意图（尺寸单位：m）

采用压密注浆方式进行设计：钻孔孔径 90mm，注浆压力 2MPa，单液浆配合比水灰比 = 1∶1，注浆量 0.45～0.5m³/m，双液浆配合比为玻璃 = 1∶1，水泥材料为通硅酸盐水泥 P.O42.5，水玻璃波美度 35Be′，水玻璃模数 3.2，凝结时间 45～60s。

(4)注浆布孔方式。

①素墙接缝处止水:采用袖阀管注浆进行止水处理。

②三轴补充加固:按照1.5m×1.5m梅花形方式进行布孔。

③孤石周围土体固结加固:按照1.5m×1.5m梅花形方式进行布孔。

(5)注浆效果标准。

28d无侧限抗压强度不小于1.0MPa,加固体标准贯入值不小于30击。

(6)注浆深度。

①素墙接缝处注浆深度:桩顶为地面以下1.4m,即高程+1.5m,桩底至隧道底以下5m,即高程-28.244m。

②原三轴补充加固深度:原设计未加固到位的桩,均补充加固至原设计桩底高程(隧底如遇到基岩凸起,注浆加固至基岩凸起岩面即可)。

③孤石周围土体固结注浆深度:桩顶为孤石顶面以上2m,桩底为原设计三轴桩底高程(隧底如遇到基岩凸起,注浆至基岩凸起岩面即可)。

3)孤石密钻孔

根据孤石范围、大小采用密布钻孔破碎孤石的方式处理。密布孔采用150mm潜孔钻机钻孔,钻孔深度至开挖轮廓线下1m,钻孔深度23~27m,间距为250mm×250mm梅花形布置,孤石密钻孔布孔如图6-4所示。密布钻孔破碎处理施工步骤:测量放线→潜孔钻机定位→钻孔至设计高程→验孔→钻机移位→水泥砂浆回填。为了确保盾构掘进过程中掌子面的稳定和泥水保压,需同步采用低强度等级的水泥砂浆对钻孔进行回填。

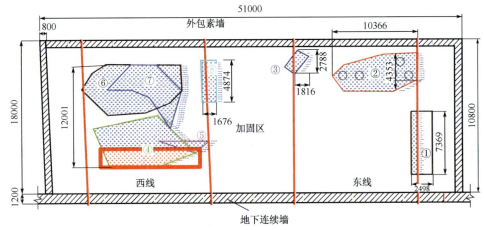

图6-4 孤石密钻孔平面示意图(尺寸单位:mm)
①~⑧-孤石编号

为加强孤石破碎处理效果,在2号孤石上设置5台直径1m的牙轮钻钻孔。孔深至开挖轮廓线下1m,需同步采用强度等级为C15的细石混凝土对牙轮钻孔进行回填。

4)袖阀管注浆效果检测

以东线为例说明袖阀管注浆效果检测。东线始发端头袖阀管注浆检测主要针对孤石上下、周边土体及三轴搅拌未加固到位置进行检测,共检测10孔C1~C10,注浆检测钻孔分布如图6-5所示,端头注浆加固取芯形态如图6-6所示,检测结果见表6-1。

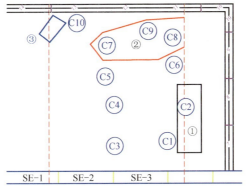

图6-5 东线注浆检测钻孔平面示意图
①~③-孤石编号;C1~C9-测孔编号

图6-6 芯样形态

东线端头注浆加固取芯检测统计表　　　　　　　　　　表6-1

测孔号	钻孔深度(m)	每回次进尺(m)	地质描述	标贯位置(m)	标贯击数(击)	备 注
C5	30	0~0.6	水泥混凝土			
		0.6~20.43	三轴搅拌水泥桩			
		20.43~21.13	搅拌桩夹杂中砂			
		21.13~22.11	搅拌桩	21.25	44	
		22.11~22.37	孤石			
		22.31~23.58	水泥桩	23		地质硬
		23.58~29.41	孤石			
		29.41~30	全风化			地质硬
C8	30	0~0.58	水泥混凝土			
		0.58~20.91	搅拌桩			地质硬
		20.91~21.11	孤石			
		21.11~22.43	残积土	21.75	17	
		22.43~24.82	孤石			
		24.82~30	完整孤石			

续上表

测孔号	钻孔深度(m)	每回次进尺(m)	地 质 描 述	标贯位置(m)	标贯击数(击)	备 注
C6	30	0~0.53	水泥混凝土			
		0.53~14.7	搅拌桩			
		14.7~14.91	孤石			
		14.91~17.72	水泥桩			地质硬
		17.72~17.92	孤石			
		17.92~18.61	块状强风化			地质硬
		18.61~19.73	孤石			
		19.73~21.91	残积土	21	16	
		21.91~24.51	孤石			
		24.51~25.86	块状强风化			地质硬
		25.86~26.15	孤石			
		26.15~28.58	块状强风化	27		地质硬,未做标贯
		28.58~30	孤石			
C1	30	0~0.56	水泥混凝土			
		0.56~21.6	搅拌桩			
		21.6~24.4	强风化花岗岩			地质硬,未做标贯
		24.4~25.2	孤石			
		25.2~30	强风化花岗岩			
C7	30	0~0.6	水泥混凝土			
		0.6~21.6	搅拌桩			
		21.6~26.23	强风化花岗岩	21	40	
		26.23~30	微风化花岗岩			
C9	30	0~0.6	水泥混凝土			
		0.6~15.8	搅拌桩			
		15.8~22.9	砾质黏性土	21	18	
		22.9~23.5	孤石			
		23.5~30	强风化花岗岩			地质硬
C10	30	0~0.58	水泥混凝土			
		0.58~17.51	搅拌桩			
		17.51~17.61	孤石			
		17.61~20.21	全风化	18.45	43	
		20.21~25	强风化	23.65	63	
		25~27.73	块状强风化			
		27.73~3.	孤石			
C2	30	0~0.58	水泥混凝土			
		0.58~18.93	搅拌桩			
		18.93~21.21	强风化	21	17	
		21.21~22.11	孤石			
		22.11~30	强风化			地质硬

续上表

测孔号	钻孔深度(m)	每回次进尺(m)	地 质 描 述	标贯位置(m)	标贯击数(击)	备　注
C4	30	0~0.4	水泥混凝土			
		0.4~11.6	搅拌桩			地质硬
		11.6~18.4	搅拌桩(强度高)			
		18.4~25.5	孤石			
		25.5~25.85	全风化花岗岩	25	75	
		25.85~30	弱风化花岗岩			
C3	30	0~0.45	水泥混凝土			
		0.45~11.25	三轴搅拌水泥桩			
		11.25~11.55	黏土夹少量水泥	11.25	58	
		11.55~25.55	三轴搅拌水泥桩			太硬,未做标贯
		25.55~25.85	砂层	25.55	73	
		25.85~30	微风化花岗岩			

6.1.4 始发端头回填区内孤石、基岩预处理

由于回填区距离始发井围护结构具有一定的距离,结合厦门地铁、广州地铁盾构施工及珠海马骝洲隧道孤石与基岩预处理的施工情况,对回填区采取爆破+加固注浆的预处理措施。根据海湾隧道工程盾构出渣口限径板35cm的设置,要求爆破后的岩石块体小于30cm以便出渣。

1) 始发端头回填区孤石探测方法

采用计算机断层扫描(CT)物探对EK6+818.3~EK6+728.3回填区90m进行孤石探测。根据施工平面孔位布置图进行钻孔验证,布孔原则按隧道中心线方向横纵3m×3m(从南往北30m)和5m×5m(从南往北60m)进行初步孤石孔位探测,钻孔深度为隧道底板下1m,并结合CT物探进行孤石探测。孔位布置如图6-7所示。钻进过程中对发现基岩的钻孔周围行加密钻孔,以锁定孤石分部区域、摸清孤石边界为准,加密布孔原则"从发现孤石钻孔位置向四周(前后左右1m×1m)布置"。

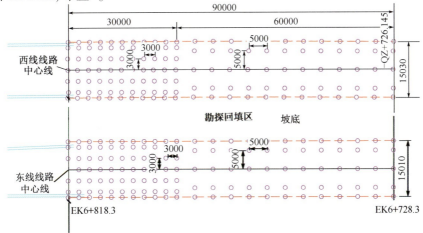

图6-7　回填区钻孔平面示意图(尺寸单位:mm)

2)孤石基岩预爆破处理

回填区孤石探测布孔原则按隧道方向横纵 3m×3m(EK6+818.3~EK6+788.3)和 5m×5m(EK6+788.3~EK6+728.3)进行孤石孔位探测,钻孔深度为隧道轮廓线下 1m。发现孤石时向四周按 1m×1m 扩展探查。

东线存在孤石 20 个(最大粒径约为 3.5m×5m),分布于东 2 区至东 4 区、东 10 区、东 13~东 16 区,最大埋深 -21~25m;基岩位置分布于东 5 区(跨度 5m,埋深至 -17.2m,侵入隧道范围 7m)、东 7 区至东 11 区(跨度 17m,埋深 -19m,侵入隧道范围 7m),东 1 区为爆破试验区。施工场地地面高程 2.5~2.8m,岩面存在范围 18.5~30m。

东线靠近加固区前 67m 分为 16 个分区(图 6-8)、西线分为 17 个分区。从地面采用地质钻垂直打孔,爆破处理岩石成为单边长度小于 30cm 的碎块,爆破完成后对各断面进行取芯验证,确保盾构顺利出渣及正常通过孤石区段。

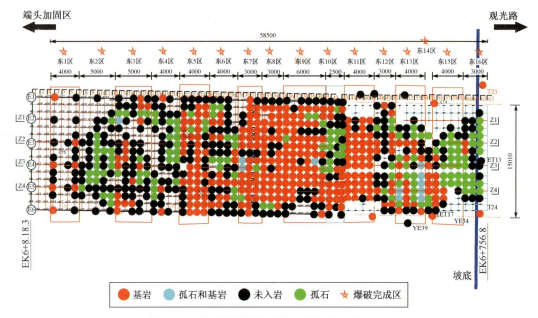

图 6-8 东线回填区爆破孔布置示意图(尺寸单位:mm)

结合工程的特殊性以及现场现有的设备和技术力量,采用地质钻机进行钻孔。

(1)钻孔直径

采用地质钻机进行钻孔,钻孔直径为 89mm。

(2)钻孔形式

采用垂直钻孔方式,钻孔过程中采用泥浆护孔,必要时下钢套管。成孔后下直径 75mm 的 PVC 套管护孔,套管底部需安装堵头,PVC 管上部需遮盖,防止杂物进去。

(3)火工器材选型

炸药装药直径为 60mm,每 4m 一节。爆破孔内采用雷管引爆,每孔装药深度 3m 以下采用 2 发雷管引爆、3~6m 采用 4 发雷管引爆、超过 6m 采用 5 发雷管引爆。

(4)爆破操作

①按设计要求加工起爆体和装填炸药。

②用测绳检查炸药是否到达设计位置,若未到达,应用炮棍压送到需要位置。
③装好炸药后用砂筒填塞炮孔上部。
④一次起爆的炮孔全部装好炸药后,连接起爆网路。

(5)单位单耗量计算

根据瑞典经验方法,计算公式如下:

$$q = q_1 + q_2 + q_3 + q_4 \tag{6-1}$$

式中:q_1——基本装药量,kg/m^3,是一般陆地梯段爆破的 2 倍,对于水下垂直的孔,再增加 10%。普通坚硬石头深孔爆破的单耗量为 $0.5kg/m^3$;

q_2——爆破区上方水压引起的单耗量增量,kg/m^3,$q_2 = 0.01h_2$(h_2为水深);

q_3——爆破区上方覆盖层引起的单耗量增量 kg/m^3,$q_3 = 0.02h_3$(h_3为覆盖层厚度);

q_4——岩石膨胀引起的单耗量增量 kg/m^3,$q_4 = 0.03h$(h 为梯段深度)。

本工程中,h_2取21m,h_3取21m,h 取5m。则:

$$q = q_1 + q_2 + q_3 + q_4 = 1.1 + 0.01 \times 21 + 0.02 \times 21 + 0.03 \times 6 = 1.91(kg/m^3)$$

由于要求破碎的块度较小,根据类似工程经验,该单耗需再增加50%,即该工程炸药单耗为:

$$q = 1.91 \times (1 + 50\%) = 2.87(kg/m^3)$$

在爆破作业过程可参照表6-2 数据试爆后,针对具体情况调整爆破参数。根据施工经验,当岩层厚度增加,孔网参数不变的情况下,上述单耗需适当加大。

爆 破 参 数   表6-2

孤石厚度 H(m)	超深 h(m)	孔距 a(m)	排距 b(m)	单耗 q(kg/m^3)	装药 Q(kg)	装药形式
≤5	1.0	1.0	1.0	3.0	0~15.0	连续
>5	1.0	0.8	0.8	3.0	5H	分层

(6)布孔形式

布孔形式采用梅花形或矩形。

单孔单体爆破时(装药孔设置在重心处),装药长度与岩石厚度相同。多孔单体爆破时,相邻两个炮孔其中一个钻至孤石底面,装药至炮孔底部,孤石顶面留100mm不装药,其邻孔孔底距离孤石底面100mm,装药至炮孔底部,孤石顶面留100mm不装药。为了便于施工,提高破碎效果,先爆破前排孔,然后利用前排孔爆破挤压周围土层产生的冲击力,再对后排孔进行逐个起爆。炮孔间排距均为0.8~1.2m(图6-9~图6-11)。

炮孔验收合格后,对装药区设置警戒线,开始加工药包,首先要准备好PVC管,根据现场技术员值班提供的钻孔参数和验孔情况,提前计算好药包长度,将雷管和炸药装在PVC管中指定位置,由于孔内有泥浆,为了顺利装药,需要对药包进行配重。

(7)抗浮配重

由于炸药密度和泥浆的密度相近,会导致药包下放后无法下沉或下沉后在浮力作用下无法固定,故需对药包进行抗浮配重,配重采用碎石,碎石密度取 $1.5g/cm^3$,炸药密度 $0.95 \sim 1.25g/cm^3$,这里取最小$0.95g/cm^3$,泥浆密度取 $1.15g/cm^3$。

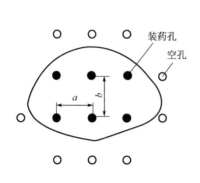

图 6-9 孤石装药平面示意图

a、b 分别为孔距和排距，$a=b=0.8\sim1.2\mathrm{m}$

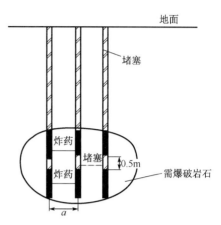

图 6-10 厚度 2.0m 以下孤石爆破装药结构示意图

a 为孔距

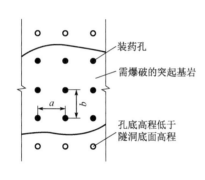

a) 基岩爆破布孔平面布置

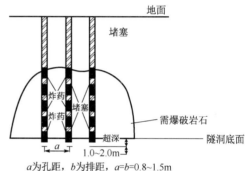

b) 基岩厚度大于 3.0m 的爆破布孔

a 为孔距，b 为排距，$a=b=0.8\sim1.5\mathrm{m}$

图 6-11 厚度 3.0m 以上孤石爆破装药结构示意图

抗浮要求：

$$L_1 \times \rho_{炸药} + L_2 \times \rho_{碎石} \geqslant \rho_{泥浆} \times (L_1 + L_2) \tag{6-2}$$

令 $L_1/L_2 = a$，即可根据 a 得出配重长度和所需 PVC 管长度。代入数据，经计算 $a \leqslant 1.75$。所以当 a 满足上述比例时，就达到了抗浮要求。

药包加工到位后，在 PVC 管上部钻两孔，用铁丝绑定，上系绳索，开始下药包，根据钻孔队提供的钻孔参数以及验收情况，确定药包装药底部深度 N_1，然后准备量测 PVC 管与绳索长度之和 N_2，使 $N_1 = N_2$，将整个药包悬吊在准确位置上，误差控制在 10cm 之内。药包就位后，用铁丝把绳索固定在套管壁上，使其不再自由移动。

药包固定就位后，就开始进行堵塞，严禁用铁器冲击炮孔内药包、雷管。套管内外均用碎石或砂土堵塞密实，防止套管凸起和浆液喷出，地下爆破不会有飞石产生，只有在爆破后产生的高压气体将泥浆压出孔外，为了防止涌出的泥浆飞溅，在陆地采取防护体系。

东线爆破前孔位芯样如图 6-12 所示，东线爆破后经取芯验证如图 6-13 所示，爆破后孤石粒径为 2~18cm，满足爆破粒径小于 30cm 要求，爆破效果良好。

3) 爆破后注浆封堵

爆破处理完成后，原状地层被破坏，受爆破影响，地层中将产生大量的缝隙、碎屑，为了确保盾构安全、顺利通过此段时不发生冒浆、坍塌,故采取袖阀管注浆对爆破区域进行加固处理。东、西线回填区爆破处理后的施工孔位采取单液浆注浆,双液浆封孔(注浆方式:爆破孔位下单液注浆镀锌管,孔口往下1m范围内采用双液浆进行孔口封闭后注浆。注浆开始后直至周边孔口及注浆孔位返出纯水泥浆后,对返浆孔口往下1m采用双液浆进行封堵),如图6-14、图6-15。

图6-12 东线爆破前孔位芯样参照图

图6-13 东线爆破后芯样效果

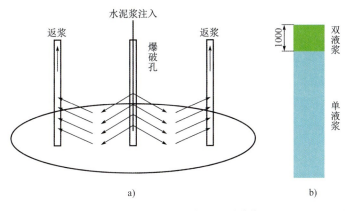

图6-14 东线爆破后注浆示意图(尺寸单位:mm)

(1)袖阀管注浆设计

注浆范围:隧道横断面方向沿隧道边缘各外放1m,隧道纵断面方向沿爆破孤石(基岩凸起)孔外放2m。

a)　　　　　　　　　　　　　　　b)

图 6-15　东线爆破后的注浆作业

①注浆深度

为确保爆破产生的裂隙被完全填充、压实、固结,注浆加固深度按照爆破钻孔深度设计。

②加固范围

注浆加固从隧洞爆破底部至钻孔顶面全部加固(即从隧洞底部加固至地面)。洞身基岩爆破下 1m 及隧洞顶部上 1m 范围采用单液注浆,隧洞顶部上 1m 至地面采用单液灌浆。水灰比 =1∶1,单液注浆注浆压力 1.5~2.0MPa。布孔方式为 2m×2m 梅花形布置。注浆顺序按隔一注一跳孔注浆。

③注浆材料

采用普通硅酸盐水泥浆液注浆。

(2)注浆结束标准及效果检测评价

注浆采取定量和限压相结合的方法进行控制,工程注浆段为爆破碎石区,吸浆量比较大,为了能达到固结碎石及保压的效果,洞身碎石段的注浆量为 600~800L/m,隧洞洞顶 6m 区域内的注浆量为 400L/m 左右,隧洞洞顶回填层区域的吸浆量为 400~600L/m。

①单孔单段注浆结束标准

a. 浆液达到预定注入量,可以结束本段注浆。

b. 浆液注入量未能达到预定注入量,但注浆压力超出规定值,可稳压 10~15min 后结束本段注浆。

c. 未达到预定注入量,但出现串浆,停止本段注浆。

d. 在规定的注浆压力下,如果吸浆量不大于 0.5L/min,持续注浆 10~30min,或吸浆量不大于 1L/min,持续注浆 20~50min,注浆工作方可结束。

②单孔注浆结束标准

a. 分析注浆数据,如果浆液注入量基本达到预定值,可以结束本孔注浆。

b. 对因串浆、跑浆、卡管等造成注浆量不够的段落进行补注,基本达到预定量后,可结束本孔注浆。

c. 对于孔堵塞,套管变形无法注浆的,结束本孔注浆,做好记录,采取其他补救措施。

③群孔注浆结束标准

a. 各单孔单段达到注浆结束标准。

b. 单孔注浆达到注浆结束标准占全部注浆孔的 90%。

④注浆效果检查评定

通过对注浆效果进行检查,对注浆施工进行评价,这样可以进一步确定注浆材料及其配合比,同时为下一步施工提供依据和保障。

a. 单孔注浆结束后,通过对地层填充率的反算分析,确定地层中浆液的填充情况,定量地确定注浆效果。

b. 施工两排注浆孔后进行取芯,通过芯样判断注浆的效果。

4) 回填区盾构进仓位置加固

为保证进仓成功率,对回填区 EK6+758.2~EK6+765.4 区域进行了土体加固,加固方式为 $\phi 850@600$ 三轴搅拌咬合加固。加固体纵向长 7.2m,加固区平面如图 6-16 所示。横向加固至隧道边线两侧各 5m,竖向设计桩长 32.51m(桩顶至地表,桩底至隧道底部以下 5m),其中地表下 7.5m 为空桩(水泥掺量 5%),隧顶上 5m 至隧底下 5m 范围为实桩长 25.01m(水泥掺量 20%),三轴搅拌桩遇岩后停止下钻。加固体 14d 芯样如图 6-17 所示。

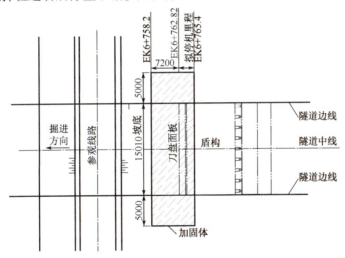

图 6-16 东线回填区进仓加固平面示意图(尺寸单位:mm)

图 6-17 加固体 14d 芯样

6.1.5 孤石地层盾构施工控制

1)刀盘刀具配置方案

盾构刀具必须与岩土类型相适应,否则会带来刀具异常磨损、掘进困难等不良后果。另外,所配置刀具应与岩土强度相适应,保证正常的破岩能力。虽然滚刀在孤石等软弱不均地层易发生偏磨,但由于其他软土刀具无法有效破碎孤石及硬岩,因此应配置足够数量的滚刀,以提高破岩能力。破岩量大的正滚刀和边滚刀采用19in(1in = 2.54cm)双轴双刃滚刀,以减少更换频率;中心滚刀采用17in双轴双刃滚刀。滚刀虽然在孤石等软弱不均地层容易发生偏磨,但鉴于其他软土刀具不但无法有效破碎孤石,还容易被孤石碰撞发生损坏,因此需要在切刀位置加装保护。具体方案为:对刀盘主梁位置76把普通切刀背后增设保护块,采用25mm高的保护块并增加5mm耐磨层,新增保护块形状与既有保护座形状相同,增加保护块后,其高度与切刀高度相同,在切刀背面形成有效保护。

2)始发端头段掘进控制

(1)掘进参数控制

始发端头孤石段掘进过程中必须严格控制盾构的掘进参数,降低掘进速度,控制盾构掘进方向,同时时刻注意调整各系统参数、掘进参数、泥浆参数变化保证盾构的顺利掘进,始发端头孤石段盾构掘进参数见表6-3。

盾构掘进参数表 表6-3

掘进参数	控制值	备注
泥水仓顶部压力 (bar)	0.5 ~ 0.7	始发端头加固区域采用三轴搅拌桩满堂加固和袖阀管压密注浆方式进行加固,掌子面地层自稳性强
进浆密度 (g/cm^3)	1.10 ~ 1.25	初步控制在1.15g/cm^3,综合考虑携渣能力和泥水仓建压前稳定掌子面的能力
进浆黏度 (s)	24 ~ 26	进浆黏度控制在25s左右,根据泥浆携渣能力适当调整
掘进速度 (mm/min)	4 ~ 6	按照4 ~ 6mm/min控制,每环数据波动不宜太大
总推力 (kN)	≤68000	扭矩和掘进速度、推力相结合
刀盘扭矩 (kN·m)	≤6500	结合实际地层进行上下调整,刀盘扭矩控制在6500kN·m以下
刀盘转速 (r/min)	0.8 ~ 1.2	和扭矩相匹配
贯入度 (mm/r)	<5	初步设定为5mm/r以内,结合现场实际掘进情况进行优化

注:1bar = 0.1MPa。

根据盾构掘进孤石施工经验,孤石段盾构掘进以刀盘扭矩及刀具的贯入度为主控参数。根据孤石所处开挖面的位置、面积、形状、强度变化情况,在掘进过程中不断进行掘进参数优化调整。

(2)盾构掘进措施

①切口环泥水压力控制

盾构掘进时的切口泥水压力应介于理论计算值上下限之间,并根据地表监测情况和地质条件适当调整,但鉴于始发端头地层前期已加固,加固体具有较大的黏聚力、较强的自稳性,根据类似项目经验,初步将泥水仓顶部压力设置为 0.5~0.7bar(1bar=0.1MPa),具体现场可根据监测情况进行调整,具体如下:

a. 合理建压,注意掘进过程中仓内压力调整,做好掘进过程中参数的总结分析,结合地表沉降监测数据、海水水位变化情况、地质变化情况进行仓内压力值的调整。

b. 切口压力控制,保持开挖仓压力稳定,掘进过程中尽量减少压力波动,控制气垫仓液位稳定,对黏性较大地层加强泥浆循环,避免滞排、堵仓等因素造成的压力波动大,避免开挖面坍塌现象发生。

②掘进速度控制

始发端头孤石掘进时,注意掘进参数的适时调整,掘进速度初步设定为 4~6mm/min。

盾构掘进速度设定时,注意以下几点:

a. 盾构启动时,盾构司机需检查推进液压缸是否顶实,开始推进和结束推进之前速度要平稳变化。每环掘进开始时,应缓慢提高掘进速度,防止启动速度过大造成刀具冲击。

b. 每环正常掘进过程中,掘进速度值应尽量保持稳定,减少速度的波动,以保证切口水压的稳定,同时保证进、排泥浆管路的畅通。在调整掘进速度时,速度遵循逐步调整的原则,避免速度突变对地层造成较大扰动。

c. 每环掘进注浆量必须与推进速度相匹配,保证同步注浆系统始终处于良好工作状态。

d. 掘进参数选取时,采用"低转速、低贯入度"掘进,避免以过大速度掘进孤石时对盾构刀盘、刀具造成非正常损坏。

③掘削量的控制

渣土开挖量计算是泥水平衡盾构施工管理中的重要参数之一。根据进、排浆流量计和密度计测定的各种流量和密度,可以得出每环的实际开挖量:

$$B = \sum_{i=0}^{i=n}(Q_i t_i \delta_i - S_i t_i \beta_i) \tag{6-3}$$

式中:B——开挖量;

Q——出浆流量;

S——进浆流量(根据盾构流量计得出);

δ、β——出浆密度、进浆密度(根据盾构密度计得出);

t——每环掘进时间。

每环盾构掘进设计开挖量:

$$B' = \pi \times (0.5D)^2 (\rho_1 N_1 + \rho_2 N_2 + \cdots + \rho_n N_n) \tag{6-4}$$

式中:B'——设计开挖量;

D——隧道开挖直径;

P_n——对应地层密度(根据地质详勘资料);

N_n——n 号地层在开挖面中占比(根据地质详勘资料计算)。

为确保数据准确,采用对掘进中每分钟进、排浆差值累加的方法计算该环出渣量。同时,出渣场配备充足的人员设备,对每环在出渣池的出渣及时进行清理,通过实际出渣量与计算出渣量比较(因设备分离渣土一般呈圆锥形,底面积和高度均可测量),以此来判断开挖面的超/欠挖以及地质变化情况。允许出现少量的欠挖,不允许出现超挖,针对超挖区域要做好记录并采取措施,当盾尾通过该区域时要加大注浆量对地层进行充填。

注重泥浆参数优化调整。根据掘进过程中不同地层的性质,做好泥浆参数的调整。在砂层等渗透系数较大的地层,注意适当增大泥浆密度,便于在开挖面形成有效泥膜,支撑开挖面土体。

④同步注浆及二次注浆

当盾尾通过两道洞门钢丝刷密封后进入洞内 20cm 时,进行盾尾注浆,孤石段掘进同步注浆采用水泥砂浆。注浆时必须密切关注洞门密封装置的变形情况,出现漏浆及时停止注浆,根据具体情况及时采取相应的措施进行处理。在盾构掘进过程中进行同步注浆及时填充脱出盾尾管片背后的环形间隙,保证浆液填充饱满,注浆浆液选择复合砂浆,复合砂浆的凝结时间在 3~10h 左右,浆液的强度不小于 2.5MPa。同步注浆施工注意事项:

a. 同步注浆系统在调试结束后应将注浆孔(包括备用孔)用油脂充填密实。

b. 注浆过程中以压力和泵击次数所计算的注浆量两个标准进行控制,过程中必须要确保注浆管路通畅,原则上必须保证八管同时注浆。出现一根注浆管堵塞时,立即进行疏通;同时,在掘进过程中,要多关注盾尾是否漏浆,发现漏浆,立即通知注浆司机和主司机调整注浆参数和盾尾油脂参数。

c. 根据施工情况,在掘进过程中或管片安装完成后,若发生盾尾管片漏水、管片较大上浮、地表发生较大沉降或发生突发险情时,启动二次注浆系统。注浆材料采用水泥—水玻璃双液浆,注浆顺序从底部注浆孔左右对称向上注浆,水泥采用 P. O42.5 普通水泥,水灰比采用1:1;玻美度控制在 25~35Be′之间;调整水泥浆与水玻璃合理配合比,双液浆凝固时间为 40s 左右,注浆压力 0.5~0.6MPa,注浆时必须密切关注洞门密封装置的变形情况,出现漏浆及时停止注浆,可采用间歇性注浆方法。

⑤刀具更换

盾构配置的常压换刀装置中均具有刀具旋转监测功能,每把可常压更换滚刀上都安装有滚刀旋转监测系统及温度检测系统,旋转监测反馈刀具温度与旋转质量数据。如果滚刀没有正常旋转工作可被及时发现,另外中铁装备盾构配备有刀具的磨损检测装置,磨损严重可以随时进行常压换刀作业进行更换。

3)回填区段掘进控制

(1)掘进参数

盾构掘进初步设计参数见表6-4。

盾构掘进初步设计参数表　　　　　　表6-4

掘进参数	控制值	备注
泥水顶部压力(bar)	1.5~1.8	根据监测数据,过程中优化调整
进浆密度(g/cm³)	1.10~1.25	初步控制在1.15g/cm³,主要考虑携渣能力
掘进速度(mm/min)	10~25	数据波动不宜太大
总推力(kN)	25000~40000	扭矩和掘进速度、推力相结合
刀盘转速(r/min)	0.8~1.5	和扭矩相匹配
注浆压力(bar)	0.27~0.35	结合现场实际掘进情况进行优化

注:此表参数为一般地质掘进,若遇孤石,根据掘进参数异常、波动情况进行判断,进行掘进参数调整。

(2) 掘进控制措施

①根据地层埋深算出的水土压力,结合掘进中地表的漏气、冒浆和监测情况,选取合适的气垫仓压力和泥水压力。

②选取合适的刀盘转速、掘进速度和推力等掘进参数,减少超挖和对地层的扰动,顺利出渣和持续掘进。

③选取有效的泥水冲刷方式、进排浆流量和泥浆密度等参数,保证出渣顺畅,减少渣土在仓内堆积造成的支撑压力波动。

④掘进期间,适当地增大泥浆管路流量、泥浆密度,提高泥浆的携渣能力,防止携渣口、泥浆管路堵塞。

⑤停机期间,适时开启泥浆循环模式、旋转刀盘,防止小块碎石在携渣口附近聚沉。

⑥定期开启泥浆管路反循环模式,防止泥浆管口附近堵塞。

⑦掘进期间,加强地表监测,若发现地表存在冒浆、漏气时,及时优化掘进参数,降低泥水仓压力,对冒浆、漏气部位进行注浆封堵。

⑧掘进期间加强刀具管理,利用好刀具的旋转监测和磨损检测装置,对需要更换的刀具及时进行更换。

⑨加强人员管理,提供主司机的操作水平和责任意识。

4) 海域区掘进控制

从补勘揭露海域区的地质情况分析,该段地层无孤石存在,隧道顶部为流塑状的淤泥、淤泥质土,抛石从地表下沉至隧道的掌子面的可能性较小,且从围堰大堤的监测点显示,围堰下沉的最大累计量25cm,故抛石下沉至隧道掌子面的可能性微乎其微。

为进一步防止该地段地层中存在孤石,盾构掘进时,采用SSP(Sonic Soft Ground Probing)超前探测装置,对前方地质进行勘察,若探测出块孤石存在,及时调整掘进参数掘进通过,同时盾构掘进该地段时,做好带压进仓里面孤石的准备,掘进控制措施同回填区段。

5) 仓内孤石处理

因始发端头孤石强度高、厚度大、分布范围广,为防止盾构掘进时,孤石和周围地层的握裹力无法满足滚刀破岩所需的推力影响盾构掘进,因此结合本工程现场实际情况,采取进仓处理孤石和机械处理孤石两种措施进行处理。

(1) 预防措施

①严控始发端头加固质量,保证仓内作业时开面稳定。盾构始发前按照设计要求对始发

端头进行土体加固,根据地质勘察资料,针对孤石分布情况进行孤石固结注浆加固,确保孤石周边土体提供破岩握裹力。

②盾构始发前,按照设计检测要求,严格对加固土体强度、抗渗性进行检测,检测不合格情况下,及时采取补充加固措施,以满足设计要求。

③盾构进行针对性设计,根据工程孤石的特点,加强刀盘结构耐磨性能及整体刚度,配置高强度破岩重型滚刀,满足孤石地层掘进破岩需要。滚刀配置旋转监测及磨损检测装置,及时监测刀具磨损情况。盾构具备直接掘进破岩能力,工程盾构刀盘设计为常压刀盘,可实现作业人员仓外换刀,提高换刀作业效率,避免仓内换刀作业风险。

④掘进参数控制措施。详细了解前方孤石分布情况,分析孤石与盾构刀盘、刀具的位置关系。进入孤石区后调节掘进参数,减慢掘进速度,低速转动刀盘,使刀具充分碾磨孤石,避免因孤石冲击力过大而损坏刀具。

(2)仓内孤石处理

对于硬度较高,体积较大的孤石,孤石周边土体无法提供足够的握裹力时,导致盾构不能直接掘进通过,应立即停止推进并锁定推进液压缸,防止盾构后退。若在加固区内根据开挖面土体自稳情况,开挖面加固效果好自稳能力强的情况,无渗水,人员进入仓内进行常压作业。若在加固区内,开挖面存在渗水,则进行加固区降水,将地下水位将至开挖面以下,对开挖面进行降水固结加固,开挖面稳定后,然后组织作业人员进入土仓内进行作业。若在回填区或海域抛石区,开挖面自稳能力较差时,可采用带压进仓的方式对孤石进行处理及打捞作业。

根据仓内孤石分布情况,主要采用液压割锯、岩石分裂机进行孤石处理,再利用倒链对孤石捆绑后,人工打捞出仓。

①仓内孤石分布情况及处理

根据刀盘结构形式,孤石在仓内分布情况主要有以下几种情况:

a. 孤石在刀具挤压切削作用下破碎为碎块,刀盘限径板在350mm,石块存在卡在泄渣槽内的可能,直径大于350mm的孤石无法通过泄渣槽格栅。刀盘泄渣槽如图6-18所示。

对于卡在刀盘泄渣槽内的孤石(图6-19),通过转动刀盘,将该泄渣槽位置调整水平(钟表3点、9点位置),在卡有孤石位置搭设临时作业平台,可采用液压割锯进行切割,切割后的石块可通过泄渣槽,利用倒链人工打捞出仓。

图6-18 刀盘泄渣槽

图6-19 卡在泄渣槽处的孤石

b. 盾构掘进 4 号、6 号孤石过程中，孤石部分位于刀盘面板中心前方，并与开挖面土体分离，土体不能提供破岩反力。

c. 盾构掘进 4 号、6 号、7 号孤石过程中，孤石部分位于刀盘辐条前方，并与开挖面土体分离，土体不能提供破岩反力。

d. 盾构掘进 3 号、5 号、6 号孤石过程中，孤石位于刀盘边缘位置，并与开挖面土体分离，土体不能提供破岩反力。

e. 盾构掘进过程中，由于孤石周边土体固结力不足，孤石随刀盘转动发生移动。

对于孤石处于刀盘辐条、刀盘中心、边缘及孤石随刀盘转动移动的情况，可利用盾构可伸缩、摆动主驱动功能，进行刀盘回缩摆动，同时慢速转动刀盘，将孤石暴露于刀盘泄渣漕位置，利用泄渣槽开口空间，采用液压剪或岩石分裂机进行孤石破碎处理，处理的孤石石块粒径小于 350mm，通过泄渣槽格栅之间的空间利用倒链打捞出仓。

②液压割锯处理孤石

液压割锯由两部分组成：一部分是割锯，此割锯为链条式，耐磨性非常好；另一部分是液压泵站，液压压力高达 275bar。液压割锯有以下优缺点：

a. 割除孤石速度快，30min 即割除掉粒径 250mm 的孤石一块。

b. 通过盾构气隔板上预留的液压接口连接绳锯和液压泵站，使液压泵站放置仓外，保证了仓内作业的安全。

c. 液压割锯割除孤石的最大强度达 200MPa，满足割除孤石的要求。

d. 割除孤石速度快，减少人员在仓内作业时间，降低作业风险。

e. 液压割锯使用液压驱动，气泡仓内没有废气产生，对带压进仓人员和掌子面的稳定不产生不良影响。

f. 液压割锯尺寸小，长度为 600mm；质量轻，为 6kg。尺寸小对仓内狭小空间孤石割除非常有利；质量轻可有效降低仓内作业人员的劳动强度，提高作业效率。

③岩石分裂机处理孤石

在掘进过程出现刀盘面板、辐条前方有零星大型孤石可通过岩石分裂机进行处理。直径大于 700mm 的孤石不能通过刀盘开口处进入破碎机。引起孤石卡住刀盘或随刀盘一起转动，盾构推进速度会急剧下降，并损伤刀盘刀具，停止掘进带压或者常压进仓进行处理，在经过分裂机处理后，进行仓内人工将孤石进行捆绑利用倒链提升至气垫仓，再由气垫仓用人工搬运至仓外。

盾构掘进遇到较大的孤石需采取人工进入土仓，利用岩石分裂机进行处理。岩石分裂机组成如图 6-20 所示。

图 6-20 岩石分裂机组成

a. 岩石分裂机工作特点

岩石分裂机是一种手工操作的设备,它利用液压原理,可以控制性地分裂岩石,特别是在对灰尘、飞屑、振动、噪声、废气排放有严格限制而大型拆除设备无法工作的地方,岩石分裂机有其无法替代的特殊优势。

设备使用优点:单机最大分裂力可达4130kN,工作无噪声、无粉尘,没有振动;质量轻,分裂尺寸精确;可控性分裂;在狭窄与难于进入的地方工作;操作简便。以上优点满足在刀盘前方狭窄的空间下进行破碎孤石的施工要求。

b. 操作方法

岩石分裂机2套、岩芯钻(钻孔用)2台、千斤顶、铁锹、撬杠、大锤等辅助工具若干。钻孔:孔径46mm,钻孔深度35cm(中间楔块伸出全长为41cm),孔间距50cm,分裂机作业时,为避免损伤中间楔块,要拔出适当高度。分裂:每个孔洞的分裂只要十几秒钟。在异常的地方,还要换上加厚的反向楔块将裂隙扩大,再用分裂机分裂。拆移:分裂完成以后,要及时用撬杠将大块的孤石碎块拨开,使孤石分裂面形成较大松散的临空面,以便下一个分裂作业,不至于让裂纹犬牙交错,挤密镶嵌,很难拆除。

c. 孤石打捞

带压仓内打捞孤石需要2~4人完成。1~2人在泥水仓门处进行孤石的起吊,1~2人在仓底部进行孤石的捆绑,捆绑方式为十字交叉式,首先用吊带进行捆绑,固定牢固,再用气动葫芦钩锁住吊带,稳步提升。葫芦的吊点设置在切口环,当提升至泥水仓门处时,需要一人放倒链,另外2~3个人向气垫仓内拉孤石,整个打捞过程需要配合完成。

如仓内为带压作业,则带压进仓打捞孤石多数在气垫仓底部进行。首先将气垫仓液位降低,为保证孤石打捞人员安全,抽排气垫仓的液位稍高于泥浆门即可,以寻求压力平衡。然后工人进仓加压,当人舱的压力达到气垫仓设定压力后,即可打开人舱的舱门,然后下到气垫仓底部,从泥浆门处将泥水仓的孤石打捞,当泥浆门处的孤石打捞完以后,人员撤出气垫仓底部。

(3) 施工措施

根据地质补勘,东线发现3块孤石,西线发现4块孤石和1处基岩凸起。

为保证施工的顺利进行,采取了以下措施:

①推进过程中应保持切口泥水压的稳定性和推进速度的均匀性,减少对土体的扰动。

②盾构掘进过程中,加强对地层变形的监控量测,根据监控结果调整对应参数。

③加强开挖面泥水质量的检测和控制,及时补充新鲜浆液,提供良好的支护。

④根据各类监测数据及时调整泥水质量指标,提高泥水密度和黏度。

6.2 海域基岩凸起地层盾构施工技术

6.2.1 基岩凸起段盾构掘进施工方案对比

1) 施工方案对比

汕头海湾隧道基岩凸起段与主航道位置关系如图6-21所示。

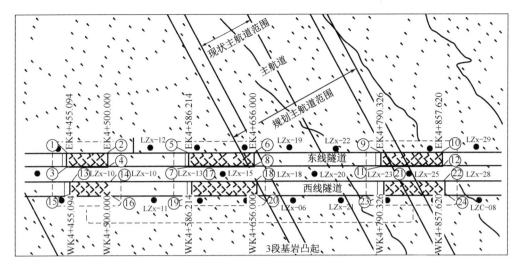

图 6-21 汕头海湾隧道基岩凸起段与主航道位置关系示意图

海湾隧道东西线均有基岩,以东线补勘情况进行说明。盾构隧道东线存在三段⑥$_3$中风化花岗岩、⑥$_4$微风化花岗岩基岩凸起侵入隧道掘进范围,表6-5为三段基岩段地勘信息统计。由表6-5可以看出,基岩侵入隧道最大高度为8.62m,侵入长度44~70m。三段基岩段岩石抗压强度在34.7~184MPa之间,侵入隧道的岩石主要为中风化花岗岩,局部为微风化花岗岩,洞身范围内基岩上方土体主要为③$_1$粉质黏土、②$_4$淤泥质土、③$_4$中粗砂。

东线三段基岩段地勘信息统计 表6-5

部位	里程范围	长度(m)	侵入隧道最大高度(m)	最大强度(MPa)
第一段	EK4+790.326~EK4+857.620	67.29	8.62	184
第二段	EK4+586.214~EK4+656.000	69.79	5.60	161
第三段	EK4+455.094~EK4+500.000	45.46	5.10	116

三段基岩凸起段具有以下特点:

①盾构区间下伏基岩主要以中风化花岗岩为主,岩石整体强度高,平均强度95.5MPa。

②岩体的不均匀风化程度较高局部存在微风化、强风化岩体,且分布不规律。岩石强度值跨度大,最低34.7MPa到最高184MPa(隧道底高程以上部分)。

③岩面起伏剧烈,起伏规律性不强,三段基岩总体呈是东高西低、东长西短的趋势,但不排除在开挖面范围内存在起伏的可能。

④侵入隧道范围的大部分基岩总体的完整性较好,但在局部存在破碎岩体夹层,总体RQD值近75%,综合评价完整性一般。

⑤岩峰间地质主要为中粗砂、全强风化花岗岩、砾砂层、淤泥质土,局部可能存在孤石。

综上,三段基岩凸起段岩石侵入隧道高度大、强度高,掘进过程中将对刀具产生一定的损害。

针对施工难题,选取了两种掘进方案进行对比分析。

(1)方案一:水下爆破+地层加固

采用常规的水下爆破+地层加固方案,其优势在于:

①可避免泥水盾构直接通过高强度基岩凸起段时可能引起的设备损坏风险。

②有类似工程如珠海马骝洲水下隧道、台山核电水下引水隧洞等实施过水下爆破,工程经验可供借鉴。

但也存在如下缺陷:

①爆破、注浆加固均需要间歇性封航,影响航道正常使用。航道周边军用、民用设施众多,涉及面广,组织协调难度极大。

②预处理作业易受天气影响,施工进度难以保证。

③由于地质勘察难以准确描述基岩实际分布形态,基岩爆破后岩渣的粒径大小、分布方式无法准确控制,将给后续盾构掘进留下隐患。

④虽然可以对爆破后的破碎岩体和软土地层进行加固,但无法改变基岩凸起段上软下硬的地层特性,岩体完整性遭到破坏,形成基岩破碎体,存在较大粒径岩块卡在刀盘开口处或刮刀损坏的风险。若较大粒径岩块卡在刀盘开口处或刮刀损坏,则需带压进仓作业,将增加施工风险、成本,降低施工进度。

(2)方案二:直接掘进

采用直接掘进的方式,其主要优势在于可规避方案一"水下爆破+地层加固"方案的缺陷。但也存在如下技术难题:

①在刀间距100mm条件下,相邻滚刀如何能够顺利破碎高强度花岗岩而不在掌子面上留下岩脊。

②如何选用合适的贯入度,避免滚刀过载,减少滚刀损坏量,降低换刀频率。

2)软硬不均地层滚刀破岩试验

为了进一步验证直接掘进施工方案的可行性,开展软硬不均地层滚刀破岩试验。在海湾隧道现场采集的花岗岩与水泥砂浆按照1∶1比例制作成直径1000mm的岩样,以模拟现场基岩凸起地层。试验岩样及上软下硬地层模拟实物如图6-22所示。

a)试验岩样　　　　　　　　　　　　b)上软下硬地层模拟

图6-22　试验岩样及上软下硬地层模拟实物

滚刀间距分别为90mm、100mm、120mm时滚刀破岩效果如图6-23所示。观察试验前后岩样破碎区表面可以发现:①在刀间距为90mm、100mm、120mm时,滚刀均能有效破岩,岩样表面无岩脊;②不同刀间距下,尽管掘进参数有所不同,但是滚刀轨迹之间的岩石均能被破碎且破碎区贯通。

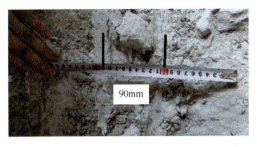

a)刀间距为90mm

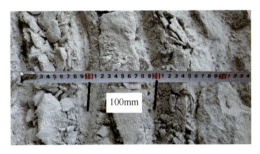

b)刀间距为100mm

c)刀间距为120mm

图6-23 不同间距滚刀破岩效果

(1)不同类型滚刀破岩效果

分别采用平刃和镶齿两种类型的19in(48.26cm)双轴双刃盘形滚刀(图6-24)进行破岩试验,对比分析两种类型滚刀的破岩效果。

将荷载目标值设置为600kN(单把刀约300kN),岩箱转速为1r/min,刀间距为100mm,获得两种类型盘形滚刀破岩时掘进距离随时间的变化情况。平刃盘形滚刀掘进速度约为3.99mm/min,镶齿盘形滚刀掘进速度约为2.34mm/min。由此得出:在相同荷载作用下,镶齿盘形滚刀的掘进速度逐渐小于平刃盘形滚刀。

(2)不同荷载下滚刀破岩效果

平刃盘形滚刀破岩效果好于镶齿盘形滚刀,故在开展不同荷载下的破岩试验时采用平刃盘形滚刀。将刀间距分别设置为100mm和110mm,每种刀间距下分别设置总推力为300kN(单刀约150kN)、400kN、500kN和600kN,获得掘进距离随时间的变化曲线,如图6-25所示。由图6-25可知,两种刀间距条件下总推力与掘进速度关系曲线变化趋势基本一致。当总推力为 300kN 时,掘进速度约为 1.0mm/min;当总推力为 600kN 时,掘进速度为 3.5~4.0mm/min。随着总推力增加掘进速度逐渐增加,但是这种变化趋势是非线性的,总推力从 300kN 增加到 400kN 以及从 400kN 增加到 500kN 时,掘进速度增幅均大于总推力从 500kN 增加到 600kN 时的掘进速度增幅。

a)19in 平刃盘形滚刀　　　　　　b)19in 镶齿盘形滚刀

图 6-24　试验所用的两种类型盘形滚刀

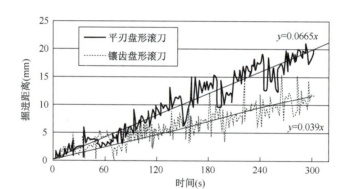

图 6-25　两种类型盘形滚刀破岩时掘进距离随时间的变化曲线

通过上述模拟试验,可得到如下结论:

①19in 盘形滚刀在刀间距 100mm 时可顺利破岩,相邻刀间距之间不会形成岩脊。

②以不超过 19in 盘形滚刀最大工作荷载(315kN)的 80% 作为滚刀荷载的上限,即 315kN × 80% = 252kN,则贯入度不宜超过 3.7mm/r。

两种类型盘形滚刀破碎的岩渣粒径分布如图 6-26 所示。由图可知,相同条件下 2 种类型盘形滚刀破碎的岩渣中,平刃盘形滚刀破碎的大块岩渣(粒径为 40~80mm)比例高于镶齿盘形滚刀,而小颗粒及粉末状岩渣(粒径小于 10mm)所占比例低于镶齿盘形滚刀。从高效破岩的角度来看,平刃盘形滚刀破岩效率高于镶齿盘形滚刀。

结合软硬不均地层滚刀破岩试验及盾构刀盘的配置,海湾隧道基岩段具备直接掘进的条件,通过选择合理的盾构掘进参数、加强施工过程管理等措施可保证顺利施工。

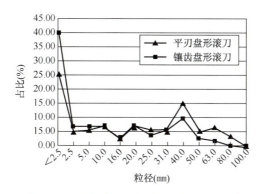

图 6-26 两种类型盘形滚刀破碎的岩渣粒径分布

6.2.2 基岩凸起段盾构掘进

1) 掘进参数选取及应用

为进一步明确泥水盾构直接掘进通过基岩凸起段的刀盘转速,结合模拟试验结果,开展针对性现场试验。为避免刀具过载,将刀具贯入度目标值设为 3mm/r,以刀盘转速分别为 0.6r/min、0.8r/min、1.0r/min 进行基岩掘进试验。基岩段掘进参数确定操作流程如图 6-27 所示。

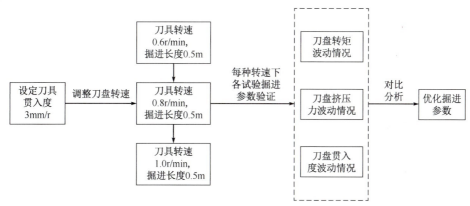

图 6-27 基岩段掘进参数确定操作流程

提取现场盾构掘进通过基岩凸起段不同转速下刀盘挤压力、贯入度、刀盘转矩三类数据,每种转速下采集 10000 个数据样本,计算该三类数据的最大值、平均值和标准差,其计算结果见表 6-6。

基岩凸起段现场掘进参数试验结果 表 6-6

刀盘转速 (r/min)	刀盘挤压力(kN)			贯入度(mm/r)			刀盘转矩(kN·m)		
	最大值	平均值	标准差	最大值	平均值	标准差	最大值	平均值	标准差
0.6	19628.71	17433.86	527.34	10.92	5.3	1.48	4040.28	2366.24	360.77
0.8	19216.64	17136.13	484.72	8.15	2.9	0.94	4095.68	2408.36	386.98
1.0	19340.26	17727.11	443.15	5.60	2.7	0.71	3881.62	2400.12	357.20

标准差可以衡量数据集的离散程度,标准差越小,说明数据集离散性(波动范围)越小;反之则越大。由表6-6可知,基岩凸起地层下,刀盘转速为1.0r/min时,3类数据的波动范围较转速为0.6r/min和0.8r/min时小,对减少泥水盾构掘进时对地层的扰动和盾构装备关键部件的损坏是有利的。此外,根据"掘进速度 = 贯入度 × 刀盘转速"可知,在确保滚刀破岩不过载(贯入度不变)的前提下,适当提高刀盘转速有利于提高掘进速度。故而确定超大直径泥水盾构直接通过高强度基岩凸起地层时刀盘转速为1.0r/min,贯入度目标值为3mm/r。

试验岩渣与现场实际掘进岩渣对比如图6-28所示。

a) 试验岩渣

b) 现场实际掘进岩渣

图6-28 试验岩渣与现场实际掘进岩渣对比

(1)现场实际掘进岩渣中,对于完整性较好的岩体,岩块粒径一般在10cm以内。其中,粒径5cm以下的岩块占比60%,粒径为5~10cm的岩块占比35%,粒径10~15cm的岩块占比5%。岩块形状有块状及片状两种,块状占比为65%,片状占比为35%。岩渣破裂面为新鲜岩面、中间厚、周边薄,破裂面角度基本与试验结果相符,刀具可正常破岩。

(2)现场实际掘进岩渣中,对于节理裂隙较多的岩体,岩块粒径一般在15cm以内。其中,粒径5cm以下的岩块占比30%,粒径为5~10cm的岩块占比50%,粒径10~15cm的岩块占比20%,有少量岩块粒径超出15cm。岩块形状有块状及片状两种,块状占比为75%左右,片状占比为25%左右。岩块多数破裂面为岩体原节理裂隙面,破裂面可见节理裂隙特征,如图6-29所示。

a)

b)

图6-29 节理裂隙较为发育段的岩渣

2) 刀具配置与管理

盾构进入基岩凸起段前,将撕裂刀更换为原滚刀,采用"全盘滚刀+常压切刀+普通切刀"的配置。

软硬不均地层刀具管理遵循"有疑必检、有损必换"的原则,充分利用盾构 TBM 大数据平台的统计分析和常压刀具检测装置,密切关注刀具的旋转、温度状态,在中心仓主动检查刀筒和密封座螺栓的松动及后退情况,综合判断刀具状况,并适时抽检刀具。统一现场操作人员思想,提高对盾构施工过程中设备方面的风险管控意识。加强对主要管理人员的技术培训,了解各项异常参数继续掘进会带来的严重后果,尤其是盾构司机和土木值班人员应提高对盾构参数变化的敏感性。掘进如有异常立即停机分析,不得抱有侥幸心理,盲目推进。

采取的主要措施为:

(1) 采用先对角预紧再进行复紧的方式,并复测螺栓紧固扭力,确保螺栓均匀受力。

(2) 采取螺栓强制防松措施,并增加刀筒后退报警装置。

(3) 优化滚刀刀筒装配装置,增加螺栓数量,并提高螺栓等级。设计并应用了常压换刀装置荷载实时监测系统。

(4) 严格执行刀具更换标准:边滚刀最大磨损量 < 10mm。中心刀最大磨损量 < 25mm。刀具磨损量达到该指标,必须更换。

6.2.3 海域环境泥浆配合比试验及工程应用

根据工程现场的需求,利用淤泥、钠基膨润土、添加剂(HS-1)三种材料(图 6-30)开展基岩凸起段泥浆配合比试验,研究不同成分比例下泥浆漏斗黏度及密度的变化规律,为盾构在基岩凸起段掘进时的泥浆配置提供参考。施工现场提供的基岩凸起段泥浆指标为:泥浆密度范围为 $1.15\sim1.35\mathrm{g/cm^2}$,黏度范围为 $22\sim24\mathrm{s}$。

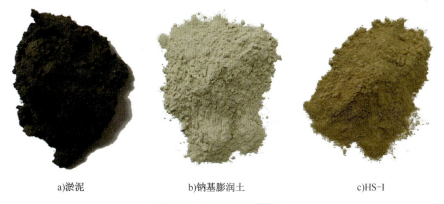

a) 淤泥　　　　　　　b) 钠基膨润土　　　　　　　c) HS-I

图 6-30　三种材料外观状态

1) 淤泥自造浆试验

取不同质量的淤泥土加 1000mL 自来水配制多组泥浆,表 6-7 为各组泥浆配合比记录,图 6-31 所示为各参数随淤泥添加量的变化曲线。结合表 6-7 和图 6-31 可知,当淤泥添加量逐渐增加时,泥浆的密度逐渐变大,同时黏度也有所增加,但黏度增加幅度较小,淤泥添加量从 150g 增加到 1000g,泥浆黏度仅增加了 3s,未达到指标要求。泥浆密度则从 $1.03\mathrm{g/cm^3}$ 增加到了 1.19g/cm³,随淤泥添加量线性增加,加入 1000g 淤泥时密度达到了指标要求。

淤泥自造浆配合比试验　　　　　　　　　　　　　　　表 6-7

编　号	自来水(mL)	淤泥(g)	密度(g/cm³)	黏度(s)
1	1000	150	1.03	16.92
2	1000	200	1.04	16.94
3	1000	300	1.05	17.06
4	1000	500	1.11	17.48
5	1000	700	1.13	17.81
6	1000	1000	1.19	19.84

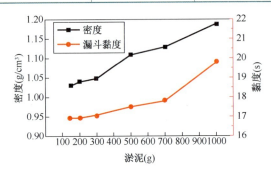

图 6-31　淤泥自造浆配合比结果

2)淤泥和纳基膨润土配合比试验

表 6-8 为采用淤泥和纳基膨润土进行的泥浆配合比数据统计,图 6-32、图 6-33 所示分别为不同配合比下泥浆密度、黏度变化曲线。

由表 6-8 中 1~7 号配合比参数可知,淤泥添加量达到 500g,泥浆密度为 1.15g/cm³,达到指标要求,但此时泥浆黏度为 18.25s,未达到指标要求。当添加 1000g 淤泥时,泥浆密度和黏度均满足要求。

淤泥和膨润土配合比试验　　　　　　　　　　　　　　表 6-8

编　号	自来水(mL)	淤泥(g)	钠基膨润土(g)	密度(g/cm³)	黏度(s)
1	1000	100	100	1.06	17.44
2	1000	150	100	1.07	17.62
3	1000	250	100	1.09	17.85
4	1000	300	100	1.10	17.40
5	1000	500	100	1.15	18.25
6	1000	700	100	1.18	19.41
7	1000	1000	100	1.23	22.84

续上表

编　号	自来水(mL)	淤泥(g)	钠基膨润土(g)	密度(g/cm³)	黏度(s)
8	1000	300	200	1.14	18.56
9	1000	300	250	1.19	22.72
10	1000	300	270	1.20	23.52
11	1000	300	300	1.22	29.07
12	1000	500	200	1.17	20.28
13	1000	500	250	1.21	23.64
14	1000	500	270	1.23	26.37
15	1000	700	200	1.21	22.78
16	1000	700	250	1.23	26.34
17	1000	1000	200	1.27	31.41
18	1000	0	250	1.13	22.78

由图6-32可以看出,当钠基膨润土添加量固定时,随着淤泥添加量的增加,泥浆密度呈线性增加,共有12组配合比泥浆密度满足指标要求。由图6-33中膨润土添加量100g时黏度随淤泥添加量的变化曲线可知,淤泥质量在100～500g之间时泥浆黏度变化较小,当淤泥质量大于500g后黏度增加较快,即黏度随淤泥质量呈阶段性变化,所有配合比中黏度在22～24s之间的有5组。18号配合比只添加250g膨润土时,泥浆黏度为22.78s,与图6-8中9号、13号的泥浆黏度对比分析可以得出,膨润土添加量固定,淤泥添加量小于500g时,后者对泥浆的黏度影响较小。

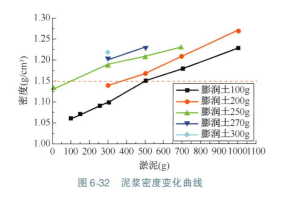

图6-32　泥浆密度变化曲线　　　　图6-33　泥浆黏度变化曲线

3) 淤泥和HS-1配合比试验

表6-9为采用淤泥和HS-1配制的泥浆参数统计,图6-34、图6-35所示为泥浆密度、黏度及其筛出物变化曲线。对比表6-7中6号配合比和表6-9中8号、9号配合比试验可得,单一使用淤泥或HS-1配制的泥浆其黏度分别为19.84s和19.74s,二者混合配制的泥浆黏度为26.68s,泥浆黏度有明显提高。对比表6-7中5号、6号和表6-9中1号、7号四组配合比试验可得,淤泥自造浆中添加HS-1后可提高泥浆密度。

淤泥和 HS-1 配合比试验   表 6-9

编 号	自来水(mL)	淤泥(g)	钠基膨润土(g)	密度(g/cm³)	黏度(s)
1	1000	700	8	1.14	21.87
2	1000	700	10	1.14	23.48
3	1000	700	12	1.14	24.58
4	1000	1000	4	1.19	22.17
5	1000	1000	5	1.2	23.76
6	1000	1000	6	1.2	24.09
7	1000	1000	8	1.2	25.28
8	1000	1000	10	1.2	26.68
9	1000	0	10	1	19.74

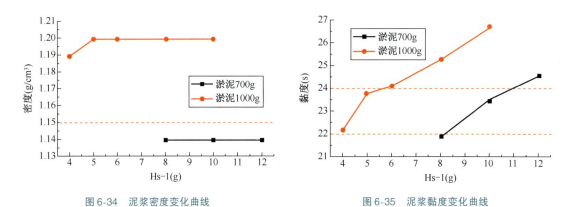

图 6-34 泥浆密度变化曲线   图 6-35 泥浆黏度变化曲线

由图 6-34 可得,HS-1 的添加量大于 5g 后,泥浆密度不再变化。1000g 淤泥加入 4~10g HS-1 配制的泥浆,其密度均满足指标要求。

由图 6-35 可得,淤泥质量保持不变时,随着 HS-1 添加量的增加,泥浆黏度基本呈线性增大,即 HS-1 可显著提高泥浆黏度。

4)不同配合比泥浆的稳定性分析

(1)淤泥自造浆泥浆稳定性

图 6-36~图 6-38 所示依次为不同配合比的淤泥泥浆静置后离析沉淀情况。由图 6-36 可以看出,添加 150g 淤泥,到第 4min 泥浆已经产生了明显的离析沉淀,到第 24min 泥水基本完全分离。由图 6-37 可以看出,当添加 500g 淤泥时,泥浆稳定性有显著提高,24min 时泥浆离析不明显,在 2h41min 时泥浆上部产生明显泥水分离,此后基本保持不变。由图 6-38 可以看出,当淤泥质量达到 1000g 时,5h24min 时泥浆仍保持较好的稳定性,泥浆顶部也未出现明显的泥水分离现象。综上,随着淤泥质量的增加,泥浆的稳定性增加。

(2)淤泥+膨润土泥浆的稳定性

添加钠基膨润土的淤泥浆液稳定性有明显提高,各组泥浆均能在数小时内保持较好的稳定性。下面选取部分配合比进行分析。

a)0min　　　　　　b)4min　　　　　　c)10min　　　　　　d)24min

图 6-36　泥浆稳定性（100g 淤泥）

a)0min　　　　　　b)24min　　　　　c)2h01min　　　　d)2h41min

图 6-37　泥浆稳定性（200g 淤泥）

a)0min　　　　　　b)40min　　　　　c)5h24min　　　　d)33h49min

图 6-38　泥浆稳定性（1000g 淤泥）

图 6-39 和图 6-40 所示为 500g 淤泥泥浆中分别添加 100g、250g 膨润土时泥浆沉淀离析情况。由两图可以看出，两种配合比在 6h 后仍能保持较好的稳定性，但随着时间的增加量筒顶部开始有水析出，在 24h 后添加 100g 膨润土的泥浆离析程度较添加 250g 膨润土的泥浆严重，添加 250g 膨润土的泥浆在 48h 后离析程度仍较小。

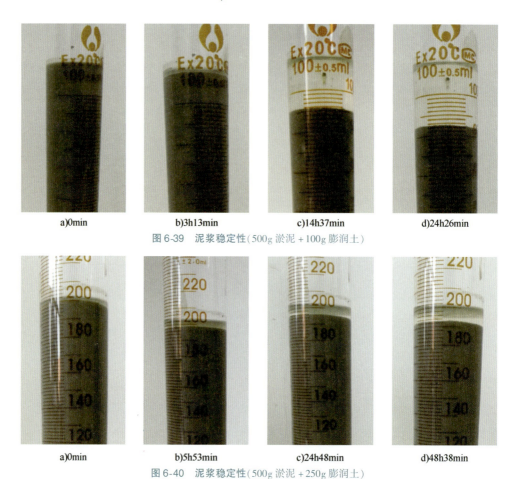

图 6-39 泥浆稳定性（500g 淤泥 + 100g 膨润土）

图 6-40 泥浆稳定性（500g 淤泥 + 250g 膨润土）

图 6-41、图 6-42 所示分别为 700g 淤泥添加 200g 和 250g 膨润土配制的泥浆离析情况。由图 6-41、图 6-42 可以看出，膨润土添加量由 200g 增加到 250g 后，泥浆的稳定性由明显提高，在 23h 后仅析出极少量的水。对比图 6-40 和图 6-42 可以看出，膨润土添加量为 250g 时，在 24h 左右添加 700g 淤泥的浆液其离析程度小于添加 500g 淤泥的浆液，即增加淤泥添加量同样能提高浆液的稳定性。

图 6-41 泥浆稳定性（700g 淤泥 + 200g 膨润土）　　图 6-42 泥浆稳定性（700g 淤泥 + 250g 膨润土）

(3)淤泥 + HS-1 泥浆稳定性

添加 HS-1 的淤泥浆液稳定性有明显提高,各组泥浆均能在数小时内保持较好的稳定性。下面选取部分配合比进行分析。

图 6-43 为 700g 淤泥 + 10g HS-1 配制的泥浆离析情况,淤泥自造浆中加入 10g HS-1 添加剂后,浆液能在几小时内保持较好的稳定性,在 17h 后产生轻微离析现象,41h 后浆液基本达到最终状态,离析不再加重。

a)10min b)17h43min c)23h16min d)41h33min

图 6-43　泥浆稳定性(700g 淤泥 + 10g HS-1)

图 6-44 和图 6-45 分别为 1000g 淤泥添加 5g、10g HS-1 所配泥浆的稳定性情况,对比两组泥浆随时间的离析程度可以得出,增加 HS-1 之后,泥浆的稳定性有所提高。对比图 6-43 和图 6-45 可以得出,HS-1 添加量相同时,增加淤泥添加量后泥浆稳定性差别不大,相同时间泥浆的离析程度基本相同。

a)14min b)15h17min c)21h18min d)40h55min

图 6-44　泥浆稳定性(1000g 淤泥 + 5g HS-1)

通过对三种材料配制的泥浆参数及其稳定性进行分析,可以得出以下几点:

(1)淤泥自造浆时,淤泥添加量由 100g 增加至 1000g,泥浆黏度由 16.92s 增加至 19.84s,仍小于 22 ~ 24s 的指标;泥浆密度随淤泥添加量的增加而增大,添加 1000g 淤泥后泥浆密度为 1.19g/cm³,满足指标要求;泥浆稳定性随淤泥添加量的增加而提高,1000g 淤泥配制的泥浆在

5h 时仍未出现明显的离析现象。

a)12min

b)16h18min

c)22h15min

d)40h24min

图 6-45　泥浆稳定性（1000g 淤泥 + 10g HS-1）

（2）淤泥与纳基膨润土混合配制的泥浆，其稳定性和泥浆黏度比单纯添加淤泥时有明显提高，共有 5 组（表 6-10 中 1～5 号）泥浆配合比满足基岩凸起段的密度和黏度指标要求，且泥浆能在数小时内保持较好的稳定性。

淤泥和膨润土配合比试验　　　　　　　　　　　表 6-10

编　号	自来水（mL）	淤泥（g）	钠基膨润土（g）	HS-1（g）	密度（g/cm³）	黏度（s）
1	1000	1000	100	0	1.23	22.84
2	1000	300	250	0	1.19	22.72
3	1000	300	270	0	1.20	23.52
4	1000	500	250	0	1.21	23.64
5	1000	700	200	0	1.21	22.78

（3）淤泥中添加少量 HS-1 能显著提高泥浆的黏度和稳定性，但其提高泥浆黏度能力过强，造成黏度难以稳定控制，故在配置泥浆时不宜添加 HS-1 制浆剂。

6.2.4　海域环境同步注浆浆液配合比及性能

1）不同拌制及养护条件下浆液性能试验研究

（1）试验目的

盾构隧道壁后注浆作为盾构施工三大组成要素之一，其作用主要为防止地层变形，提高隧道的抗渗性，确保管片衬砌的早期稳定。由于海湾隧道盾构覆土厚度浅，上覆土层大部分为淤泥、淤泥质土等软土地层，盾构在掘进过程中面临海水渗入浆液的问题。在海水渗入的情况下，浆液在凝结阶段和使用阶段的性能指标如何变化，性能是能否保持稳定，目前尚未确定；此外，采用海水拌制浆液与淡水拌制的浆液在各个阶段，其性能是否存在不同之处，各自有何特点，需要进行试验探索。

基于上述问题，开展考虑海水条件下的同步注浆浆液性能试验研究（表 6-11），也为进行下一步海底盾构隧道同步注浆模型试验（或地层单元注浆试验）的合理浆液配置打下基础。

盾构壁后注浆浆液主要性能指标　　　　　　　　　　　　表6-11

浆液制备及使用各阶段	浆液性能
拌制、运输及注入阶段	流动性
	抗分散性
	泌水性
凝结阶段	初凝时间
	终凝时间
使用阶段	结石率
	力学强度
	抗渗性

（2）试验依据及材料参数

①标准规范

本次试验主要参照以下规范进行操作：

《普通混凝土拌合物性能试验方法标准》(GB 50080—2016)，《建筑砂浆基本性能试验方法标准》(JGJ/T 70—2009)，《水泥胶砂强度检验方法(ISO法)》(GB/T 17671—2021)。

②浆液材料配合比

浆液材料配合比及性能要求见表6-12、表6-13。

同步厚浆配合比　　　　　　　　　　　　表6-12

浆液	组分					
	水泥	熟石灰	粉煤灰	膨润土	细砂	水
同步厚浆(kg)	25	80	300	50	1290	300
质量比	水泥：熟石灰：粉煤灰：膨润土：细砂：水 = 1：3.2：12：2：51.6：12					

各材料性能要求　　　　　　　　　　　　表6-13

名称	指标
河砂	细度模数2.2~3.0，含泥量≤3%
粉煤灰	采用F类、Ⅱ级、烧失量≤5%，CaO含量≤10%的粉煤灰
水泥	采用等级为P.O 42.5的普通硅酸盐水泥，初凝时间45~180min
熟石灰	采用300目筛余量≤10%，氢氧化钙≥85%的熟石灰
膨润土	采用200目筛余量≤5%的膨润土
水	采用pH值6~8，无杂质的自来水

对海水中存在的主要盐分含量进行分析，试验过程中所用到的海水进行人工配置，具体配合比按照表6-14进行。

海水主要盐分含量　　　　　　　　　　　　表6-14

主要盐分	NaCl	MgCl	$MgSO_4$	$CaSO_4$	K_2SO_4	$CaCO_3$
含量(%)	27.2	3.8	1.7	1.2	0.9	0.1

(3)坍落度试验

对同步厚浆采用海水拌制和淡水拌制,分别进行坍落度试验,如图 6-46 所示。试验结果见表 6-15。从表 6-15 中可以看出,刚拌制的同步厚浆流动性均较好,能够满足施工要求,但是 0.5h 后,浆液坍落度损失较大,分析认为造成这种状况的主要原因可能是天气干燥,浆液中的水分在室外蒸发较快,如有必要可添加木钙等外加剂,以增加浆液流动性。对比海水拌制和淡水拌制浆液的流动性,可以发现,海水拌制浆液流动性稍好,分析认为海水中的氯盐起到了一定程度的减水剂作用,具体原因需要进行后续研究。

图 6-46 坍落度试验

坍落度实验 表 6-15

时 间	混合后计时	30min
坍落度(淡水拌制)(cm)	30.0 − 17.0 = 13.0	30.0 − 19.5 = 10.5
坍落度(海水拌制)(cm)	30.0 − 16.5 = 13.5	30.0 − 19.0 = 11.0

(4)保水性试验

分别采用海水拌制和淡水拌制,对同步厚浆进行了保水性试验,如图 6-47 所示,试验结果见表 6-16 和表 6-17。试验结果可知,淡水拌制同步厚浆的保水性稍好于海水拌制,但是差异不大。

图 6-47 保水性试验现场

保水性试验（淡水拌制）　　　　　　　　　表 6-16

试验次数	不透水片与干燥试模质量 m_1 (g)	8 片滤纸吸水前的质量 m_2 (g)	试模、下不透水片与砂浆总质量 m_3 (g)	8 片滤纸吸水后的质量 m_4 (g)	保水率 W (%)
1	1565.3	6.4	1981.2	9.7	94.6
2	1565.3	6.4	1980.6	9.5	94.9
平均保水率					94.8

保水性试验（海水拌制）　　　　　　　　　表 6-17

试验次数	不透水片与干燥试模质量 m_1 (g)	8 片滤纸吸水前的质量 m_2 (g)	试模、下不透水片与砂浆总质量 m_3 (g)	8 片滤纸吸水后的质量 m_4 (g)	保水率 W (%)
1	1565.3	6.4	1981.4	10.2	93.7
2	1565.3	6.4	1981.2	10.1	93.9
平均保水率					93.8

(5) 凝结时间试验

分别采用淡水拌制和海水拌制进行同步厚浆凝结时间试验，如图 6-48 所示。试验结果如图 6-49 和图 6-50 所示。从图中可以看出，采用淡水拌制的同步厚浆凝结时间需要 719min，约 12h；采用海水拌制的同步厚浆凝结时间需要 619min，约 10.5h。对比海水拌制和淡水拌制的同步浆液凝结时间，可以发现海水拌制的同步浆液凝结时间较短，分析认为由于海水中的氯盐具有早强作用。

a) 制模

b) 凝结试验

图 6-48　浆液凝结时间试验现场

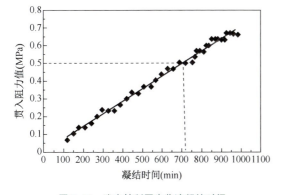

图 6-49　淡水拌制同步浆液凝结时间

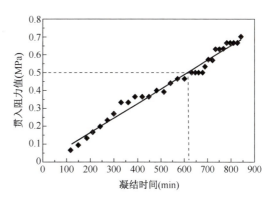

图 6-50　海水拌制同步浆液凝结时间

（6）强度试验

分别对同步厚浆采用海水拌制海水养护、海水拌制淡水养护、淡水拌制海水养护和淡水拌制淡水养护，待 28d 后进行抗折、抗压实验。测试结果见表 6-18、表 6-19。对应的不同拌制和养护条件下的厚浆抗折强度和抗压强度变化曲线如图 6-51 和图 6-52 所示。从图 6-51 中分析得出海水拌制和海水养护均有利于提高厚浆的抗折强度，但采用海水拌制提高抗折强度的效果更加明显，采用海水拌制的厚浆，其抗折强度均保持在 2.10MPa 以上；而采用淡水拌制的厚浆，即使通过海水养护，其抗折强度最高为 1.90MPa。从图 6-52 中分析得出海水拌制和海水养护均有利于提高厚浆的抗压强度，但是采用海水拌制提高抗压强度的效果更佳明显，采用海水拌制的厚浆，其抗压强度均保持在 12.29MPa 以上，而采用淡水拌制的厚浆，即使通过海水养护，其抗压强度最高为 10.14MPa。对于采用海水拌制的厚浆，后期养护条件对其抗压强度几乎不产生影响，对于采用淡水拌制的厚浆，后期采用海水养护可大幅提高其抗压强度，平均增幅可达 98.4%。总之，从数据中可以看出，养护 28d 后，海水拌制及养护环境对试件的强度有增强作用。

28d 淡水拌制的厚浆强度测试结果 表6-18

试件编号	1		2		3		平均
抗折强度（淡水养护）(MPa)	0.90		1.00		1.00		0.97
抗折强度（海水养护）(MPa)	1.80		1.90		1.80		1.83
试件编号	11	12	21	22	31	32	平均
抗压强度（淡水养护）(MPa)	5.10	5.10	5.09	5.10	5.11	5.12	5.10
抗压强度（海水养护）(MPa)	10.10	10.13	10.11	10.11	10.14	10.11	10.12

28d 海水拌制的厚浆强度测试结果 表6-19

试件编号	1		2		3		平均
抗折强度（淡水养护）(MPa)	2.10		2.10		2.11		2.10
抗折强度（海水养护）(MPa)	2.20		2.19		2.18		2.19
试件编号	11	12	21	22	31	32	平均
抗压强度（淡水养护）(MPa)	12.30	12.31	12.30	13.33	12.30	12.29	12.30
抗压强度（海水养护）(MPa)	12.41	12.39	12.38	12.41	12.43	12.42	12.41

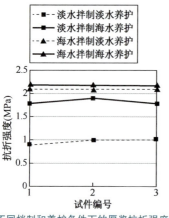

图 6-51 不同拌制和养护条件下的厚浆抗折强度测试结果

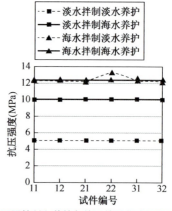

图 6-52 不同拌制和养护条件下的厚浆抗压强度测试结果

(7)固结收缩率

养护28d后,测试其固结收缩率,其汇总见表6-20和表6-21。对应的不同拌制和养护条件下的厚浆固结收缩率变化曲线如图6-53所示。从图中可以看出,拌制和养护条件对厚浆的固结收缩率均产生了影响。海水拌制的厚浆固结收缩率比淡水拌制的小,海水拌制的厚浆固结收缩率在2%以下,淡水拌制的厚浆固结收缩率最小有2.2%;海水养护条件能够降低厚浆的固结收缩率,这种效应对于采用淡水拌制的厚浆作用效果更佳明显。

28d 淡水拌制的厚浆固结收缩率　　　　　　　　　　　　　表6-20

试件编号	1	2	3	平均
固结收缩率(淡水养护)(%)	2.8	3.0	3.1	3.0
固结收缩率(海水养护)(%)	2.5	2.2	2.3	2.3

28d 海水拌制的厚浆固结收缩率　　　　　　　　　　　　　表6-21

试件编号	1	2	3	平均
固结收缩率(淡水养护)(%)	1.9	1.9	2.0	1.9
固结收缩率(海水养护)(%)	2.0	1.8	1.9	1.9

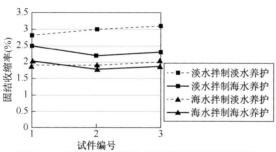

图6-53 不同拌制和养护条件下的厚浆的固结收缩率

2)厚浆浆液成分对性能指标的影响试验研究

(1)试验目的

研究浆液成分对浆液指标的影响规律,探寻适应海域环境下盾构壁后注浆浆液性能指标的成分配合比,为工程同步注浆浆液配置提供参考。现场配置同步注浆浆液的主要材料有砂、粉煤灰、膨润土、石灰、水泥。现场提供的浆液性能控制指标如下:

①坍落度:0h 大于140mm,4h 大于50mm。

②泌水率:小于1%。

③可使用时间:0~10h。

(2)试验设计

利用正交试验程序确定各组试验成分用量见表6-22。

浆液各成分用量(kg)　　　　　　　　　　　　　表6-22

试验号	成分						总质量
	砂	粉煤灰	膨润土	石灰	水泥	水	
1	4.08	1.02	0.20	0.26	0.15	1.00	6.71
2	4.76	1.43	0.15	0.00	0.00	1.00	7.34
3	3.57	0.89	0.25	0.45	0.09	1.00	6.25
4	3.17	0.71	0.30	0.54	0.18	1.00	5.90

续上表

试验号	成分						总质量
	砂	粉煤灰	膨润土	石灰	水泥	水	
5	2.86	0.61	0.35	0.61	0.21	1.00	5.64
6	3.57	0.71	0.15	0.36	0.18	1.00	5.97
7	4.17	0.60	0.25	0.45	0.21	1.00	6.67
8	3.13	0.58	0.30	0.58	0.09	1.00	5.68
9	2.78	1.00	0.35	0.25	0.00	1.00	5.38
10	2.50	1.14	0.20	0.00	0.11	1.00	4.95
11	3.17	0.56	0.25	0.56	0.00	1.00	5.54
12	3.70	0.82	0.30	0.21	0.08	1.00	6.11
13	2.78	0.89	0.35	0.00	0.22	1.00	5.24
14	2.47	0.60	0.20	0.30	0.21	1.00	4.78
15	2.22	0.58	0.15	0.44	0.09	1.00	4.48
16	2.86	0.74	0.30	0.00	0.26	1.00	5.16
17	3.33	0.61	0.35	0.30	0.09	1.00	5.68
18	2.50	0.57	0.20	0.43	0.00	1.00	4.70
19	2.22	0.48	0.25	0.48	0.05	1.00	4.47
20	2.00	0.67	0.15	0.17	0.17	1.00	4.15
21	2.60	0.49	0.35	0.37	0.05	1.00	4.86
22	3.03	0.40	0.20	0.40	0.10	1.00	5.14
23	2.27	0.57	0.15	0.14	0.20	1.00	4.33
24	2.02	0.79	0.25	0.00	0.12	1.00	4.18
25	1.82	0.61	0.30	0.30	0.00	1.00	4.03

(3)坍落度试验结果及分析

坍落度试验结果见表6-23。各组试验初始(0h)坍落度范围为4.0~27.5cm,4h后坍落度范围为2~23.1cm,总体来看坍落度下降均比较平缓。坍落度下降最多的是第22号,下降了9.4cm。

坍落度试验结果　　　　　　　　　　表6-23

试验号	坍落度(cm)					试验号	坍落度(cm)				
	0h	1h	2h	3h	4h		0h	1h	2h	3h	4h
1	5.0	5.0	4.5	4.2	4.0	14	23.0	22.0	21.5	20.0	18.8
2	4.0	3.5	3.0	2.5	2.0	15	23.5	22.5	20.0	19.0	18.0
3	8.0	6.8	6.1	5.8	4.0	16	18.0	16.0	15.5	14.0	12.0
4	4.5	4.0	3.0	2.5	2.5	17	10.6	10.0	9.4	8.0	7.0
5	11.7	11.2	10.5	9.2	7.5	18	19.0	17.0	15.5	15.0	12.7
6	14.7	13.8	13.3	11.5	10.0	19	26.0	24.7	21.0	20.5	20.0
7	5.5	5.0	4.0	3.4	3.0	20	27.0	26.0	25.1	24.3	23.1
8	11.8	11.0	10.0	9.5	7.6	21	18.3	16.5	15.5	13.0	12.0
9	15.5	14.5	14.0	12.5	11.3	22	18.8	15.8	13.5	11.0	9.4
10	21.0	17.5	16.0	14.5	12.5	23	27.5	23.6	22.5	21.0	18.8
11	13.0	12.4	11.0	10.5	7.0	24	25.0	24.1	22.4	21.0	19.5
12	11.1	10.4	9.0	8.5	8.0	25	26.0	24.7	21.0	20.6	20.0
13	14.5	14.0	12.8	11.0	9.6						

对影响浆液正交试验坍落度的5种因素进行极差分析,获得各个因素对坍落度的影响能力,其结果见表6-24。从表中可以看出,A因素(水胶比)的极差最大,E因素(泥粉比)的极差最小,各因素对坍落度影响程度按从大到小顺序排列为$A \to B \to C \to D \to E$。因此在海域环境下,同步注浆浆液坍落度的影响因素A(水胶比)起决定性作用。

坍落度极差分析(cm)　　　　　　　　　　　　　表6-24

类别	水胶比A	胶砂比B	膨水比C	灰粉比D	泥粉比E
均值1	6.64	13.8	17.36	17.2	15.08
均值2	13.7	9.98	19.04	16.5	15.5
均值3	16.9	16.16	15.7	16.46	16.86
均值4	20.12	18.8	14.26	14.06	15.9
均值5	23.12	21.74	14.12	16.26	17.14
极差	16.48	11.76	4.92	3.14	2.06

注:水胶比A=水:(粉煤灰+石灰+水泥);
　　胶砂比B=(粉煤灰+石灰+水泥):砂;
　　膨水比C=膨润土:水;
　　灰粉比D=石灰:粉煤灰;
　　泥粉比E=水泥:粉煤灰。

各因素对同步注浆浆液坍落度的影响规律如图6-54所示。从图中可以看出,在所研究的水平范围内浆液的坍落度随着水胶比和胶砂比的增加而增大,随着膨水比的增大而减小,受灰粉比和泥粉比的影响规律不明确。

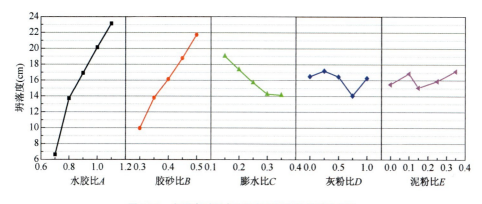

图6-54　各因素对同步注浆浆液坍落度的影响趋势

①稠度试验结果及分析

试验结果如表6-25所示,从中可以发现,不同配合比下浆液的稠度在1.5～12.6cm之间变化(浆液的稠度值越大,说明稠度仪试锥贯入的深度越大,浆液的流动性能越好,反之稠度小的浆液流动性能较差)。

稠度试验结果汇总(cm)　　　　　　　　　　　　　　　　　　　表6-25

试验号	试验次数		稠度均值	试验号	试验次数		稠度均值
	第一次	第二次			第一次	第二次	
1	2.3	2.0	2.2	14	10.4	10.5	10.5
2	1.5	1.6	1.5	15	10.5	10.6	10.6
3	2.7	2.7	2.7	16	6.0	6.7	6.4
4	2.2	1.9	2.1	17	3.9	4.7	4.3
5	3.0	2.9	3.0	18	9.2	9.0	9.1
6	5.4	5.6	5.5	19	11.4	11.0	11.2
7	2.0	2.0	2.0	20	12.4	12.4	12.4
8	3.4	3.4	3.4	21	7.0	7.0	7.0
9	5.4	5.5	5.5	22	8.0	7.3	7.7
10	9.5	9.4	9.5	23	12.3	12.9	12.6
11	4.8	4.6	4.7	24	12.0	11.7	11.9
12	3.0	2.7	2.9	25	11.6	11.7	11.7
13	4.7	5.2	5.0				

对影响浆液稠度的5种因素求其平均值和极差进行极差分析,其结果见表6-26。从表中可以看出,A因素(水胶比)的极差最大,E因素(泥粉比)的极差最小,对稠度影响程度按从大到小顺序排列为$A \rightarrow B \rightarrow C \rightarrow D \rightarrow E$。这说明海域环境下,同步注浆浆液稠度的控制$A$因素(水胶比)起决定性作用。

稠度极差分析(cm)　　　　　　　　　　　　　　　　　　　表6-26

类别	水胶比A	胶砂比B	膨水比C	灰粉比D	泥粉比E
均值1	2.3	5.16	7.8	7.12	6.48
均值2	5.18	3.68	8.28	6.86	6.5
均值3	6.74	6.56	6.74	6.94	6.66
均值4	8.68	8.24	5.3	6.16	6.54
均值5	10.18	9.44	4.96	6	6.9
极差	7.88	5.76	3.32	1.12	0.42

各因素对稠度影响规律如图6-55所示。从图中可以看出,在所研究的水平范围内浆液的稠度随着水胶比和胶砂比的增加而增大,随着膨水比的增大而减小。浆液的稠度受灰粉比和泥粉比的影响规律不明确。水胶比增大,浆液中的自由水分也在增加,因而流动性也越好,稠度也越大。胶砂比越大时,由于胶凝材料相对含量较多,凝胶物质在砂粒间的包裹层变厚,砂粒之间的摩擦阻力随之减小,因此浆液的流动性变差,稠度也就越大。膨润土具有强吸水作用,膨水比增大,膨润土吸收的水分越多,浆液中的自由水减少,浆液流动性降低,稠度也降低。

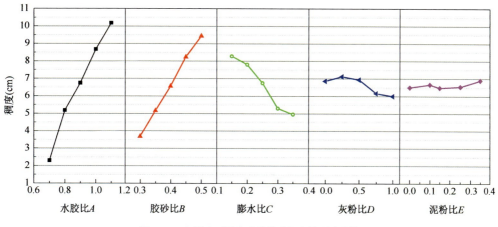

图 6-55　各因素对同步注浆浆液稠度的影响趋势

②泌水率试验结果及分析

泌水率试验结果见表 6-27，泌水率的变化范围为 0.00% ~ 1.96%。

泌水率试验结果汇总　　　　　　　　　　　　　　　　表 6-27

试验号	砂浆质量(g)	泌水质量(g)	泌水率(%)	试验号	砂浆质量(g)	泌水质量(g)	泌水率(%)
1	113.8	0.0	0.00	14	169.3	1.8	1.06
2	153.2	0.0	0.00	15	162.0	2.6	1.60
3	166.8	0.0	0.00	16	179.6	0.1	0.06
4	175.2	0.0	0.00	17	165.4	0.1	0.06
5	174.1	0.0	0.00	18	164.1	1.2	0.73
6	168.7	0.1	0.06	19	164.2	1.7	1.04
7	129.3	0.0	0.00	20	150.5	2.4	1.59
8	159.2	0.0	0.00	21	161.2	1.2	0.74
9	164.9	0.0	0.00	22	173.7	0.0	0.00
10	178.8	1.9	1.06	23	168.6	3.3	1.96
11	171.2	0.0	0.00	24	163.7	2.8	1.71
12	162.7	0.0	0.00	25	162.1	2.5	1.54
13	161.5	0.0	0.00				

对影响浆液泌水率的 5 种因素进行极差分析，其结果见表 6-28。从表中可以看出，A 因素（水胶比）的极差最大，D 因素（灰粉比）的极差最小。各因素对泌水率影响程度按从大到小顺序排列为 $A \rightarrow B \rightarrow C \rightarrow E \rightarrow D$。这说明同步注浆浆液泌水率的影响因素 A（水胶比）起决定性作用。

泌水率极差分析　　　　　　　　　　　　　　　　　表 6-28

类别	水胶比 A	胶砂比 B	膨水比 C	灰粉比 D	泥粉比 E
均值 1	0	0.172	0.738	0.71	0.87
均值 2	0.392	0.208	0.932	0.734	0.454

续上表

类　别	水胶比A	胶砂比B	膨水比C	灰粉比D	泥粉比E
均值3	0.532	0.538	0.66	0.74	0.736
均值4	0.892	0.762	0.32	0.614	0.33
均值5	1.19	1.326	0.356	0.208	0.616
极差	1.19	1.154	0.612	0.532	0.54

各因素对同步注浆浆液泌水率的影响规律，如图6-56所示。从图中可以看出，在所研究的水平范围内浆液的泌水率随着水胶比和胶砂比的增加而增大，随着膨水比和灰粉比的增大而减小，受泥粉比的影响规律在所研究的水平范围内并不是很明确。水胶比增大导致浆液中自由水量增加，泌水量增大。对于本试验所用的材料而言，胶砂比增大，胶凝材料用量增加，泌水量反而增加。膨润土强吸水的作用也有利于降低泌水率。灰粉比增大泌水率较小说明石灰相比于粉煤灰更有利于降低泌水率。

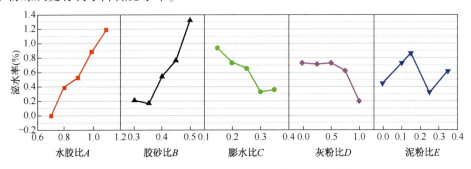

图6-56　各因素对同步注浆浆液泌水率的影响趋势

③凝结时间试验结果及分析

通过分析凝结时间和贯入阻力的关系，插值得到贯入阻力为0.5MPa时的时间点，并取之为浆液的凝结时间，获得不同成分下浆液凝结时间见表6-29，变化范围为5.8~23.2h。

浆液凝结时间汇总　　　　　　　　　　表6-29

试　验　号	凝结时间(h)	试　验　号	凝结时间(h)
1	6.9	14	13.0
2	11.0	15	12.8
3	9.2	16	8.1
4	5.9	17	10.6
5	10.9	18	19.4
6	9.4	19	19.1
7	5.8	20	15.6
8	9.2	21	21.9
9	23.2	22	18.1
10	12.7	23	6.9
11	21.3	24	15.8
12	7.8	25	22.3
13	7.4		

对影响浆液正交试验凝结时间的5种因素进行极差分析,其结果见表6-30。从表中可以看出,E因素(泥粉比)的极差最大,即水泥的含量对浆液凝结时间的影响最大;C因素(膨水比)的极差最小。各因素对凝结时间影响程度按从大到小顺序排列为$E→A→B→D→C$,说明泥粉比对同步注浆浆液凝结时间起决定性作用。

浆液凝结时间极差分析(h) 表6-30

类别	水胶比A	胶砂比B	膨水比C	灰粉比D	泥粉比E
均值1	8.78	13.52	14.02	12.08	11.06
均值2	12.06	10.66	11.84	11	19.44
均值3	12.46	10.42	13.54	12.9	14.14
均值4	14.56	15.4	10.66	13.16	11.28
均值5	17	14.86	14.8	15.72	8.94
极差	8.22	4.98	4.14	4.72	10.5

各因素对同步注浆浆液凝结时间的影响规律如图6-57所示。从图中可以看出,在所研究的水平范围内浆液的凝结时间随着水胶比和灰粉比的增加而增大,随着泥粉比的增大而减小,受胶砂比和膨水比的影响规律并不是很明确。说明水泥含量对浆液凝结时间影响最大。

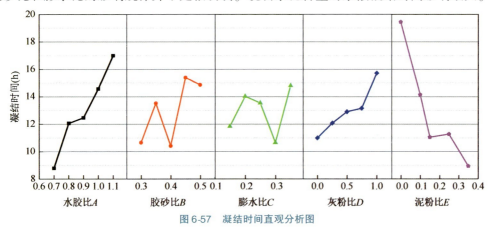

图6-57 凝结时间直观分析图

(4)试验结果汇总分析

汇总上述试验结果,得到浆液成分比例与性能指标之间的影响关系见表6-31。分析表6-31可以得到以下规律:

①降低固体成分的比含量或增加水的含量,浆液的坍落度、稠度、泌水率和凝结时间都会增加。

②在水的含量不变的情况下,增加粉煤灰、石灰、水泥的含量或者降低砂的含量,浆液的坍落度、稠度、泌水率会增加,凝结时间的变化趋势不明确。

③在其他成分含量均不变的情况下,增加膨润土的含量或降低水的含量,浆液的坍落度、稠度、泌水率会降低,凝结时间的变化趋势不明确。

④在其他成分含量均不变的情况下,增加石灰的含量或者降低粉煤灰的含量,泌水率会降低,凝结时间会增加,坍落度、稠度变化趋势不明确。

⑤在其他成分含量均不变的情况下,增加水泥的含量或者降低粉煤灰的含量,凝结时间会缩短,浆液的坍落度、稠度、泌水率变化趋势不明确。

浆液成分比例与性能指标之间的影响关系　　　表6-31

类　别	水胶比 A	胶砂比 B	膨水比 C	灰粉比 D	泥粉比 E
坍落度	+	+	-	/	/
稠度	+	+	-	/	/
泌水率	+	+	-	-	/
凝结时间	+	/	/	+	-

注:+表示正相关性;-表示负相关性;/表示影响关系不确定。

整理试验得到的浆液稠度、泌水率、凝结时间、坍落度的基本性能参数指标,将这些参数进行汇总得到同步注浆配合比正交试验结果,其结果见表6-32。

海域环境下同步注浆厚浆配合比试验结果汇总　　　表6-32

试验组号	水胶比 A	胶砂比 B	膨水比 C	灰粉比 D	泥粉比 E	稠度(cm)	泌水率(%)	凝结时间(h)	0h坍落度(cm)	4h坍落度(cm)
1	0.70	0.35	0.20	0.25	0.15	2.20	0.00	6.90	5.00	4.00
2	0.70	0.30	0.15	0.00	0.00	1.50	0.00	11.00	4.00	2.00
3	0.70	0.40	0.25	0.50	0.10	2.70	0.00	9.20	8.00	4.00
4	0.70	0.45	0.30	0.75	0.25	2.10	0.00	5.90	4.50	2.50
5	0.70	0.50	0.35	1.00	0.35	3.00	0.00	10.90	11.70	7.50
6	0.80	0.35	0.15	0.50	0.25	5.50	0.06	9.40	14.70	10.00
7	0.80	0.30	0.25	0.75	0.35	2.00	0.00	5.80	5.50	3.00
8	0.80	0.40	0.30	1.00	0.15	3.40	0.00	9.20	11.80	7.60
9	0.80	0.45	0.35	0.25	0.00	5.50	0.00	23.20	15.50	11.30
10	0.80	0.50	0.20	0.00	0.10	9.50	1.06	12.70	21.00	12.50
11	0.90	0.35	0.25	1.00	0.00	4.70	0.00	21.30	13.00	7.00
12	0.90	0.30	0.30	0.25	0.10	2.90	0.00	7.80	11.00	8.00
13	0.90	0.40	0.35	0.00	0.25	5.00	0.00	7.40	14.50	9.60
14	0.90	0.45	0.20	0.50	0.35	10.50	1.06	13.00	23.00	18.80
15	0.90	0.50	0.15	0.75	0.15	10.60	1.60	12.80	23.50	18.00
16	1.00	0.35	0.30	0.00	0.35	6.40	0.06	8.10	18.00	12.00
17	1.00	0.30	0.35	0.50	0.15	4.30	0.06	10.60	10.60	7.00
18	1.00	0.40	0.20	0.75	0.00	9.10	0.73	19.40	19.00	12.70
19	1.00	0.45	0.25	1.00	0.10	11.20	1.04	19.10	26.00	20.00
20	1.00	0.50	0.15	0.25	0.25	12.40	1.59	15.60	27.00	23.10
21	1.10	0.35	0.35	0.75	0.10	7.00	0.74	21.90	18.30	12.00
22	1.10	0.30	0.20	1.00	0.25	7.70	0.00	18.10	18.80	9.40
23	1.10	0.40	0.15	0.25	0.35	12.60	1.96	6.90	27.50	18.80
24	1.10	0.45	0.25	0.00	0.15	11.90	1.71	15.80	25.00	19.50
25	1.10	0.50	0.30	0.50	0.00	11.70	1.54	22.30	26.00	20.00

以坍落度为主要的控制指标,兼顾其他三项指标要求的试验组为6,具体配合比见表6-33。

厚浆参考配合比表 表6-33

试验组号	砂(kg)	粉煤灰(kg)	膨润土(kg)	石灰(kg)	水泥(kg)	水(kg)
6	3.57	0.71	0.15	0.36	0.18	1.00

盾构在掘进过程中面临海水渗入浆液,海水对浆液性能的影响目前尚未确定,为了解决这一问题,开展了不同拌制及养护条件对同步注浆浆液的坍落度、保水性、凝结时间、抗折强度、抗压强度和固结收缩率的影响试验研究。试验结果表明:海水拌制浆液流动性稍好,坍落度略大于淡水拌制的浆液;淡水拌制同步厚浆的保水性稍好于海水拌制,但是差异不大;海水拌制的同步浆液凝结时间相对较短;海水拌制及养护环境对试件的抗折强度和抗压强度有增强作用;海水拌制及养护条件能够降低厚浆的固结收缩率。总体来看,海水渗入浆液后的作用是积极的。

针对工程需求,开展厚浆浆液成分对其性能指标的影响试验研究,掌握了厚浆成分对坍落度、稠度、泌水率和凝结时间的影响规律,并结合现场对厚浆性能指标的要求,提出了建议配合比,为工程使用厚浆提供了参考。

6.3 盾构特殊地层适应性改造

6.3.1 海域孤石地层掘进刮刀损坏成因分析

刮刀是盾构在软土地层掘进时的主要刀具(图6-58),采用高强度螺栓将其固定在刀盘开口区的两侧,用来切削未固结的土体,并把土体刮入土仓或泥水仓中。盾构刀盘的同一个轨迹线上一般布置多把刮刀,且刮刀的宽度大于相邻刀具的轨迹线间距,以确保每把刮刀的作用区域有一定的重叠。

刮刀主要适用于软土地层掘进。随着盾构直径的增大,使得掘进面上出现复合地层的情况越来越多,甚至会出现掘进面上部是淤泥、淤泥质土,下部是微风化基岩的情况。盾构在这种复合地层掘进时,会出现刮刀掉落土仓或泥水仓的现象。此时若不能及时排出掉落的刮刀,在盾构掘进时会损坏刀盘本体或其他刀具,引起掘进参数异常,影响盾构的正常掘进。为了清理掉落的刀具、维修刀盘及其他刀具,必须进行带压进仓作业。因此会增加施工作业风险与成本,造成工程进度降低。

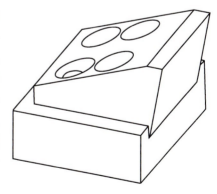

图6-58 盾构刮刀

1)始发端头孤石分布情况

始发端头段隧道盾构段顶部地层以淤泥、粉细砂为主;洞身掘进段以淤泥、淤泥质土、粉质黏土、中粗砂、强风化花岗岩为主;隧道底部地层以强风化花岗岩、中风化花岗岩为主。根据三轴搅拌桩加固及端头孤石钻孔补勘情况,始发端头东线存在 3 块孤石(图 6-59 中的①、②、③),西线存在 4 块孤石(图 6-59 中的④、⑤、⑥、⑧)和 1 处基岩凸起(图 6-59 中的⑦)。

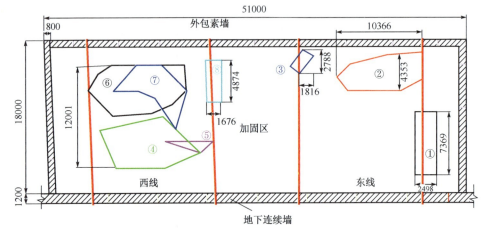

图 6-59　工程始发加固区孤石分布示意图(尺寸单位:mm)
①~⑧-孤石编号

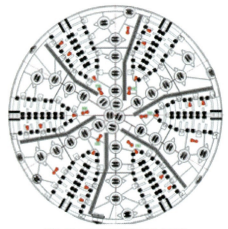

图 6-60　盾构刀盘刮刀分布情况

2)盾构刮刀布置

汕头海湾隧道工程分为东线和西线,两台盾构刮刀均可分为常压更换式和带压更换式,两台盾构带压更换式刮刀均用高强度螺栓安装。东线盾构刮刀在刀盘上的布置情况如图 6-60 所示(图中黑色块状区域)。刀高均为 185mm,安装在 6 根主梁和 6 根副梁两侧。带压更换式刮刀安装方式如图 6-61 所示,在盾构刀盘上焊接刮刀的刀座,刀座上预留螺栓孔,刮刀通过螺栓连接的方式安装在刀座上,东线盾构的带压更换式刮刀采用 4 颗 10.9 级的 M24 螺栓安装,刀盘正面区域刮刀安装半径为 2370~6600mm。

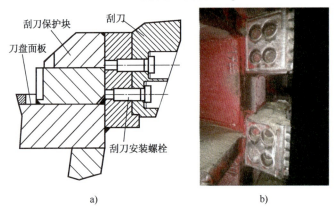

图 6-61　海湾隧道工程东线盾构刮刀安装结构

3）盾构始发加固区掘进及刮刀损坏情况

（1）加固区掘进情况

盾构在始发加固区正常掘进时，掘进速度控制在3.0～5.0mm/min，总推力保持在29000～32000kN，刀盘扭矩保持在1020～2440kN·m。掘进过程中，出现了刀盘扭矩异常波动的情况，扭矩波动峰值最高达到10771.72kN·m，如图6-62所示。

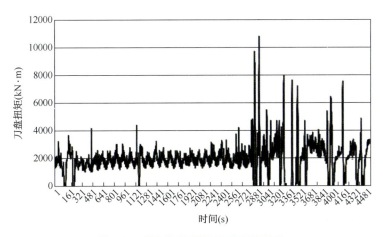

图6-62 盾构掘进过程中的扭矩时间曲线

（2）刮刀损坏情况

掘进扭矩出现异常后进行开仓作业，检查发现刀盘前方分布有大小不等的孤石，如图6-63所示。大块孤石完整性较好，表面留有滚刀滚压的轨迹线，小块孤石卡在盾构刀盘开口区的隔板之间。检查刀盘发现已有多把带压更换式刮刀脱落，刮刀损坏情况如图6-64所示，掉落的刮刀整体结构基本完好，但是刀刃上的合金齿出现崩落的情况，刮刀安装螺栓出现拉伸、缩颈的现象。脱落的刮刀编号为28号、24号、25号、20号（2把）、18号和8号，共计7把刮刀，刮刀在刀盘上的位置如图6-65所示（图中圆圈处）。其中刀盘主梁上脱落的刮刀有28号、24号、20号（2把）、18号和8号共计6把刮刀，刀盘副梁上为25号刮刀。

a)

b)

c)

图6-63 刀盘前方及开口区的孤石

a)掉落的刮刀　　　　　　　　b)刮刀刀座　　　　　　　　c)损坏的刮刀安装螺栓

图 6-64　带压更换式刮刀损坏情况

4)刮刀结构受力分析

从带压更换式刮刀安装结构损坏的情况看,主要是因为安装螺栓均已损坏,无法将刮刀固定在刀座上,造成刮刀刀体的脱落,因此需要对此类刮刀安装结构进行受力分析,研究其在不同工况下的受力情况。盾构的带压更换式刮刀使用 4 颗规格为 M24×75,强度等级为 10.9 级的螺栓安装。根据国家标准《紧固件机械性能　螺栓、螺钉和螺柱》(GBT 3098.1—2010)可知,此类螺栓的材质公称抗拉强度达到 1000MPa,螺栓材质的屈服强度比值为 0.9,螺栓材质的公称屈服强度为 900MPa。由于带压更换式刮刀在刀盘上是"背靠背"安装,无论刀盘沿哪个方向旋转,都会存在部分刮刀正面受力、部分刮刀背面受力的情况,如图 6-66 所示。

图 6-65　脱落的刮刀在刀盘上的位置

 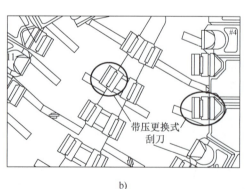

a)　　　　　　　　　　　　　　　　b)

图 6-66　带压更换式刮刀的布置方式

(1)刮刀正面受力分析

图 6-67 为刮刀正面受力示意图。通过采用数值分析计算可得:当刮刀正面承受的力为

1170kN时,螺栓的最大等效应力为896.57MPa,接近屈服极限900MPa,如图6-67所示。这时可认为刮刀正面受力不能超过1170kN,不会造成螺栓1(图6-67)发生塑性变形失效。图6-68为螺栓及刮刀的等效应力分布图,从图中可以看出螺栓最大等效应力位于刮刀和刀座之间的连接处。当前荷载作用下,刮刀的最大等效应力为383.67MPa,其中刀刃下方等效应力相对较大,分布范围为283.43~323.87MPa,在更大荷载作用下可能会造成刀齿崩落。

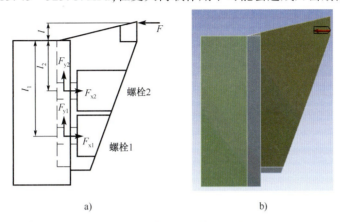

图6-67 刮刀正面受力示意图

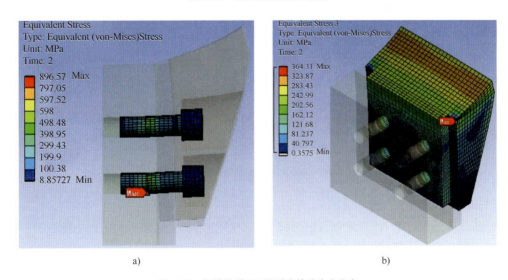

图6-68 螺栓及刮刀正面受力等效应力分布

(2)刮刀背面受力分析

图6-69为刮刀背面受力示意图。通过采用数值分析计算得到:当刮刀背面承受的最大力为170kN时,螺栓的最大等效应力为898.79MPa,接近屈服极限900MPa,如图6-70所示。这时可认为刮刀背面受力不能超过170kN,否则会造成螺栓2(图6-69)发生塑性变形失效。螺栓最大等效应力位于刮刀和刀座的连接处,此时刮刀的最大等效应力为383.67MPa(图6-70)。刮刀上的应力较大的区域主要分布在螺栓2对应的螺栓孔处,应力分布范围为86.101~383.67MPa,螺栓孔边缘处应力比较集中,在极小的尺寸内从128.61MPa增加到383.67MPa。

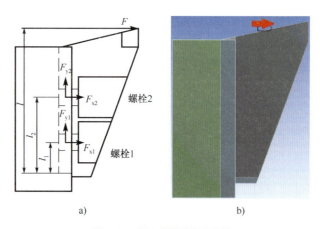

图 6-69 刮刀背面受力示意图

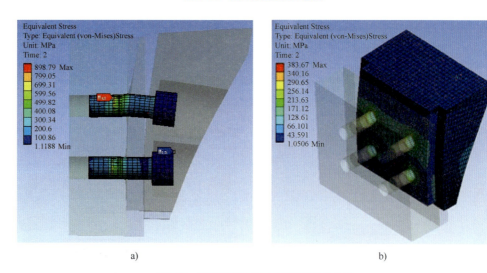

图 6-70 螺栓及刮刀背面受力等效应力分布

(3) 刮刀损坏因素分析

根据计算分析方案,计算螺栓强度等级为 12.9 级时,刮刀能够承受的最大荷载,将两种强度等级下螺栓的分析结果汇总,见表 6-34。

刮刀安装螺栓受力分析结果汇总　　表 6-34

螺栓强度等级	荷载作用位置	最大荷载（kN）	螺栓最大等效应力（MPa）	螺栓屈服强度（MPa）
10.9	刮刀正面	1170	896.57	900
	刮刀背面	170	898.79	
12.9	刮刀正面	2100	1003	1080
	刮刀背面	295	1007.1	

从上述计算结果来看:刀盘刮刀安装螺栓的强度等级为 10.9 级时,刮刀正面能够承受的最大荷载是背面能够承受最大荷载的 6.9 倍;当螺栓的强度等级为 12.9 级时,刮刀正面能够

承受的最大荷载是背面能够承受最大荷载的 7.1 倍。虽然提高螺栓强度等级有利于提高螺栓的荷载极限，但是受刮刀受力部位不同的影响，刮刀能够承受的最大荷载差异性依旧较大。刮刀背面受力时，能够承受的最大荷载远小于正面受力，故认为掉落的刮刀均是因为盾构在孤石地层掘进时，刮刀背面受力造成螺栓受拉损坏，引起刮刀掉落。根据上述计算结果，结合掉落刮刀的分布及螺栓损坏的形式，分析认为造成刮刀背面受力而掉落的原因有以下几个方面：

①在含孤石地层掘进时，尽管盘形滚刀作用区域覆盖整个刀盘，孤石地层也进行加固处理，但不能提供足够的承载力来确保地层中的孤石能被滚刀完全破碎，造成部分孤石在滚刀作用下从地层中脱落或者突出掌子面。

②当刀盘转动时，尽管刮刀保护块高度低于刀刃，但因刀盘副梁上刮刀近距离"背靠背"安装，无论刀盘沿哪个方向旋转，都会有一侧的刮刀正面先接触突出掌子面的孤石，避免其背后的刮刀背部受力，对其背后的刮刀形成保护。此外，掉落的孤石也可通过刀盘开口进入泥水仓或卡在刀盘开口处，使刀盘副梁上的刮刀出现背面受力的工况概率较小，刮刀掉落的概率较低。

③刀盘主梁两侧边缘安装刮刀，刮刀中间安装盘形滚刀，由于盘形滚刀刀刃高于刮刀刀刃，在滚刀不能完全将掌子面的孤石破碎的情况下，部分孤石将与刮刀接触，但由于刮刀保护块高度低于刀刃高度，不能起到保护作用，且主梁两侧刮刀相距太远，也无法形成相互保护，导致无论刀盘沿哪个方向旋转，都有可能使一侧的刮刀背面与孤石接触挤压或撞击，损坏刮刀安装螺栓，造成刮刀掉落。

综上所述，刮刀保护块未能起到保护作用，造成刮刀背面受力损坏螺栓结构是造成主梁上刮刀掉落的根本原因。刮刀保护块的高度低于刀刃，且主梁两侧的刮刀相距太远，不能相互保护，造成盾构在孤石地层掘进时，出现刮刀背面受孤石挤压、撞击的情况，因此建议加高刮刀保护块的高度，使之与刀刃高度保持一致，以降低刮刀背面受力的机会，从而降低刮刀掉落的概率。目前盾构朝着大直径方向的趋势发展，但是切削类刀具的安装方式依然沿袭着中小直径盾构的设计。超大直径盾构面对的工况比中小直径盾构更加恶劣，刀具承受的荷载更加复杂，因此，在后续设计超大直径盾构时，应研究优化适用于超大直径盾构的刮刀安装方式，以提高刮刀安装结构的强度及可靠性，降低进仓打捞、维修刀具的工作的频次。

6.3.2 常压刀盘防结泥饼技术

黏性复合地层盾构掘进施工，刀盘结泥饼一贯是阻碍正常掘进的技术难题。尤其针对常压刀盘结构的泥水盾构，刀盘开口率低限制中心区渣土流动，刀盘结泥预防及控制愈加困难。

工程采用大直径泥水盾构（常压刀盘设计），盾构始发段为黏性地层掘进易出现刀盘结泥饼问题，通过对盾构设计、地层性质、掘进参数控制等因素进行分析，总结出一些刀盘泥饼防治措施，可为类似工程在泥饼防治上提供一定借鉴。

1）地质情况

始发段 200m 开挖面中部及上部为粉质黏土、底部残积土，该段黏性土地层编号主要为 ③$_1$ 粉质黏土、③$_2$ 淤泥质土、④$_2$ 粉质黏土、⑤残积层，始发段芯样如图 6-71 所示，力学参数见表 6-35。

a) 粉质黏土芯样

b) 砂质黏性土芯样

图 6-71　始发段芯样

地层力学参数表　　　　　　　　　　　　　　　表 6-35

土层编号	标贯击数(击)		空隙比 e	黏聚力 c(kPa)	内摩擦角 φ(°)	压缩系数 a_{1-2}(MPa^{-1})	压缩模量 E_S(MPa)
	实测值	平均值					
③$_1$	5~15	9.5	0.87	19.0	12	0.34	5.66
③$_2$	3~11	6.9	1.37	17.3	6.1	0.82	3.07
④$_2$	9~20	13.9	0.92	23.0	11.5	0.4	5.1
⑤$_1$	16~29	23.3	0.73	13.5	21	0.37	5.07

③$_1$粉质黏土(Q_4^{mc}):灰黄色、褐黄色、灰白色、砖红色、青灰色,可塑为主,局部呈软塑、硬塑状,以黏粒、粉粒为主,该层在上部及下部含中细砂粒,多呈透镜体状分布。有 48 孔揭露,层厚 0.5~8.6m,平均层厚 2.92m。

③$_2$淤泥质土(Q_4^{mc}):浅灰色~深灰色,流塑为主,局部呈软塑~可塑状,富含腐殖质,味臭,多夹粉细砂薄层,或与粉细砂互层(层厚 1~5cm,斜层理),局部含少量贝壳碎片,部分地段在底部夹泥炭质土或泥炭薄层。有 28 孔揭露,层厚 0.7~9.7m,平均层厚 3.1m。本层室内土工试验定名为淤泥质土,按液性指数判断呈流塑~软塑状为主。需特别注意的是,本层虽固结程度较好,但仍具有淤泥质土的部分工程特性,一经扰动,强度急剧降低。

④$_2$粉质黏土(Q_4^{mc}):深灰色,可塑为主,局部为硬塑状,含少量腐殖质,土质较均匀,黏性较好,呈透镜体状分布,有 8 孔揭露,层厚 0.7~5.0m,平均层厚 2.4m。

⑤残积层(Q^{el}):深灰色,可塑为主,局部为硬塑状,含少量腐殖质,土质较均匀,黏性较好,呈透镜体状分布,有 8 孔揭露,层厚 0.7~5.0m,平均层厚 2.4m。

2)盾构设计

(1)东西线两台盾构均为常压刀盘设计的泥水盾构,开挖直径为 15.01m/15.03m。刀盘采用 6 主梁 +6 副梁的结构形式,刀盘厚度 2.17m,刀盘开口率 27%(西线 28%),刀盘中心为封闭结构,直径为 4.8m。泄渣口内设置有格栅状的限径板,限径 350mm。共设置 6 个主动搅拌臂,无固定搅拌臂,搅拌臂高度 170mm,刀盘背侧到仓壁净空 400mm,泥仓容积较小。

(2)海瑞克盾构中心滚刀 6 把(双轴双刃)、正滚刀 26 把(双轴双刃)、边滚刀 7 把(4 把双轴双刃 +3 把单刃)可全部进行常压更换,刮刀 202 把可常压更换的为 48 把。中心滚刀刀间距130mm,正滚刀刀间距100mm,边滚刀刀间距58.1~97.7mm。滚刀刀高225mm,刮刀刀高185mm,滚刀和刮刀高差40mm。

(3)中铁装备盾构中心滚刀6把(双轴双刃)、正滚刀27把(双轴双刃)、边滚刀7把(5把双轴双刃+2把单刃)可全部进行常压更换,刮刀238把可常压更换的为48把。中心滚刀刀间距120mm,正滚刀刀间距100mm,边滚刀刀间距20~100mm。滚刀刀高225mm,刮刀刀高185mm,滚刀和刮刀高差40mm。

(4)泥浆环流及冲刷系统如图6-72所示,泥浆环流系统设计流量3000m³/h,进排浆管直径DN500,泥水循环系统设计有掘进模式、旁通模式、连续逆冲洗模式、维修保压模式、周末保压模式、机内小循环模式。

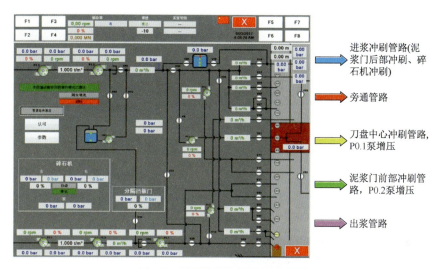

图6-72 泥浆环流及冲刷系统示意图

(5)刀盘面板、开口冲刷:主要采用P0.1泵连接中心锥内冲刷管,对刀盘、刀具、泄渣口进行冲刷,P0.1泵最大冲刷流量1100m³/h。泥浆门、破碎机等冲刷,采用P0.2泵对盾构泥浆门前后部、破碎机前部、格栅内进行冲刷,P0.2泵最大冲刷流量900m³/h。

刀盘冲刷包括6×中心冲刷、3×主臂冲刷、6×主臂间开口冲刷、12×主臂间限径板冲刷。刀盘冲刷孔共27个:红色表示6×中心冲刷;蓝色表示3×圆周冲刷;绿色表示6×主臂间腋角冲刷;紫色表示12×限径板后方主臂间相互冲刷。

(6)碎石机设置于气垫仓底部,数量1套,颚式DN1200,采用液压驱动方式,最大破碎粒径1200mm。

3)黏性地层盾构掘进结泥情况及分析

盾构在始发段240m黏性地层内掘进施工,按照采取的措施及刀盘刀具防结泥情况可分为两个阶段:第一个阶段为盾构始发60m段,第二阶段为后180m黏性土地质段。第一阶段刀盘出现较为严重的结泥情况,刀盘泄渣口结泥封堵,刀盘面板未出现结泥。通过总结优化防结泥措施,在第二阶段掘进,刀盘未出现结泥情况。

(1)始发段60m掘进及刀盘结泥情况

由于始发段60m开挖面下部存在大量孤石、基岩,开挖面地质整体情况为上黏下硬的状况。掘进速度及刀盘转速较低,掘进速度为 3～5mm/min,平均掘进速度 3.6mm/min。刀盘转速 0.55～0.7r/min,平均转速 0.57r/min。刀具贯入度 5～8mm/r,平均贯入度 6.4mm/r。刀盘总挤压力呈整体上升的趋势,从 12300kN 增至 15100kN。刀盘扭矩主要受到底部孤石、基岩情况的影响,呈上下起伏波动的情况。进浆密度在 1.10～1.20g/cm³ 之间,平均进浆密度在 1.16g/cm³。进浆流量 2300～2900m³/h,平均 2440m³/h;排浆流量 2340～3000m³/h,平均 2500m³/h。

泥水处理场分离设备预筛分筛板上渣土主要为黄色的黏性土,黏性土粒径较小,易附着黏结在筛板上,黏性土体在筛板的振动下基本不移动,需人工用高压水进行冲洗辅助出渣,如图 6-73、图 6-74 所示。

图 6-73　黏性土筛分后渣样　　　　　　　图 6-74　高压水人工冲洗黏性土

东线盾构掘进至 32 环后进行带压进仓作业,仓内检查发现:刀盘面板未出现异常磨损及结泥情况;刀盘 6 个泄渣口限径板范围内基本全部结泥糊死,仅剩余小部分开口,如图 6-75 所示。

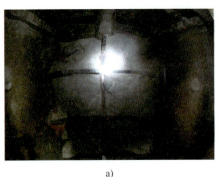
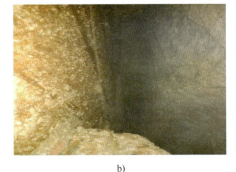

a)　　　　　　　　　　　　　　　b)

图 6-75　带压进仓掌子面情况

(2)结泥饼的原因

①客观因素主要在地质条件方面,始发段盾构开挖面范围内有近 60% 的黏性土,最大值近 80%。为了进一步分析盾构区间黏性土性质,分别对泥水处理场筛分出的黏性土渣样及地层黏性土取芯样进行蒙脱石含量检测。其中筛分渣黏性土蒙脱石含量13.16%、地层内红色黏土芯样蒙脱石含量 12.16%、地层内灰色黏土芯样蒙脱石含量 8.64%。

②因盾构采用常压刀盘设计,导致刀盘的开口率小、刀盘厚度大,在刀盘开口位置设计有格栅状的限径板。

③泥水仓空间较小,易造成仓底积渣。刀盘转速低、推进速度慢、进浆泥浆密度大,冲刷系统利用不充分。

4)防结泥饼技术措施

(1)除发挥现有冲刷系统的功能外,另外安装高压冲洗装置进行提升。冲刷系统部件包括密封座、驱动部件、增压泵、水平注水钻机等,如图6-76所示。在钻机钻头上安装有喷嘴,喷嘴的喷口与钻杆内注水通道连通。喷嘴设计有6种不同角度,通过喷嘴角度与伸出钻杆长度相互配合,可实现刀盘50%以上开口的有效冲刷。

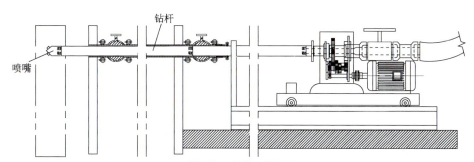

图6-76 高压冲刷系统

(2)高压冲刷系统工作水压设定在35MPa,水流量约为330L/min,每个副臂冲洗时间约1h可将泄渣口清洗干净,冲刷效果较好。将刀盘高压冲刷系统加入施工工序,每环掘进完成后依次对刀盘1~6号副臂泄渣口进行清洗。通过对全断面淤泥地层掘进情况来看,盾构刀盘结泥饼的问题不突出,改进的高压冲刷系统能很好地解决结泥饼问题。

(3)掘进前碎石机工作状态确认:开始掘进前,盾构主司机需提前开启破碎机一次,关注破碎机显示压力是否正常,确认破碎机工作状态良好后,开始环流掘进。

(4)掘进前进浆管路通畅性确认:盾构掘进前环流过程中,盾构主司机需确认各路进浆管路畅通后,方可掘进。环流出渣不畅通时,每掘进500mm停止掘进进行环流出渣,确保仓内及泥浆管、P2.1泵环流畅通。掘进结束后还需进行环流,保证管路及仓内环流畅通,环流时间根据刀盘空转扭矩及管路环流畅通、出渣情况确定,最长不得超出20min。P2.1泵排浆口压力变小时,增强破碎机搅拌,增加环流流量。

(5)上部2路进浆管路互相切换进浆(3~5min一循环);下部2路进浆管路互相切换进浆(3~5min一循环)。以P0.1泵大流量对刀盘中心冲刷为主,P0.2泵气垫仓泥浆门冲刷为辅。

6.4 刀具状态监测与更换技术

6.4.1 滚刀状态监测技术现状

刀盘、刀具是盾构装备的关键组成部分,其中刀盘面板作为刀具的安装载体,刀具是直接与岩土体作用的切削工具,两者在工作过程中不可避免地要与岩土体摩擦导致其磨损。刀具是基于互换性原则设计的,安装于刀盘之上,当刀具达到磨损上限时更换即可。刀具未能及时更换会导致面板剧烈磨损直至磨穿,由于刀盘面板修复难度很高,工程技术人员极力避免这种状况的发生。

采用泥水平衡盾构施工的水下隧道多处于复杂的地质条件、较高的水压环境中,在采取辅助措施条件下方可进入掌子面前方观察,对刀盘、刀具状态感知能力较差,而这种环境下对刀盘刀具功能完整性要求反而极高。通过开展刀盘、刀具磨损监测技术研究,提高对刀盘、刀具状态监测能力是解决现场施工困境的一种有效途径。

现阶段将刀盘、刀具磨损监测方法归为三大类:极限式监测法、实时在线监测法和开仓检测法。

(1)极限式监测法。即刀盘某部位或刀具达到磨损极限时,借助监测液压回路的压力、泄露的异味添加剂的气味信息来获知刀盘、刀具某部位已磨损至设定的上限,相当于对磨损上限设定了预警,此时刀盘局部或刀具已经失效,需要立即维修或更换。

(2)实时监测法。主要是安装特定的装置对刀盘刀具的磨损量进行监测并将数据实时传输至终端设备,工程技术人员能够借助预警信息、图形或表格实时掌握刀盘、刀具磨损状况,并非等到刀盘、刀具至磨损上限才能够发现,实现了对刀盘、刀具磨损状态的全寿命周期监控。

(3)开仓检测法。作为刀盘、刀具磨损检测最直观有效的方法,但是开仓检测耗费时间长,一般需要辅助工法支撑才能进入掌子面探视,影响施工进度、安全风险等级高。开仓检测法能够发现已经磨损失效的部位,也能对特定部位的磨损量进行测量。

三类监测方法的特点及适用性见表6-36。

常见刀盘、刀具监测方法及其适用性 表6-36

监测方法 (大类)	实现方式	是否能够 实时监测	特点及适用性
极限式监测法	气味 (异味添加剂)	不能 (监测到气味时已存在失效部位)	对于TBM类机器有一定适用性,对土压盾构、泥水盾构不适用,闻到该异味添加剂时已有失效部位,难以确定失效的具体位置
	压力 (液压提供)	不能 (压力变化时测点位置已发生失效)	通过布置的液压管路泄压来判断该部位达到磨损预警上限,能够获取失效部分的具体位置,需要埋设液压管路,比较复杂,一般用于关键位置磨损的预警,是目前应用范围较广的一种刀盘刀具监测方法
	压力 (预埋传感器)	不能 (压力变化时测点位置已发生失效)	通过预埋压力传感器进行磨损上限预警,实现起来较复杂,使用得较少
实时监测法	光栅式滚刀磨损在线检测系统	能实现实时在线监测	多用于TBM上,光栅容易被岩渣等挡住光信号,进而无法正常工作,泥水、土压盾构上不适用
开仓检测法	开仓目视或借助工具测量	不能	开仓时间长,一般需施以辅助工法,安全风险高,非必须情况不建议采用。泥水盾构中开仓检测成本很高

此外,还有研究者提出利用掘进参数法对刀盘、刀具磨损进行判断,需要盾构主司机对地质、设备都有较深认识的前提下进行判断,凭借主观感觉可操作性不强。地质条件未发生显著变化,而掘进参数(如扭矩)产生较大差异时,值得工程技术人员提高警惕。

由表6-36可知,利用液压油路对刀盘或刀具进行极限式监测法的使用范围很广,比如德国海瑞克公司、美国罗宾斯公司在盾构上一直使用液压监测方法。当磨损至一定程度后,监测部位预留的内腔压力无法保持,进而判断该处到达磨损的上限值,可以将压力信号处理后传递至上位机产生预警信号。受中心回转尺寸和内部管路布置数量的影响,能用于布置磨损监测的管路数量有限,只能通过布置若干关键测点的方式实现对这些位置磨损极限的预警。

在复合地层中掘进的泥水盾构刀盘面板需要配置一定数量的滚刀,以应对硬岩地层的存在。确保滚刀功能的完整性,能够最大限度减轻刀盘面板的磨损。能实现对滚刀磨损的实时监测是最佳的解决方案。盾构进入砂层、淤泥地层或者滚刀轴承损坏等情况下,滚刀刀圈不绕刀轴转动,此时滚刀很容易发生偏磨或者崩刃现象。刀圈不转情况下,安装的磨损实时监测装置测量的部位如恰好位于刀圈比较完整的部位,会出现测量到的磨损值很小,而实际滚刀因为偏磨等原因已经失效,刀盘面板正在受到严重的磨蚀。因此,必须制订一种针对滚刀的实时监测方案并对滚刀的自转情况进行判断,获得滚刀全面准确的磨损信息。

1)滚刀磨损实时监测技术

对滚刀磨损进行监测最直接有效的方法是以滚刀径向某特定位置作为测量基准点,测量该处与刀圈外缘的距离S,除特殊情况以外,滚刀在工作过程中均会自转,测量刀圈外缘与基准的距离便可以判断滚刀的磨损情况,检测系统组成如图6-77所示。

在盾构施工中,由于轴承损坏等结构原因或掘进地层产生泥饼使刀具转动困难等情况,一定概率上存在滚刀绕刀轴转动停止的现象,这样会出现测量的磨损量不大,但实际上刀具已经失效,失真的磨损数据势必误导技术人员对刀具的管理、更换决策。最大限度地获取滚刀磨损的真实情况,需要增加滚刀旋转监测系统,基于对滚刀旋转状态的判断来提升磨损监测信息的准确性。温度作为基本的参考信息,也被采集用于对刀具状态的分析。

泥水盾构中滚刀工作的环境非常恶劣,除了切削岩土体承受一定冲击荷载外,其还处于具有一定压力的泥水环境中,需要寻找一种结构简单、灵敏度高、测量精度高,以及环境适应性强能够在水下、振动、电磁干扰状态下可以准确测量距离的传感器。此外还需另外设计一套对滚刀转动状态进行判断的装置,在旋转监测的基础上开展滚刀磨损监测。

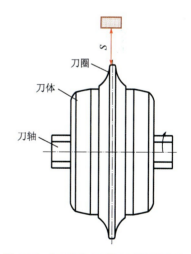

图6-77 滚刀磨损检测系统组成示意图

泥水盾构工作环境决定了开仓检查难度高、风险大,常压换刀装置的应用可以减少进仓次数,让滚刀的状态获取更多依赖传感器等特殊装置,为了避免传感器失效引起刀具状态严重误判,刀具磨损监测上继续保留一道油压磨损预警监测,采用广泛应用的液压回路监测刀具磨损的上限。

如图 6-78 所示为滚刀旋转状态监测系统改进方案,其中的滚刀磨损监测功能可实现对滚刀磨损状态的实时感知,布置油压磨损检测作为滚刀磨损检测的最后一道防线,实现滚刀的旋转状态、实时的磨损量、温度都能显示在主控室界面上。

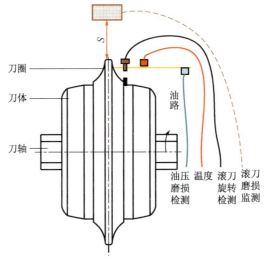

图 6-78 滚刀旋转状态监测系统改进方案

盾构刀具在密闭的泥水压力环境中工作,驱动刀盘转动时滚刀还要围绕自身刀轴进行旋转,压力仓内的泥水环境、温度、振动、电磁干扰等都对检测有很大的影响。基于盾构刀具的工作环境特点,致力寻找一种非接触式传感器来进行位移量的测量。

首先,考虑常用的光电式位移传感器及电容类传感器。采用光电式位移传感器,消除了机械的接触无磨损,具有寿命长的优点;但在泥水环境下不利于光信号的传播,传感器无法正常工作。电容位移传感器是另外一种非接触式精密测量仪器,在使用过程中无摩擦及磨损,抗电磁干扰能力强,测量灵敏度高;但存在一个较大的问题是:电容式传感器对两个电容之间的介质要求很高,变化的介质环境电容的特性就产生变化,而且要求滚刀上也安装对应的电容器,在实际操作中是无法实现的。

另外一种能够适应盾构工作环境的非接触式位移传感器即电涡流传感器。应用电涡流传感器,测量传感器探头和滚刀刀圈的距离变化,在信号处理以后对滚刀刀圈磨损实现了实时监测。

电涡流传感器是一种无损检测法,具有结构简单、频率响应快、灵敏度高、体积小的优点,其借助导体的涡流效应工作,传感器构成如图 6-79 所示。

图 6-79 传感器构成框图

电涡流式传感器是利用电涡流效应将位移等非电被测量转换为线圈的电感或阻抗变化的变磁阻式传感器。将金属导体置于变化着的磁场中,由于电磁感应作用,在导体内就会产生感应电流,这种电流称之为电涡流或涡流,这种效应称为涡流效应,如图 6-80 所示。电涡流效应实质是金属导体置于交变磁场中产生的感应电流,且该电涡流所产生磁场的方向与原磁场方向相反。

根据电磁感应定律,传感器的激励线圈中通过正弦交变电流 i_1 时,周围空间产生正弦交变磁场 H_1,在被测金属导体表面产生感应电流 i_2,i_2 产生新的磁场 H_2。H_2 方向与 H_1 相反并力图削弱 H_1,从而导致线圈的等效阻抗相应地发生变化。影响阻抗的参数是由线圈的物理性质决定的,括磁导率、电导率、线圈尺寸因子、线圈与金属导体的距离、激励电流强度和频率等。

线圈的阻抗:

$$z = F(\mu, \sigma, r, x, I, f) \tag{6-5}$$

式中:μ——磁导率;

σ——电导率;

r——线圈尺寸因子;

x——线圈与金属导体距离;

I——激励电流强度;

f——频率。

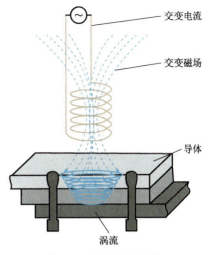

图 6-80 涡流效应原理图

当式中只有一个参数变化而其他参数不变时,线圈阻抗为该参数的单变量函数。当改变激励线圈与金属导体的间距并保持其他参数不变,可通过测量电路测得电参量来实现传感器探头与金属表面间距的测量。

(1)电磁感应线圈设计及封装

设计感应线圈的尺寸和形状,并将线圈缠绕好放入磁芯中,将 2 根引线接到外面,用黏合剂黏结固定线圈在磁芯中的位置。为了保护感应线圈,采用聚甲醛(POM)保护壳,装有感应线圈的磁芯放置于保护壳中形成间隙配合,线圈的 2 根引线用胶棒浇注固定,制成电缆后由磁芯侧面的缺口引出。考虑到泥水盾构复杂的施工环境,使用不锈钢外壳,用聚氨酯密封胶将电磁感应线圈封装起来。

(2)测量电路的设计

传感器产生的电信号需要通过测量电路进一步处理,采用定频调幅式电涡流传感器的电路原理如图 6-81 所示。特点是输出可以被调理成直流电压,优势在于调节为直流电压后,可以采用指数运算电路对传感器的非线性段进行优化补偿,扩大传感器的量程范围。电涡流的线圈 L 与电容 C 并联构成 LC 谐振回路,测量时,线圈 L 的电感值由于涡流作用而减小,谐振回路失调,谐振曲线变钝,振荡幅值下降,这种变化应对距离的变化。

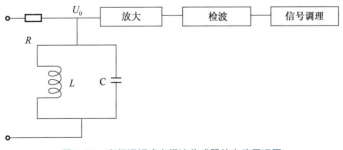

图 6-81 定频调幅式电涡流传感器的电路原理图

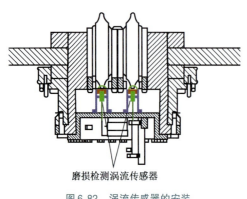

图 6-82 涡流传感器的安装

涡流传感器中的信号经过放大、检波、信号调理后再利用天线以无线信号的方式发送至中端路由,经过中端路由信号以有线传输的方式传输至盾构主控室处理后以图表的形式展现。

如图 6-82 所示,将涡流传感器安装在滚刀刀箱内,滚刀转动时,滚刀的外圈与涡流传感器的距离不断变化进而产生信号,涡流传感器中的信号经过测量电路的放大、检波、信号调理后变成数字信号,数字信号利用天线以无线信号的方式传输至路由中端,路由中端采用电缆传输以有线的方式传输至主控室,通过上位机监控系统可以实时监测滚刀的磨损状态。盾构内监控的磨损信息传输至大数据平台,经过数据存储、数据深度挖掘,其结果可以通过计算机(PC)、平板电脑、手机终端来访问查询磨损的状态信息。滚刀磨损监测的信号传递路线如图 6-83 所示。

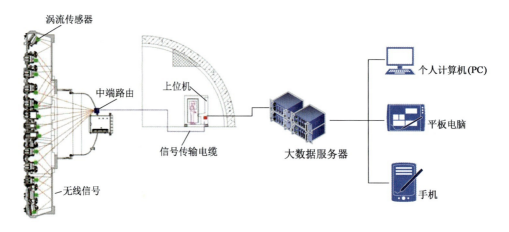

图 6-83 滚刀磨损监测信号传输路线

2)滚刀旋转监测

滚刀旋转状态监测系统利用电磁感应原理来实现滚刀旋转状态的采集,通过在滚刀的刀体边缘上布置若干(如 4 个)磁铁,在刀座上安装有铁芯(探头),当滚刀旋转时在铁芯周围会产生变化的磁场,铁芯与磁场之间还存在相对的运动。根据法拉第电磁感应定律,导体在磁场中切割磁感线势必会产生感应电流(电压);磁铁与铁芯的位置越近,铁芯周围的磁场越强,同样速度下切割磁感线,产生的感应电流(电压)也越大,可以依据产生的感应电流(电压)的大小判断滚刀的旋转状态。

如果产生的感应电流(电压)基本为零且没有起伏,则滚刀没有转动;产生的感应电流(电压)呈周期性脉冲状,则滚刀处于转动状态;转动速度越快,则电流(电压)的幅值越高,脉冲的频率也越高。

图 6-84 所示为滚刀旋转监测系统探头的结构组成,内部有一铁芯,将该装置安装在刀座的背板上,铁芯与滚刀上设计的磁铁位置相对。图 6-85 所示为旋转状态监测传感器安装示意图,由于泥水盾构配置了常压换刀装置,旋转状态监测传感器探头安装在刀筒内,便于换刀时与滚刀一同抽出进行检查、维护。图 6-86 所示为旋转状态监测传感器探头在刀筒内的实际安装,模拟信号通过电缆引出后处理为数字信号通过无线传输单元发射出去。

 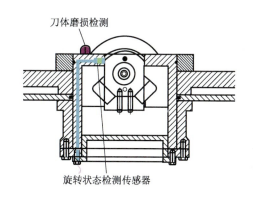

图 6-84　滚刀旋转监测系统探头结构组成　　图 6-85　旋转状态监测传感器安装示意图

图 6-87 为安装的旋转状态监测传感器探头安装固定前检查,通过磁铁在探头前端反复接近和移开,观察信号灯状态,验证旋转状态监测传感器是否能够正常开展工作。

图 6-86　常压换刀装置中安装的旋转状态监测传感器　　图 6-87　为安装的旋转监测传感器进行固定前检查

检测之后,确认传感器探头完好后,开始将探头端固定在刀筒内,信号首先通过电缆传递至信号处理模块,传感器信号处理模块安装在刀筒外如图 6-88 所示。探头处电磁感应产生模拟电信号,电信号经过测量电路的处理变成数字信号,采用无线发射的方式传输至中端路由,经路由以有线传输的方式传至上位机 PC 上,实现盾构操作人员对滚刀旋转状态的监控。

图 6-89 为常压换刀装置刀筒内安装的滚刀磨损状态监测及旋转状态监测装置示意图,结合对滚刀的旋转状态和磨损状态的判断实现对滚刀磨损信息较全面的获取。

图 6-88　传感器安装现场

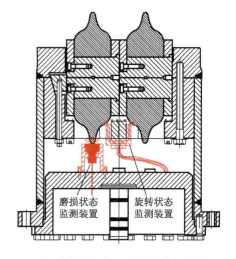
图 6-89　滚刀磨损状态监测及旋转状态监测装置示意图

3）油压式磨损检测

油压式磨损检测装置广泛应用在刀盘面板及滚刀磨损检测上，通过对测点内腔压力的检测，判断刀盘刀具的磨损量。油压式磨损检测为极限式检测，刀具磨损至一定高度时，布置测点位置的内腔压力无法继续保持，由此判断对应刀具的磨损量，一般油压式磨损检测装置工作原理如图 6-90 所示。

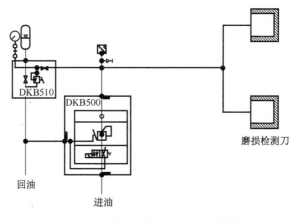
图 6-90　油压式磨损检测装置工作原理图

油压式磨损检测装置包含油腔、盾体液压系统、传感器、溢流阀、电磁压力阀等，电磁压力阀、压力传感器均连接自动控制系统。油压式磨损检测装置检测过程如下：

（1）初始安装时，通过溢流阀设置检测刀具的磨损量对应的液压油油压。

（2）液压油泵提供油压，系统通过电磁压力阀建立初始压力，低于初始压力的溢流阀全部开启。

（3）盾构掘进时，当刀具磨损超过检测刀中溢流阀设定所对应的最低磨损量时，该检测刀具内部油路开始泄油，系统原油压将出现下降，通过压力传感器检测出这个压力值，PLC 程序判断，给出刀具磨损量已超过此设定值的报警信息。

图 6-91 为刀盘面板磨损检测布置示意图,在正面板布置 6 道磨损检测,背面板布置 3 道磨损检测。图 6-92 所示为安装在滚刀上的油压式磨损检测装置,设定合理的磨损上限,在滚刀磨损到一定程度后,油腔压力降低,借助阀、传感器产生信号通过 PLC 程序判断,最终在主控室界面产生报警信息。因滚刀设置有磨损状态在线监测装置,正常情况下会依赖磨损在线监测判断刀具的磨损量,油压式磨损检测作为备用检测装置。

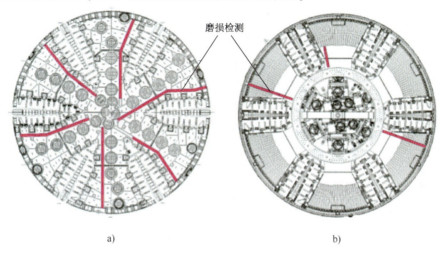

图 6-91 刀盘面板磨损检测布置示意图

刀盘面板油压式磨损检测通过在刀盘正面板、背面板上设计不同高度的耐磨板,耐磨板内部布置有油管,因面板磨损检测依赖油压式磨损检测装置。

图 6-93 所示为在正面板磨损检测装置示意图。依次布置高出面板 101mm、64mm、26 mm 的检测装置,当第三道磨损检测装置(高出面板 101mm)的油管出现泄压,第二道磨损检测装置(高出面板 64mm)的油管未出现泄压情况时,可以判断磨损高度范围在距离面板 64~101mm 范围内,依靠这种逐级布置油压式磨损检测装置,实现对刀盘面板磨损量更小范围的

图 6-92 滚刀油压式磨损检测

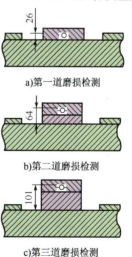

图 6-93 正面板磨损检测装置示意图(尺寸单位:mm)

感知,如图6-94所示。这些相对精确的刀盘磨损信息有助于工程技术人员合理开展刀盘维护。

a)正面板油压式磨损检测　　　　b)背面板油压式磨损检测

图6-94　刀盘面板油压式磨损检测

图6-95所示为盾构主控室内的监控界面。通过界面能够获取磨损探测的预警信息,滚刀旋转监测及温度测量结果,最后以列表的形式直观地显示在屏幕上,使盾构司机及技术人员能够直观地掌握刀盘、刀具的实际状态。

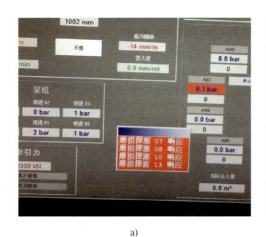 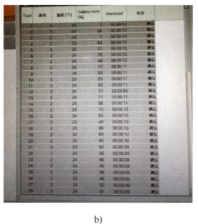

a)　　　　　　b)

图6-95　盾构主控室内的监控界面

针对滚刀配置了磨损状态监测装置和旋转状态监测装置,能够实现对滚刀磨损状态的在线监测;并额外配置了油压式磨损检测装置,确保滚刀在线监测失效的极端情况下,当滚刀达到磨损量极限值时,操作人员能够在上位机PC上获得对应刀具的预警信息。针对刀盘开展的磨损检测,通过在刀盘正面板、背面板处阶梯式布置若干油压式磨损检测装置,当面板磨损量达到上限时在主控室界面上就能够获得报警信息,工程技术人员可及时组织刀盘修复工作。

通过对刀盘、刀具磨损信息进行监测,便于开展对刀盘、刀具的管理,并可合理地规划刀盘维修及刀具的更换工作,进而能够提升施工效率,避免因刀盘刀具过度磨损而诱发的事故。

6.4.2 常压换刀装置荷载实时监测系统设计及应用

超大直径泥水盾构一般采用常压刀盘设计,作业人员通过刀盘中心仓进入中空的刀盘辐条臂内,并在常规大气压条件下进行刀盘及刀具的检查维护作业,借助常压换刀装置无须带压进仓为水下长距离掘进提供了技术便利,但应用中尚有一些问题,在软硬不均地层中更加突出。高强度基岩段施工中发现常压换刀装置螺栓损坏频率高,不但影响施工效率,而且存在较大的安全隐患。个别常压换刀装置刀座螺栓失效未及时处置,引起剩余各螺栓承受的荷载增大,加速失效的连锁反应,诱发刀座、常压换刀装置后退风险,出现泥水涌入仓内的险情。掘进中由于不能获取滚刀实时受载数据,既想提高掘进速度,又担心刀具超载,掘进参数的选取缺乏有效的判断依据。考虑常压换刀装置结构狭小、工况恶劣、电磁干扰严重,将光纤光栅传感器安装在螺栓头部形成智能螺栓进行轴力测量,搭建一套适用于泥水盾构施工环境下的荷载监测系统,在海湾隧道工程基岩段进行搭载试验,验证了基于光纤传感技术的常压换刀装置荷载监测的可行性,为盾构基岩段掘进参数调整提供参考。

1)监测方案设计及系统搭建

(1)总体方案

图6-96所示为常压换刀装置结构组成。由图可看出,掘进时刀具承受岩土荷载的作用力通过刀具依次传至刀座、螺栓,然后通过刀筒传递至刀盘面板。

受常压换刀装置空间、工作环境的制约,无法安装荷载传感器荷载,故采用测量刀座螺栓所受荷载的作用力方式进行间接测量。荷载作用力实时监测系统整体方案如图6-97所示。将刀座螺栓内置光纤光栅形成光纤智能螺栓进行受力信息采集,采集的受力信息以光信号的形式呈现通过多通道分光器调制解调,多通道无线数据采集器采集并发射信号,在中心锥外的数据处理终端(计算机)接收信号、存储数据并分析(必要时可在多通道无线数据采集器与数据处理终端之间增加无线路由桥接)。光纤智能螺栓是一种使用光纤光栅作为传感器的测力螺栓,光纤光栅传感器安装在螺栓中心直径2~3mm的小孔内,通过光纤光栅传感器形变测量螺栓的轴力。智能螺栓通过铠装光纤将光信号从刀筒内传

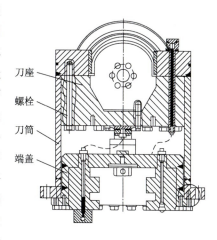

图6-96 常压换刀装置结构组成

输至刀筒外的多通道分光器,经信号调理至多通道无线数据采集器,无线数据采集器通过无线模块发射数据,布置在中心锥尾部的数据处理终端接收信号并存储显示数据,实现对荷载作用力的分析。

(2)系统搭建

①智能螺栓制作封装

智能螺栓基于原刀座螺栓(M27×275)制作、封装,为减少对螺栓强度的影响,在内六角头部制作$\phi 1.4mm \times 60mm$的盲孔,图6-98为智能螺栓加工示意图。

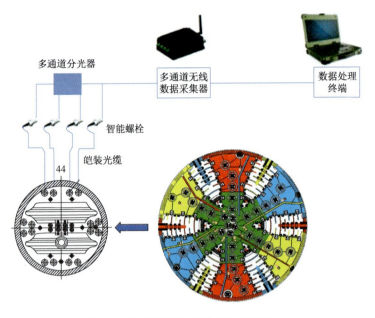

图 6-97　荷载作用力实时监测系统整体方案

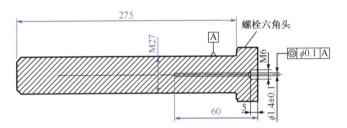

图 6-98　智能螺栓加工示意图（尺寸单位：mm）

图 6-99 为封装后的智能螺栓。光纤光栅插入待测螺栓内部，通过螺纹和注胶方式固定，采用光纤光栅传感技术并注胶封装，尤其适用于螺栓轴力长期监测。

图 6-99　封装后的智能螺栓

②智能螺栓标定

为提高荷载的测量精度,需对螺栓轴力和温度进行测量,在智能螺栓中埋设2个光栅传感器,1号光栅传感器埋于连接器部分用于温度补偿,2号光栅传感器埋于螺栓本体用于轴力测量如图6-100所示。

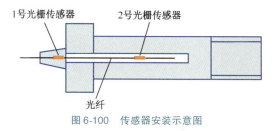

图6-100 传感器安装示意图

为确定智能螺栓轴力荷载系数使用MTS电液伺服万能试验机进行标定,试验机量程600kN,测量精度0.5%F.S。试验夹具采用标准的通用螺栓拉伸测试夹具,标定试验及夹具情况如图6-101所示。

光栅传感器波长受温度影响,对光栅传感器温度系数标定采用高低温试验箱进行,光栅传感器温度标定范围为0~50℃,采用每隔10℃分级标定方式,温度标定设备及温度系数标定拟合曲线如图6-102所示。

③刀筒光纤通道制孔密封

在刀筒端盖位置制螺纹孔,准备同端盖螺纹配合的螺栓制成空心螺栓,铠装光纤与空心螺栓间用环氧树脂结构胶固化,注意铠装光纤内部为空心对其内部进行灌胶处理,否则会形成渗漏通道。空心螺栓与端盖之间加橡胶密封垫,在0.8MPa压力下进行压力试验(图6-103),确保密封可靠后可在盾构刀盘上搭载。

图6-101 智能螺栓光栅传感器轴力荷载系数标定

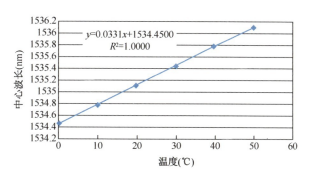

a)温度标定设备　　b)温度系数标定拟合曲线

图6-102 温度标定设备及温度系数标定拟合曲线

④数据采集器选型

数据采集器采用 ZH04FM 型便携式多功能光纤光栅数据采集仪,设备可同时支持 4 个通道的光纤光栅信号采集,采样频率最高 1kHz,采样方式为实时连续采集,采样频率≥10Hz,主要技术指标见表 6-37。数据采集器需固定在刀盘面板背面,采用端盖点焊支架方式固定,由于刀盘面板内部无外接电源,采用动力锂电池组对数据采集器进行供电,保证数据采集器较长的工作时间。

⑤接收单元

采用笔记本电脑作为接收终端便安装数据处理软件,考虑到数据采集器至主控室距离长,在中心锥外加设无线路由节点,保证信号传输的稳定。

图 6-103 压力试验

数据采集器主要指标(有外接电源) 表 6-37

项　目	参数指标	项　目	参数指标
外廓尺寸(mm×mm×mm)	300×240×140	通道接口	FC/APC(4 个)
质量(kg)	3.5	最高监测频率(Hz)	1
电源	交流 220V/50W	硬盘容量(GB)	32(SSD)
工作温度(℃)	−10~50	存储时长	5 年(16 通道)
相对湿度(%)	10~85	外部接口	USB2.0(2 个)
长期工作	支持 7×24h 开机	网络接口	RJ45/Wi-Fi,100m
传感器数量(个)	16(典型)		

2) 现场安装

(1) 刀筒准备。准备待测位置同型号的刀筒,对刀具进行检查、更换,安装智能螺栓,检查光纤通道密封性能,对智能螺栓信号进行检测无误后安装刀筒端盖,注意保护尾纤接头,防止刀筒运输过程中损伤。

(2) 刀筒更换。进行常压换刀作业,换下待测位置的常压刀筒,安装带智能螺栓的常压刀筒。安装过程中注意观察保压过程中刀筒的渗漏水情况,确认无渗漏后方可进行下一步操作。

(3) 数据采集器及电池组安装。拆开常压刀筒外缘 2 颗螺栓,安装固定支架(数据采集器及电池组已固定在支架上),如图 6-104 所示。

(4) 实时监测系统调试。将无线路由安放在中心锥外,布设网线至主控室并连接至笔记本电脑,开启数据采集软件观察采集的信号,确认信号无异常后可进行荷载监测。

3) 现场测试

2020 年 3 月至 6 月,荷载监测系统应在海湾隧道基岩段区间。应用结果表明该监测系统能适应恶劣的泥水环境,抗干扰性强、稳定性好。安装在 73 号、74 号滚刀的常压刀筒搭载在刀盘上,使用窄刃滚刀,设置转速为 0.8r/min,贯入度 2.5~3mm/r。

刀筒安装位置为刀盘最外侧的轨迹,该次对 6 颗连接螺栓进行了测试,采用 1 分 8 光纤连接线进行数据传输,连接线通过在端盖钻孔引出并与采集器相连接,光纤连接线安装如图 6-105 所示,智能螺栓传感器安装位置及实物如图 6-106 所示。

图 6-104 监测系统的安装

图 6-105 光纤连接线安装

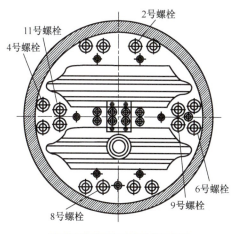

a) 智能螺栓传感器安装位置示意图

b) 智能螺栓安装实物图

图 6-106 智能螺栓传感器安装位置及实物图

通过对螺栓轴力监测获得试验数据,图 6-107 为螺栓轴力监测图,滚刀在软硬不均地层中交替时螺栓的荷载呈现周期性变化规律,由于螺栓安装位置不同,螺栓荷载也呈现较大的差异性,其中 8 号螺栓、2 号螺栓、4 号螺栓所受荷载较大,6 号螺栓、9 号螺栓、11 号螺栓所受荷载较小,因此安装过程中加强螺栓预紧力控制,对于所受荷载较大位置的螺栓可与较小位置螺栓互换安装,提高其使用寿命。

图 6-108 为 4 号、8 号、9 号螺栓所受荷载在 400~1400s 轴力监测图,由图 6-107 可看出 4 号螺栓出现了明显的松动,荷载基准从 -5kN 降至 -18kN 左右,8 号螺栓在 400~800s 荷载基

准从 2kN 降至 0kN 随后保持稳定,9 号螺栓预紧力没有衰减,其荷载基准始终保持在 1.25kN 左右,以上现象主要是 9 号螺栓受到荷载小、防松措施有效,4 号、8 号螺栓受载大,其中 4 号作为对照组未采取焊接串联钢筋的措施预紧力持续衰减。

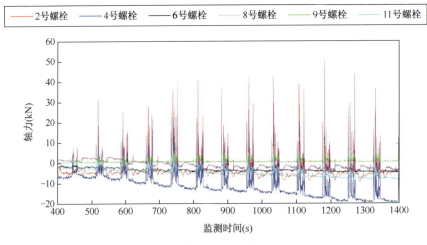

图 6-107　螺栓轴力监测图

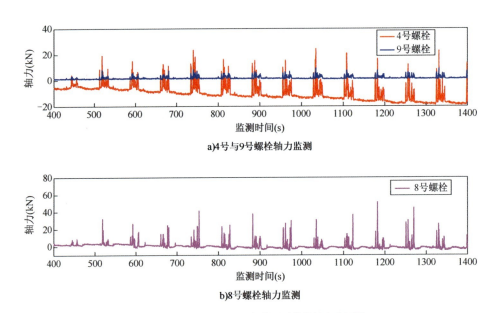

a) 4 号与 9 号螺栓轴力监测

b) 8 号螺栓轴力监测

图 6-108　4 号、8 号、9 号螺栓所受荷载轴力监测图

图 6-109 为 9 号螺栓 500~1400s 轴力监测图,盾构在基岩突起段掘进,滚刀受周期性交变荷载并传递至螺栓,在软弱地层中荷载小且波动小,进入岩石地层荷载变大且剧烈波动,图中可知滚刀约 1/3 时间在岩石地层,假设基岩面水平分布,刀盘开挖直径为 15m,可估算基岩面侵入隧道高度约为 3.75m(依靠缓转刀盘借助滚刀与岩石刮擦声音判断入岩位置,两者能够互相印证),据此在岩石侵入范围内配置为撕裂刀的刀筒应当调整配置为滚刀。

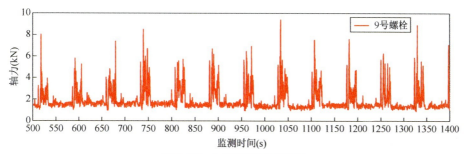

图 6-109　9 号螺栓轴力监测图

通过现场监测测试表明,螺栓荷载监测系统能够准确监测螺栓轴力的变化,对荷载监测数据进行分析可发现现场螺栓松弛情况,现场人员可根据监测信息及时对常压换刀装置抽检,消除常压换刀装置的后退风险。在掘进时软土、硬岩地层刀具所受的荷载存在巨大的差异性,借助对螺栓轴力曲线周期性变化分析,获取滚刀在软土、硬岩地层作用的比例,实现对岩石侵入隧道估算,实现刀具的动态配置,确保岩石侵入范围内可实现滚刀、撕裂刀互换的全部配置滚刀。换刀装置的荷载数据可直接指导掘进参数调整,保证滚刀在设计荷载范围内工作,减少滚刀崩刃等损坏。综上,荷载监测系统有助于降低施工风险、提升掘进效率、缩减刀具消耗。

(1)汕头海湾隧道工程采用具备常压换刀功能的超大直径泥水盾构在水下直接掘进通过高强度花岗岩基岩凸起地层的方法是可行的,规避了常规"水下爆破+地层加固"方案的缺陷,确保了隧道顺利贯通。

(2)结合常压换刀装置选择 19in(48.26cm)滚刀是合理的,既能保证滚刀检查更换过程安全、高效、可控,又能提高滚刀的破岩能力。

(3)超大直径泥水盾构直接掘进通过基岩凸起地层过程中,以"控制贯入度为主、转速为辅,严控刀盘转矩波动"为原则,平衡贯入度、刀具冲击荷载、刀盘转速、掘进效率之间的关系,在满足掘进效率的同时,避免盘形滚刀过载而造成刀圈、刀具连接螺栓损坏。

(4)在极软极硬地层掘进工况下,刀具所承受的荷载持续变化,刀具受力情况复杂多变,监测每把滚刀破岩时的受力状态对于刀具管理、盾构掘进参数调整具有重要意义。

6.4.3　汕头海湾隧道东线盾构刀具应用情况

1)地质条件

2020 年 2 月 28 日,海湾隧道东线掘进至第 1232 环,已完成三段基岩段的掘进。盾构段东线长 3047.5m,根据盾构隧道上覆水土环境、隧道范围内地质情况将区间划分为始发陆域段、海中段、接收陆域段。始发陆域段 147m(18m 始发加固区+61m 回填区+68m 抛石区)、2870.5m 海域段(1800m 软土段+162m 基岩段+908.5m 软土段)、30m 接收陆域段,海中段分为 182m 长基岩凸起段、2600m 软土段。

隧道埋深在 8~20m 之间,穿越地层主要为淤泥、淤泥质土、淤泥混砂、中粗砂及基岩凸起。始发段存在大量孤石,且孤石强度高、块径大、分布广。东线海中基岩凸起段花岗岩侵入隧道最大高度约 8.6m,累计长度约 182m,岩体的不均匀风化程度较高,局部存在微风化、强风化岩体,岩石的质量指标(RQD值)近75%。

(1)始发段工程地质

①始发段端头加固区

始发端头段隧道盾构段顶部地层以②$_{-1}$淤泥、④$_{-4}$中粗砂为主;洞身掘进段以②$_{-1}$淤泥、②$_{-2}$淤泥质土、⑤$_{-1}$砂质黏土、⑥$_{-1}$强风化花岗岩为主;隧道底部地层以⑥$_{-2}$全风化花岗岩、⑥$_{-3}$中风化花岗岩为主,端头补勘发现始发端头全强风化花岗岩地层内有孤石分布见表6-38。

东线始发端头孤石情况一览表   表6-38

序号	名称	尺寸:长×宽×高(m×m×m)	侵入隧道的范围(m)
1	孤石①	1.5×6×4	横坐标:+6~+7.5,纵坐标:-7.5~-4.9
2	孤石②	10.1×5.38×5.61	横坐标:-2.5~+7.5,纵坐标:-7.5~-0.5
3	孤石③	2.9×3×4	横坐标:-7.5~-6,纵坐标:-7.5~-3.1

②回填区

回填区表层从上至下为1m回填土、3m回填砂,下方原状地质主要为淤泥层、砾砂夹层、粉质黏土层、淤泥质土夹层、砾质黏土、全风化花岗岩层、强风化花岗岩层、中风化花岗岩层。隧道下半部全强风化层有孤石、基岩分布,回填区部分环孤石、基岩侵入隧道如图6-110所示。

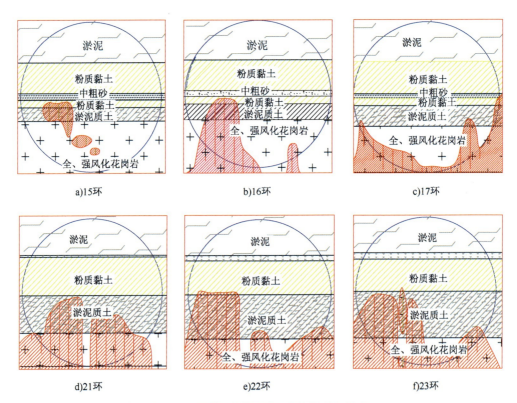

图6-110 回填区部分环孤石、基岩侵入隧道情况

③抛石区段

抛石区隧道盾构段顶部地层以②$_{-1}$淤泥、③$_{-1}$粉质黏土、③$_{-4}$中粗砂、⑤$_{-2}$砾质黏性土、⑥$_{2-1}$全风化花岗岩为主。抛石区内详勘及补勘未发现孤石和基岩侵入隧道情况。

(2) 海域软土段

图6-111为海域软土段典型地质分布纵断面图。由图6-111可以看出,海域软土段隧道范围内主要为②$_{-1}$淤泥、②$_{-2}$淤泥质土、②$_{-3}$淤泥混砂和③$_{-4}$中粗砂,隧道顶部地层以②$_{-1}$淤泥、②$_{-2}$淤泥质土、②$_{-3}$淤泥混砂为主,地勘结果未显示有孤石存在。

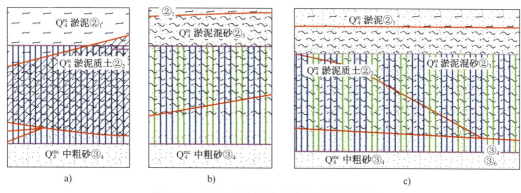

图6-111 海域软土段典型地质分布纵断面示意图

2) 始发段刀具应用情况

刀盘共布置有三种刀具:75把常压滚刀、48把常压可更换切刀及154把带压可更换切刀。其中滚刀刀高225mm,切刀刀高185mm。

始发段开始时采用"滚刀+常压切刀+带压切刀"的配置,出现岩块卡仓和刀具异常损坏后,将48把常压切刀拆下,安装保护帽,刀具配置改为"滚刀+切刀保护帽+带压切刀"。

(1) 加固区刀具应用情况

加固区掘进过程中,第1、2环刀盘扭矩波动频繁,最大值达20MN·m(满仓掘进,泥水仓顶部压力0.01bar),在带压进仓检查后,发现滚刀无异常磨损(磨损量2~8mm,无偏磨、弦磨),常压切刀和带压可更换切刀有掉齿、刀具掉落现象。具体如下:

①48把常压可更换切刀有22把存在不同程度的损坏,主要问题为合金齿脱落1~5个不等,第二层合金条未发现损坏或脱落情况,未发现刀具变形及掉落的情况。

②82把带压可更换切刀存在不同程度的损坏,其中螺栓断裂切刀脱落的有7把(辅臂1把+主臂6把)、崩齿75把(合金齿脱落1~5个不等,第二层合金条未发现损坏或脱落),带压可更换切刀损坏量占总量154把的53.25%。

切刀合金齿脱落如图6-112所示。

针对刀具异常损坏问题,现场采取了以下针对性措施:

①对掉落的刀具进行打捞,全部清理出仓,避免造成其他刀具损坏。

②对于刀具合金齿脱落2个以上、掉落的带压切刀全部进行更换,保证刀盘的开挖效率。

③切刀掉落现象主要出现在刀盘主梁,副梁出现的概率较小,判断为切刀背部受力所致。因此对主梁76把带压可更换切刀背后增加了保护块(图6-112)。新增保护块高25mm

（Q345R 钢板厚 20mm、耐磨层厚 5mm）其形状与既有保护座形状相同，增加保护块后，其高度与切刀高度相同，在切刀背面形成有效保护。

a)

b)

图 6-112　切刀合金齿脱落情况

④为防止常压切刀在孤石、基岩段发生合金齿脱落、刀筒变形，在盾构出始发加固区之前，将 48 把常压切刀更换为保护帽（图 6-113）。

a)

b)

图 6-113　带压切刀保护块和常压可更换切刀保护帽

（2）回填区刀具应用情况

回填区段采用"滚刀 + 切刀保护帽 + 带压切刀"的刀具配置。

东线盾构在第 32 环进仓检修，滚刀共抽检 9 个刀筒，其中中心滚刀 2 个、正面滚刀 5 个、边滚刀 2 个;中心滚刀 1/3 号、6/8 号;正面滚刀 13/15 号、25/27 号、34/36 号、41/43 号、57/59 号;边滚刀 73 号、74A 号。滚刀磨损量基本在 2~8mm 之间,未出现异常损坏现象。但切刀仍出现合金齿脱落等问题。具体如下:

①带压可更换切刀掉落较多,约占总数的 20%。
②合金齿脱落的切刀数量较多,约占总数的 50%。
③在常压切刀更换为保护帽后,回填区孤石、基岩段掘进完成后出现保护帽变形(图 6-114)损坏情况,共检查 25 把,其中出现损坏变形 21 把。

a)

b)

图 6-114　带压切刀掉落和刮刀保护帽变形情况

处理措施:
①打捞掉落的刀具,全部清理出仓。
②合金齿脱落 2 个以上、掉落的带压切刀全部更换。
③优化常压刮刀保护帽结构设计,将原保护帽全部进行更换。
④对于因保护帽变形导致常压刮刀无法拔出的情况,进仓对保护帽进行机械矫正、切割、打磨处理,抽出刀筒后,更换为优化后的保护帽。

(3)抛石区刀具应用情况

抛石区内掘进过程中偶尔遇到前期未探测到的小块孤石,32~74 环掘进速度逐步提升至 20mm/min,刀盘扭矩未出现较大幅度的波动,根据滚刀旋转及温度监测数据判断滚刀状态良好。

3)海域软土段刀具应用情况

盾构掘进进入软土地层后,滚刀作用减小,刮刀作用增大。从 90 环开始,中心椎内基本无破岩声音,30 号刀以内的滚刀基本停转。因此,始发段掘进完成后,将常压刮刀保护帽更换为刮刀。同时,利用停机时间,逐步将 1~28 号滚刀更换成撕裂刀如图 6-115。即采取"部分滚刀 + 部分撕裂刀 + 常压切刀 + 带压切刀"的刀具配置,以提高掘进速度。从 94 环开始,掘进速度提高至 30mm/min,后逐步提高到 40mm/min 左右。

a) b)

图 6-115 滚刀更换为撕裂刀

在第 122 环掘进时再次遇到岩石,扭矩和刀盘挤压力出现频繁波动,且波动范围较大,124 环滚刀旋转监测数据表明多把滚刀停转,温度超过预警线,在 31℃ 以上,最高达 59℃,随后停机对监测数据异常的滚刀进行拆检,检查结果见表 6-39。由表 6-39 可以看出,在遇到岩石后,对应位置的滚刀大多出现了刀圈断裂、刀座螺栓断裂的问题,如图 6-116、图 6-117 所示。

滚刀拆检更换情况 表 6-39

编号	滚刀编号	刀具损坏情况	螺栓情况
1	58/60	58 号磨损 15mm; 60 号磨损 15mm	刀座螺栓 3 颗断裂、1 颗变形拉长
2	61/63	61 号磨损 15mm; 63 号刀圈有裂纹,未断裂脱落	刀座螺栓全部断裂
3	62/64	62 号磨损 19mm; 64 号刀圈全部断裂脱落	刀座螺栓全部断裂
4	65/67	65 号刀圈全部断裂脱落; 67 号刀圈偏磨	刀座螺栓全部断裂
5	66/68	66 号刀圈断裂,约 1/8 脱落; 68 号刀圈全部断裂脱落	刀座螺栓全部断裂
6	69/71	69 号刀圈断裂,约 1/3 脱落; 71 号刀圈弦磨	刀座螺栓全部断裂
7	70/72	70 号刀圈全部断裂脱落; 72 号磨损 18mm	刀座螺栓全部断裂
8	73	磨损 15mm	—
9	74A	磨损 15mm	—
10	74B	磨损 15mm	—

a)　　　　　　　　　b)　　　　　　　　　c)

图 6-116　滚刀异常损坏形式

a)　　　　　　　　　b)

图 6-117　滚刀螺栓断裂损坏形式

对拆检的滚刀全部进行了更换,并将 22～28 号撕裂刀重新更换为滚刀,在后续掘进过程中,滚刀旋转及温度监测数据均正常,判断滚刀工作状态良好。

4) 基岩凸起段刀具应用情况

(1) 第一段基岩凸起

在 986～994 环掘进过程中,同 124 环一样,出现了滚刀刀架固定螺栓松动、脱落和断裂问题,拆出的 10 个刀筒中共计有刀架固定螺栓 134 颗,其中 78 颗螺栓发生破坏,破坏形式主要为断裂(47 颗)、螺纹损坏(18 颗)、螺母脱落(8 颗)、螺栓弯曲(5 颗),如图 6-118 所示。

结合掘进参数、刀架螺栓设计进行分析,总结造成螺栓断裂的主要原因有:

① 地层上软下硬。在软硬不均地层掘进时刀盘扭矩、贯入度的周期性大范围波动,造成滚刀所受荷载也产生频繁波动,最终导致螺栓疲劳损伤或过载而发生断裂。

② 螺栓及刀筒内螺纹问题。当前使用的 10.9 级螺栓,强度无法胜任滚刀破岩荷载。

③ 螺栓未采取防松动措施。频繁振动下螺栓易脱落;刀筒内螺纹孔长期使用后螺牙受损,承载力下降。

采取的针对性措施如下:

① 调整掘进参数。保持 1r/min 的转速不变,将刀盘贯入度由之前的 3mm/r 降低至

2.5mm/r,以减小滚刀破岩所受荷载,避免螺栓过载断裂。

a)螺栓弯曲并断裂

b)螺纹处断裂

c)螺母脱落

图 6-118　螺栓不同破坏形式

②改进螺栓设计。提高螺栓等级至 12.9 级,增大螺栓安全系数;将刀筒内螺孔加工成通孔,螺栓采取外装方式,如图 6-119a)所示;采取防松处理,将相邻螺栓螺母用细钢筋焊接固定,如图 6-119b)所示。

③增加滚刀后退监测装置。在刀筒内部焊接液压管路和钢筋,钢筋两端分别焊接在刀架和液压管路上[图 6-119b)],通过液压值降低确定刀架后退,以及早发现问题并处理,避免造成进一步的破坏。

a)螺栓通孔安装

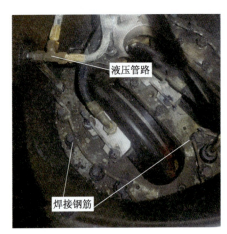
b)焊接钢筋和液压管路

图 6-119　螺栓处理措施

根据现场实际掘进反馈情况,判断东线第一段基岩段区间为 983~1014 环,共计 32 环。

针对螺栓断裂问题采取处理措施后,取得了一定的效果,但并未彻底解决螺栓断裂问题,图 6-120 为第一段基岩段每环滚刀拆检次数与螺栓损坏次数变化情况,表 6-40 为各环刀筒拆检统计。由图 6-119 可以看出,在第一段基岩段掘进过程中,基本每环都有滚刀螺栓损坏问题出现,其中 997 环最多,为 10 次。

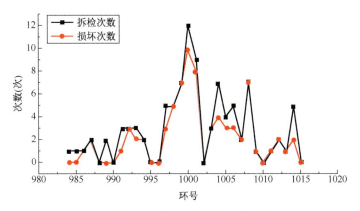

图 6-120　东线第一段基岩段每环刀具更换情况统计

东线第一段基岩段各环刀筒拆检统计　　　　表 6-40

编号	环号	拆检刀筒数(个)	螺栓损坏次数(次)	编号	环号	拆检刀筒数(个)	螺栓损坏次数(次)
1	984	1	2	14	1001	9	3
2	985	1	0	15	1003	3	3
3	986	1	1	16	1004	7	2
4	987	2	3	17	1005	4	7
5	989	2	2	18	1006	5	1
6	991	3	2	19	1007	2	1
7	992	3	3	20	1008	7	2
8	993	3	5	21	1009	1	1
9	994	2	7	22	1011	1	0
10	997	5	10	23	1012	2	2
11	998	5	8	24	1013	1	1
12	999	7	3	25	1014	5	2
13	1000	12	4		合计	94	73

图 6-121 为第一段基岩段各编号滚刀拆检与螺栓损坏次数变化情况,表 6-41 为对应的数据统计表。由图 6-121 可以看出,安装半径较大的滚刀螺栓损坏次数较多,安装半径大于 5655mm 的 53/55 号~74A 号滚刀螺栓损坏大多在 3 次以上,其中 69/71 号和 70/72 号滚刀螺栓损坏分别为 6 次、8 次。掘进过程中通过滚刀旋转、温度及后退监测数据判断滚刀工作状态,对数据异常的滚刀及时进行拆检和更换,第一段基岩段掘进共计拆检滚刀 94 次,出现螺栓损坏问题 73 次,损坏率为 77.6%,其中刀架固定螺栓损坏 51 次,滚刀固定螺栓损坏 12 次,传感器固定螺栓损坏 27 次。初步统计螺栓断裂数量超过 400 颗,松动、脱落超过 100 颗,对掘进速度产生了较大影响。

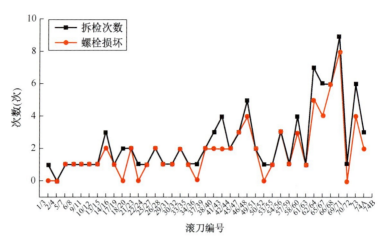

图 6-121 东线第一段基岩段滚刀拆检与螺栓损坏次数统计

东线第一段基岩段刀具更换统计　　　　表 6-41

滚刀编号	拆检刀筒（次）	螺栓损坏（次）	刀座螺栓损坏（次）	滚刀固定螺栓损坏（次）	传感器螺栓损坏（次）
1/3	1	0	0	0	0
2/4	0	0	0	0	0
5/7	1	1	0	1	1
6/8	1	1	1	0	0
9/11	1	1	1	0	0
10/12	1	1	1	0	0
13/15	1	1	1	0	0
14/16	3	2	2	0	1
17/19	1	1	0	0	1
18/20	2	0	0	0	0
21/23	2	2	1	1	0
22/24	1	0	0	0	0
25/27	1	1	1	0	1
26/28	2	2	2	1	0
29/31	1	1	0	0	1
30/32	1	1	1	0	1
33/35	2	2	1	2	0
34/36	1	1	0	0	1
37/39	1	0	0	0	0
38/40	2	2	0	0	1
41/43	3	2	2	0	0
42/44	4	2	2	0	1
45/47	2	2	1	0	1
46/48	3	3	2	1	1
49/51	5	4	3	1	1
50/52	2	2	0	0	2

续上表

滚刀编号	拆检刀筒（次）	螺栓损坏（次）	刀座螺栓损坏（次）	滚刀固定螺栓损坏(次)	传感器螺栓损坏（次）
53/55	1	0	0	0	0
54/56	1	1	0	0	1
57/59	3	3	3	0	1
58/60	1	1	0	0	1
61/63	4	3	3	1	1
62/64	1	1	0	1	0
65/67	7	5	4	0	1
66/68	6	4	3	1	2
69/71	6	6	4	1	2
70/72	9	8	7	1	1
73	1	0	0	0	0
74A	6	4	3	0	3
74B	3	2	2	0	0
合计	94	73	51	12	27

(2) 第二段基岩凸起

根据现场实际掘进反馈情况，判断东线第二段基岩段区间为 1087～1124 环，共计 38 环。

图 6-122 所示为第二段基岩段每环滚刀拆检与螺栓损坏次数变化情况，表 6-42 为对应的数据统计表。由图 6-123 可以看出，在第二段基岩段掘进过程中，基本每环都有滚刀螺栓损坏问题出现，其中 1104 环最多，为 8 次，其他环多在 1～4 次之间。

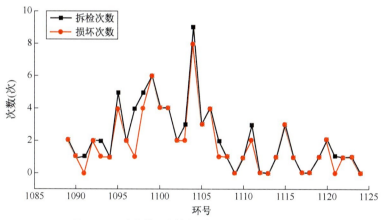

图 6-122　东线第二段基岩段每环刀具更换情况统计

图 6-123 所示为第二段基岩段各编号滚刀拆检与螺栓损坏次数变化情况，表 6-43 为对应的数据统计表。由图 6-123 可以看出，安装半径较大、承担破岩工作的滚刀螺栓损坏次数较多，53/55 号～74A 之间滚刀螺栓损坏大多在 3 次以上。第二段基岩段掘进共计拆检滚刀 78 次，螺栓损坏 66 次，损坏率为 84.6%，其中刀架固定螺栓损坏 44 次，滚刀固定螺栓损坏 31 次，传感器固定螺栓损坏 37 次。

东线第二段基岩段各环刀筒拆检统计　　　　表 6-42

编号	环号	拆检刀筒数(个)	螺栓损坏次数(次)	编号	环号	拆检刀筒数(个)	螺栓损坏次数(次)
1	1089	2	2	17	1105	3	3
2	1090	1	1	18	1106	4	4
3	1091	1	0	19	1107	2	1
4	1092	2	2	20	1108	1	1
5	1093	2	1	21	1110	1	1
6	1094	1	1	22	1111	3	2
7	1095	5	4	23	1114	1	1
8	1096	2	2	24	1115	3	3
9	1097	4	1	25	1116	1	1
10	1098	5	4	26	1119	1	1
11	1099	6	6	27	1120	2	2
12	1100	4	4	28	1121	1	0
13	1101	4	4	29	1122	1	1
14	1102	2	2	30	1123	1	1
15	1103	3	2	合计	—	78	66
16	1104	9	8				

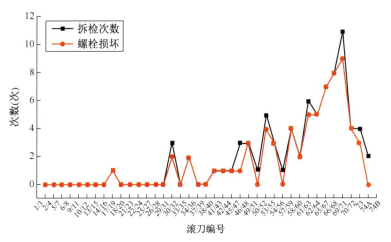

图 6-123　东线第二段基岩段滚刀拆检与螺栓损坏次数统计

东线第二段基岩段刀具更换统计　　　　表 6-43

滚刀编号	拆检刀筒(次)	螺栓损坏(次)	刀座螺栓损坏(次)	滚刀固定螺栓损坏(次)	传感器螺栓损坏(次)
1/3	0	0	0	0	0
2/4	0	0	0	0	0
5/7	0	0	0	0	0

续上表

滚刀编号	拆检刀筒（次）	螺栓损坏（次）	刀座螺栓损坏（次）	滚刀固定螺栓损坏(次)	传感器螺栓损坏（次）
6/8	0	0	0	0	0
9/11	0	0	0	0	0
10/12	0	0	0	0	0
13/15	0	0	0	0	0
14/16	0	0	0	0	0
17/19	1	1	1	0	1
18/20	0	0	0	0	0
21/23	0	0	0	0	0
22/24	0	0	0	0	0
25/27	0	0	0	0	0
26/28	0	0	0	0	0
29/31	0	0	0	0	0
30/32	3	2	1	1	1
33/35	0	0	0	0	0
34/36	2	2	1	2	1
37/39	0	0	0	0	0
38/40	0	0	0	0	0
41/43	1	1	0	1	0
42/44	1	1	1	1	0
45/47	1	1	1	0	0
46/48	3	1	0	0	1
49/51	3	3	2	1	2
50/52	1	0	0	0	0
53/55	5	4	2	3	3
54/56	3	3	3	2	1
57/59	1	0	0	0	0
58/60	4	4	3	2	4
61/63	2	2	2	1	1
62/64	6	5	3	2	4
65/67	5	5	3	1	2
66/68	7	7	4	6	3
69/71	8	8	7	3	4
70/72	11	9	6	4	7
73	4	4	3	0	1
74A	4	3	1	1	1
74B	2	0	0	0	0
合计	78	66	44	31	37

(3)第三段基岩凸起

根据现场实际掘进反馈情况,判断东线第三段基岩段区间为1163~1186环,共计24环,对1222环拆检的部分刀具也进行了统计。

图6-124为第三段基岩段每环滚刀拆检与螺栓损坏次数变化情况,表6-44为对应的数据统计表。由图6-124可以看出,在掘进第三段基岩段的1163~1186环过程中,每环滚刀螺栓损坏次数基本不超过2次,单环滚刀螺栓损坏最多4次(1174环),较前两段基岩凸起段明显减少,这与第三段基岩侵入隧道范围较少、强度较低有一定关系。

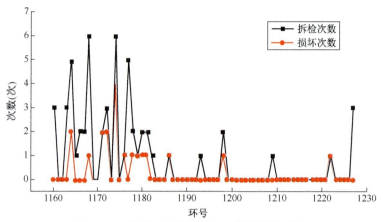

图6-124 东线第三段基岩段每环刀具更换情况统计

东线第三段基岩段各环刀筒拆检统计 表6-44

编号	环号	拆检刀筒数(个)	螺栓损坏次数(次)	编号	环号	拆检刀筒数(个)	螺栓损坏次数(次)
1	1160	3	0	13	1178	2	1
2	1163	3	0	14	1179	1	1
3	1164	5	2	15	1180	2	1
4	1165	1	0	16	1181	2	1
5	1166	2	0	17	1182	1	0
6	1167	2	0	18	1186	1	1
7	1168	6	1	19	1193	1	0
8	1171	2	2	20	1198	2	1
9	1172	3	2	21	1209	1	0
10	1174	6	4	22	1222	1	1
11	1176	1	1	23	1227	3	0
12	1177	5	0	合计	—	56	19

图6-125为第三段基岩段各编号滚刀拆检与螺栓损坏次数变化情况,表6-45为对应的数据统计表。由图6-125可以看出,安装半径较大的滚刀螺栓损坏次数较多,但各位置滚刀螺栓损坏次数均未超过四次,较前两段基岩段有所降低。第三段基岩段掘进共计拆检滚刀56次,螺栓损坏19次,损坏率为33.9%,其中刀架固定螺栓损坏9次,滚刀固定螺栓损坏7次,传感器固定螺栓损坏11次。

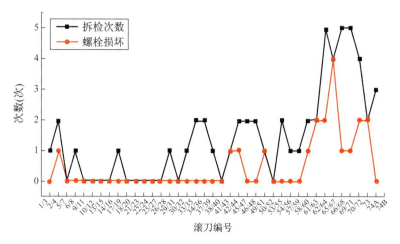

图 6-125 东线第三段基岩段滚刀拆检与螺栓损坏次数统计

东线第三段基岩段刀具更换统计 表 6-45

滚刀编号	拆检刀筒（次）	螺栓损坏（次）	刀座螺栓损坏（次）	滚刀固定螺栓损坏(次)	传感器螺栓损坏（次）
1/3	1	0	0	0	0
2/4	2	1	0	0	1
5/7	0	0	0	0	0
6/8	1	0	0	0	0
9/11	0	0	0	0	0
10/12	0	0	0	0	0
13/15	0	0	0	0	0
14/16	0	0	0	0	0
17/19	1	0	0	0	0
18/20	0	0	0	0	0
21/23	0	0	0	0	0
22/24	0	0	0	0	0
25/27	0	0	0	0	0
26/28	0	0	0	0	0
29/31	1	0	0	0	0
30/32	0	0	0	0	0
33/35	1	0	0	0	0
34/36	2	0	0	0	0
37/39	2	0	0	0	0
38/40	1	0	0	0	0
41/43	0	0	0	0	0

续上表

滚刀编号	拆检刀筒（次）	螺栓损坏（次）	刀座螺栓损坏（次）	滚刀固定螺栓损坏（次）	传感器螺栓损坏（次）
42/44	1	1	0	0	1
45/47	2	1	0	1	1
46/48	2	0	0	0	0
49/51	2	0	0	0	0
50/52	1	1	0	0	1
53/55	0	0	0	0	0
54/56	2	0	0	0	0
57/59	1	0	0	0	0
58/60	1	0	0	0	0
61/63	2	1	0	0	1
62/64	2	2	1	1	2
65/67	5	2	1	1	2
66/68	4	4	2	2	2
69/71	5	1	0	0	0
70/72	5	1	1	1	1
73	4	2	2	1	0
74A	2	2	2	0	0
74B	3	2	0	0	0
合计	56	19	9	7	11

（4）基岩凸起段刀具更换汇总分析

东线三段基岩段掘进过程中滚刀各类螺栓损坏问题严重，表6-46为三段基岩段螺栓损坏情况统计。三段基岩段共计掘进94环，拆检滚刀226次，平均每环拆检2.4次；共计螺栓损坏158次，损坏率高达69.9%。其中刀座螺栓损坏次数最多，为104次；传感器螺栓损坏75次；滚刀固定螺栓损坏较少，为50次。图6-126所示为不同类型螺栓损坏次数统计，由图可以看出安装半径较大的滚刀三类螺栓损坏的次数较多。

三段基岩段螺栓损坏情况统计　　　　表6-46

项目	拆检	螺栓损坏	刀座螺栓损坏	滚刀固定螺栓损坏	传感器螺栓损坏
合计（次）	226	158	104	50	75

图6-127所示为部分滚刀在刀盘上安装半径与安装角度示意图，图6-128所示为各编号滚刀拆检情况统计。由图6-127，图6-128可以看出，随着安装半径增大，滚刀螺栓损坏频率也越高。42/44号~74A号区间内的滚刀螺栓损坏频率基本都超过4次，有4个安装位置的滚刀螺栓损坏频率超过10次，其中65/67号损坏频率12次，66/68号损坏频率15次，69/71号损坏频率15次，70/72号损坏频率18次。由于滚刀均为边滚刀，安装半径大，破岩过程中线速度较大，且安装角度不与刀盘平面垂直，破岩时易受到较大的侧向力，进而造成滚刀频繁超载而损坏刀座的固定螺栓。

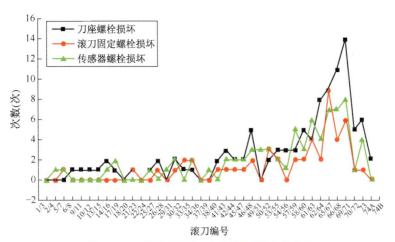

图 6-126 三段基岩段滚刀各类螺栓损坏次数统计

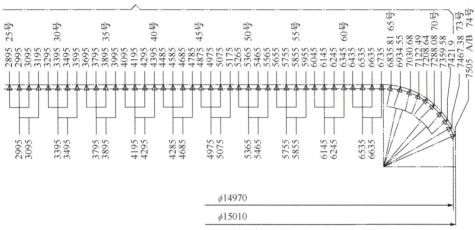

图 6-127 部分滚刀安装半径及角度示意图(尺寸单位:mm)

图 6-128 三段基岩段滚刀拆检与螺栓损坏次数统计

在东线盾构掘进孤石地层过程中,滚刀及各类螺栓较少出现异常损坏,切刀出现整体掉落及合金齿损坏数量较多,采取焊接切刀保护块和安装常压更换切刀保护帽可减少切刀异常损坏问题的发生。

滚刀除正常磨损外,还存在偏磨及刀圈崩断问题,施工过程中通过对滚刀旋转及温度进行实时监测分析,及时对停转或温度异常的滚刀进行拆检,以减少滚刀偏磨的发生,也可减少崩断刀圈对其他刀具造成的二次损坏。

除刀具异常损坏外,基岩段掘进过程中滚刀各类螺栓损坏问题较为严重。其原因:一是与滚刀的安装方式有关,二是与基岩的强度较高有关。在现场采取提高螺栓等级、优化螺栓安装方式、焊接后退液压监测装置以及降低贯入度等一系列措施后,螺栓断裂数量有所减少。根据后退液压监测装置监测数据可及时发现出现后退的滚刀,并进行拆检和维修,一定程度上可避免滚刀后退造成开挖面出现岩脊进而损坏刀盘、刀具的问题,但各类螺栓松动、断裂问题仍未得到彻底解决,因此降低了掘进效率。

6.5 施工监测技术

海湾隧道工程海底段隧道采用先进的泥水平衡式盾构,隧道穿越的地质条件极其复杂,而工程地质勘察总是局部和有限的,即使辅以同步注浆和二次回填注浆技术,也难以完全防止其对地表土体和海床面的影响。为了合理设定盾构掘进参数,了解和掌握盾构施工过程中地表隆陷情况及其规律性,需要获取施工过程中地层不同深度的垂直变位与水平变位情况,监测围岩与结构物的相互作用力及管片衬砌的变形情况等。因此,在施工过程中,要制订详细的监测方案,加强盾构掘进施工过程的监测工作,并根据监测分析结果及时反馈信息,指导盾构的合理施工,确保施工处于安全可控范围。

6.5.1 监测项目

海湾隧道工程的监测项目见表6-47。监测项目包括地表沉降、深层土体分层沉降、深层土体位移、土压力、管片结构位移、海床沉陷等。

监测项目表　　　　　　　　　　　　　　表6-47

量测项目	位置或监测对象	测试仪器	测点布置	量测频率	监测控制值	布设位置
地表沉降	两岸大堤、盾构始发及吊出段100m范围内	水准仪	隧道中线每10m设一测点,每30m设置一个断面	掘进前后≤45m,1~2次/d; 掘进前后≤120m,1次/d; 掘进前后>120m,1次/周	沉降累计:25mm; 隆起累计:10mm; 变化速率:3mm/d	陆域段
深层土体分层沉降	隧道中线上方	分层沉降仪	端头加固和孤石爆破区各一组			
深层土体位移	隧道两侧、中线上方	测斜仪				
土压力	隧道两侧、中线上方	压力计				

续上表

量测项目	位置或监测对象	测试仪器	测点布置	量测频率	监测控制值	布设位置
管片结构竖向位移	拱顶	全站仪	每20m设一断面	隧道结构位移、净空收敛在衬砌环脱出盾尾且能通视时进行监测	累计值:30mm;变化速率:3mm/d	陆域段和海域段
管片结构水平位移	隧道边墙	全站仪			累计值:30mm;变化速率:3mm/d	
管片结构净空收敛	隧道边墙	全站仪			累计值:3‰D;变化速率:3mm/d	
海床沉陷	水位变化或海床变化	声波测深仪	沿隧道中线布置,间距不大于20m	1次/月,必要时加密		海域段

注:D为隧道直径。

6.5.2 监测方法

1)地面沉降监测

了解盾构掘进过程中隧道顶部地表的最大沉降,为调整盾构掘进速度和盾尾注浆参数提供依据,进而确保隧道施工安全和减少对周边环境的扰动。使用DiNi03精密电子水准仪及其配套钢钢尺进行监测。DiNi03精密电子水准仪的精度为±0.7mm/km,钢钢尺精度为0.3mm。采用DiNi03精密电子水准仪以精密水准测量的精度来施测,组成变形监测的高程监测控制网。仪器在开始使用前均需检定,作业过程中严格遵守规范。每次观测都采用相同的观测仪器,相同的观测人员按相同的观测线路进行。

沉降监测需先设置基准点,基准点的形式和埋设可参考三等水准点的要求进行。埋设基准点应考虑如下因素:基准点应布设在监测对象的沉降影响范围以外,保证其坚固稳定,尽可能远离道路和空压机房等,以防受到碾压和振动的影响;力求通视良好,与观测点接近,其距离不宜超过100m,以保证监测的精度,还要避免将基准点埋设在低洼容易积水处。

地面沉降监测点应根据隧道通过的地质条件和周围建(构)筑物情况来布置。一般来说,沿隧道中线方向每隔20m距离布设一个监测横断面,地表测点顶突出地面5mm以内。

2)隧道竖向、水平位移和结构收敛

地下工程施工后,净空收敛是反映围岩与支护结构力学形态变化最直接、最明显的参数,通过监测可了解围岩和支护结构的稳定状态。隧道结构竖向位移和水平位移、收敛监测应集中于同一断面,监测断面纵向间距20m,隧道垂直和水平位移测量在拱顶测桩上粘贴反光片,使用全站仪进行测量。测量的步骤如下:

(1)结构收敛持全站仪进行自由设站进行无尺量测。

(2)再次量测,按上述相同程序操作,测得观测值R_n。

(3)按式(6-6)计算净空变形值。

对同一观测点：
$$U_n = R_n - R_{n-1} \tag{6-6}$$

式中：U_n——第 n 次量测的净空变形值；
R_n、R_{n-1}——第 n 次量测时的观测值、第 $n-1$ 次量测时的观测值。

3）隧道结构竖向位移和水平位移

管片竖向位移分为拱顶竖向位移（拱顶沉降）和管片底竖向位移（底板上浮），拱顶竖向位移（拱顶沉降）测点埋设在隧道拱部位置，管片底竖向位移（底板上浮）测点因隧道底部拼装口子件无法埋设，因此设置口子件两侧的隧道边墙上进行。

采用全站仪监测，测得隧道结构竖向位移和水平位移的坐标，再次量测，按上述相同程序操作，测得观测值 R_n。按式（6-6）计算测点位移。

4）土体内部位移（垂直位移、水平位移）

（1）土体的垂直位移

掌握盾构掘进过程中，隧道周边土体的垂直位移变化，判断盾构掘进中隧道的稳定状态。采用分层沉降仪、水准仪和钢尺，精度为 1.0mm。每个断面根据土层的形状对应布置沉降磁环。

在测量位置成孔安装沉降管，同时根据土体的性状分层安装沉降磁环；测量时首先把磁环分层沉降仪沿沉降管放下，分别读出每个磁环的高程，然后在盾构掘进过程中，对沉降磁环的高程进行监测，并计算初次（基准点）测量高程与分层高程之间的高差，计算出深层土体的位移值。

（2）土体的水平位移

监测深层土体水平位移运动规律并预测对隧道施工的影响，以确保隧道施工的安全。使用钻孔测斜仪，测斜管进行监测。

监测开始前，测斜仪应按规定进行严格标定，以后根据使用情况，每隔 3 ~ 6 个月标定一次。测斜管应在隧道开挖前 15 ~ 30d 埋设完毕，在开挖前 3 ~ 5d 内重复监测 2 ~ 3 次，待判明测斜管已处于稳定状态后，将其作为初始值，开始正式测试工作。每次监测时，将探头导槽对准与所测位移方向一致的槽口，缓缓放至管底，待探头与管内温度基本一致且显示仪读数稳定后开始监测。按探头电缆上的刻度分划，均速提升，每隔 1m 读一次数据，记录测点深度和读数。测读完毕后，将探头旋转 180°插入同一对导槽内，以上述方法再测一次，测点深度与第一次相同。测读完毕后，将测头旋转 90°按相同程序测量另一对导槽两个方向的读数。每一深度的正反两读数的绝对值宜相同，当读数有异常时应及时补测。

5）地层压力

地层土压力是直接作用在支护体系上的荷载，是支护结构的设计依据。目前，计算地层土压力的方法很多，但各种方法都有其特定的条件，加上施工情况的多变性，因此要精确地计算作用在支护结构上的土压力是十分困难的。所以，对重要的隧道工程，加强对地层土压力的监测，对确保隧道工程的施工安全是十分重要的。土压力监测目的主要为隧道工程施工引起的不同距离和深度上地层土压力的变化规律，为验证理论计算、提高理论分析水平积累资料。

使用钢弦式压力盒和数字频率接收仪进行监测。根据每次所测得的各测点的频率，依据压力盒的频率—压力标定曲线直接换算出相应的压力值。

6）海床沉陷监测

沿隧道中线布设,两条隧道开挖范围内设置不少于 5 条侧线,数据采集测点间距不大于 20m,水深大于 2m 的段落采用超声波测深仪监测。

采用超声波测深仪时,发射换能器从海面向下发射声脉冲,声脉冲在水中向下传播,遇到密度不同的海底介质时发生反射,反射后的声脉冲在海水中向上传播,并被海面的接收换能器所接收。根据声脉冲在海水中往返的时间和它在海水中的声速,就能算出换能器至海底的直线距离,即水深,根据水深的变化判断海床的沉陷情况。

（1）沉降计算：

$$Ux_i = Z + H_{水} \tag{6-7}$$

（2）对同一测点：

$$\Delta Ux = Ux_i - Ux_{i-1} \tag{6-8}$$

式中：ΔUx、Ux_i、Ux_{i-1}——分别为第 x 位置测点第 i 次测得海床面沉陷值、第 i 次基准水面距海床面深度、第 $i-1$ 次测得基准水面距海床面深度。

6.5.3 监测位置

（1）盾构始发端

盾构始发端陆域段监测段落分为加固区和回填区两部分。

东线始发端头加固区,里程 EK6+836.3～EK6+818.3。加固的范围：纵向长度 18m,加固上部高程为 +1.5m,地面实际高程 +2.9m。加固下部为隧道底以下 5m（高程为 -28.244m）,左右加固至盾构隧道管片外边缘 5.5m。

东线始发端头回填区里程为 EK6+818.3～EK6+728.3,布孔原则按隧道中心线方向横纵 3m×3m（从南往北 30m）和 5m×5m（从南往北 60m）进行初步孤石孔位探测,钻孔深度为隧道底板下 1m,孤石爆破后采用注浆固结地层。

（2）盾构接收端

盾构接收井位于北岸华侨公园内,南侧 31～44m 处为苏埃海湾,东侧约 50m 处为城市排洪通道龙湖沟,经施工调查及管线探挖到达端头海堤至端墙 44m 范围内无管线等地下物。

（3）隧道结构位移

盾构隧道结构位移测点埋设在隧道拱顶和边墙位置,用红漆进行标注,隧道结构竖向位移和水平位移、收敛监测应集中于同一断面,监测断面纵向间距 20m。

（4）海床沉陷

海床沉降线路沿隧道中线布设,满足水深条件下采用超声波测深仪监测,两条隧道开挖范围内设置不少于 3 条侧线,数据采集测点间距不大于 20m。

6.5.4 监测情况与分析

1）地表沉降

（1）加固区地表沉降

从洞门破除开始至盾构通过,累计最大沉降变形 -7.1mm；盾构掘进期间最大下沉 -1.4mm/d,在监测过程中部分测点出现上升,单次上升幅度在 1.0mm 左右,总体变化较小。

加固体盾构掘进中,由于刀具损坏多次停机检查更换,虽然泥水仓顶部压力和总挤压力变化幅度大,但地面沉降变形很稳定,说明加固后地层稳定性好,达到了加固效果,盾构掘进的参数变化对盾构顶部地层沉降影响较小。加固区地表沉降曲线如图 6-129 所示。

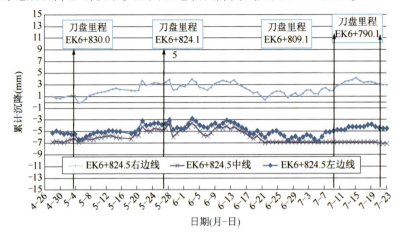

图 6-129 加固区地表沉降曲线

(2)回填区沉降

回填区地表在盾构掘进期间出现阶段性沉降,符合盾构掘进地层的沉降变形规律,即掘进通过后地表持续沉降,累计达到 27mm。由于回填区对孤石和基岩钻孔爆破,对地层扰动大,虽通过注浆加固,但无法恢复地层的完整性。回填区掘进中,盾构掘进参数变化较小,相对稳定,但盾构掘进过程中地面出现冒浆和漏气,使得地层损失加大,进而地层沉降较大。回填区地表沉降曲线如图 6-130 所示。

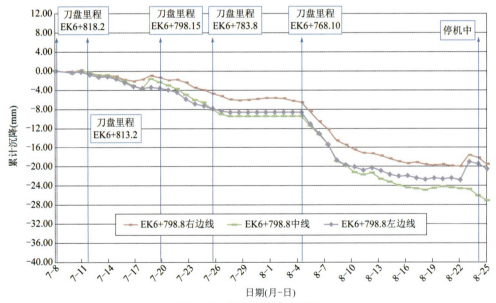

图 6-130 回填区地表沉降曲线

(3) 规律分析

由图 6-129 和图 6-130 可知：

①加固区与回填区沉降规律表现不同，加固区沉降变化幅度在 3mm 以内，基本处于稳定；回填区沉降变化符合盾构推进过程中沉降阶段变化。

②加固区与回填区沉降量值不同。

2) 土体压力变化

盾构施工土体压力监测点位于盾构隧道周边轮廓线 1m 外范围，防止盾构掘进中损坏。

(1) 加固区土体压力

盾构掘进靠近过程中，受盾构挤压力对地层土体作用，传递到监测元器件，土压力增大，盾构停机检查过程泥浆排出，作用于地层的挤压力下降甚至消失，土压力逐步减小；盾构再次掘进中，受挤压作用，地层受力先增大后减小；盾尾脱出后受同步注浆影响，地层受力出现峰值，后逐步减少至稳定。加固区内隧道两侧土压力大于隧道顶部土压力，边墙最大土压力位于 25m 处，最大测值为 170kPa。加固区土压力变化曲线如图 6-131 所示。

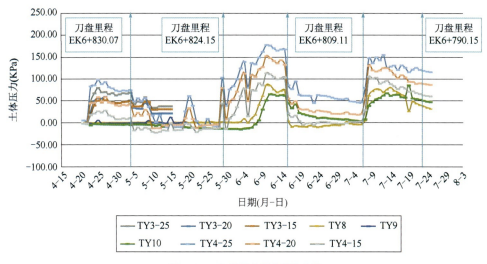

图 6-131 加固区土压力变化曲线

(2) 回填区土体压力

盾构施工土体压力监测点布置与加固区相同。回填区孤石和基岩钻孔爆破后对地层扰动大，回填注浆难以恢复到原状地层状态，使得回填区地层挤压受力损失大，导致土体压力值明显小于加固区，且总体数据较小。回填区测点土压力变形在盾构掘进通过前开始增大，刀盘通过后测试压力有一定减小，脱出盾尾后同步注浆测试压力再次增大并出现峰值，在浆液凝固和地层逐步稳定，土压力逐步变小并趋稳。回填区隧道两侧土压力大于隧道顶部土压力；隧道两侧最大压力位置位于距地面 15m 深的测点，为 42.69kPa；隧道顶部压力测试很小。回填区土压力变化曲线如图 6-132 所示。

(3) 规律分析

综合加固区和回填区土压力曲线变化，盾构掘进中对土压力的影响规律可分为 4 个阶段：

①缓慢增长阶段,刀盘到监测点的前20m,土体压力上升。
②快速增长阶段,盾构刀盘到监测点10m到盾体通过时,土体受扰动严重,应力大幅度上升。
③波动阶段,盾尾脱离断面1到4m,受同步注浆影响,土体压力值有一定波动,峰值出现。
④逐步消散阶段,盾尾脱离断面,同步注浆完成后,地层应力逐步回落并趋稳。

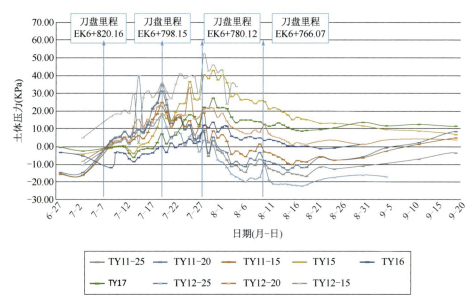

图6-132 回填区土压力变化曲线

由图6-131和图6-132可知:

①加固区与回填区曲线规律表现不同。加固区土压力与泥水仓压力和总挤压力同步变化明显,并在盾尾脱出后持续减小;回填区中盾构连续掘进,土压力曲线在盾构刀盘距测点20m处开始增大,并在刀盘脱出同步注浆时达到峰值,随着刀盘远离,测点受力逐步下降并趋稳。

②加固区与回填区测试最大土压力值和深度不同。加固区地层稳固,盾构掘进挤压作用下地层位移变形小,应力损失小,土压力测试值表现在25m受力最大。而回填区地层受孤石爆破扰动破坏,以及回填注浆效果有限,使得下部地层加固效果差,盾构掘进中地层变形较大,受力损失较大,土压力测试值表现在15m受力最大,且远小于回填区。

3)盾构隧道两侧土体水平位移

盾构施工土体水平位移监测点位于盾构隧道两侧1m处位置,防止被盾构掘进损坏,也防止泥水仓泥浆击穿地层沿监测孔冒浆。

(1)加固区土体水平位移

由于地层稳定、盾构掘进速度慢、掘进时间长、压力设置较低,盾构掘进时两侧土体的水平位移不明显。掘进中按照刀盘距测点断面-5m、0m、5m、15m统计,盾构隧道掘进过程中加固区变化较小,距地面深21m累计最大水平位移为-5.23mm,土体变化范围集中在隧道直径范围内。加固区土体水平位移变化如图6-133所示。

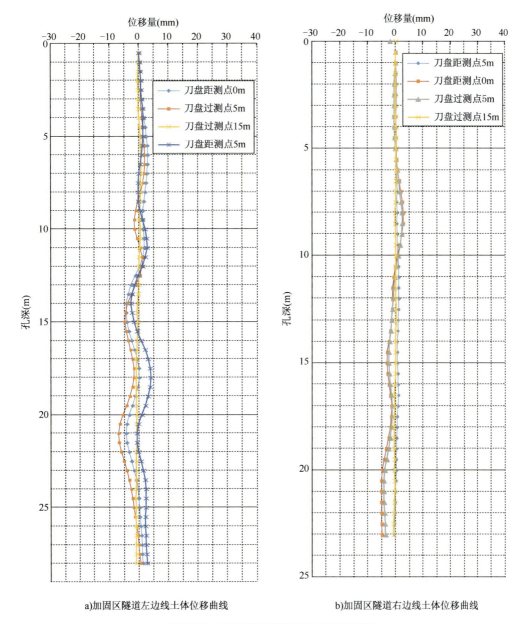

a) 加固区隧道左边线土体位移曲线　　　　b) 加固区隧道右边线土体位移曲线

图 6-133　东线隧道加固区土体水平位移变化

(2) 回填区土体水平位移

回填区地层孤石和基岩爆破对地层扰动大,使地层的稳定性变差,地层受盾构掘进挤压土体影响变化明显,土体位移变形数值较加固区明显偏大。掘进中按照刀盘距测点断面 -5m、0m、5m、15m 及盾尾脱出 15m 统计,累计变形最大距地面 25.5m 处为 -17.65mm,土体位移变化集中在盾构隧道底部上下 5mm 范围内。盾构刀盘掘进到测点 8m 前,受盾构挤压作用,土体位移向远离盾构侧变形,在盾构刀盘通过测点 8m 以后,测点变形向靠近盾构侧变化;盾构刀盘通过测点 15m 和盾尾脱出 15m 后两阶段,泥水压力减小,地层收缩和同步注浆浆液固结使测点向隧道内侧变化明显并趋稳,说明回填区盾构掘进对两侧土体的挤压作用明显。回填区土体水平位移变化如图6-134所示。

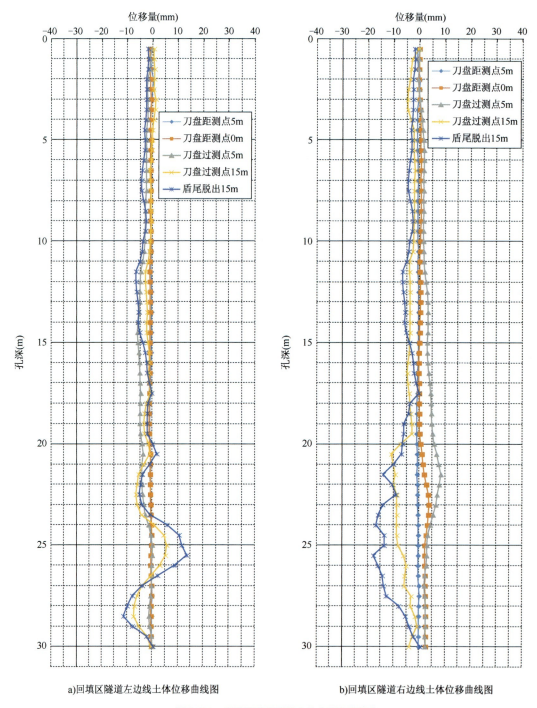

图6-134 东线隧道回填区土体水平位移变化

(3) 规律分析

由图 6-133 和图 6-134 可知：

① 加固区与回填区土体深层位移变形规律基本相同。具体为：土体位移向隧道外侧明显变化（盾构刀盘靠近测点至刀盘通过监测点 8m）→土体位移向隧道内侧缓慢变化（盾构继续推进至盾尾通过监测点）→土体位移向隧道内侧至稳定（盾尾脱出监测点至同步注浆凝固）。第一阶段变化是盾构掘进挤压隧道周边土体所致，第二阶段变化是开挖泥水压力的影响逐渐减弱，第三阶段变化是由盾尾地层收缩和同步注浆作用导致。

② 加固区与回填区土体深层水平位移变形值不同。

4) 隧道结构位移

隧道结构位移监测是在后配套脱出时并具有通视条件后进行监测，监测过程中隧道拱顶下沉和结构收敛变形均较小，以 970~1020 环为例，隧道管片拼装后受上浮影响，拱顶变形出现 3mm 以内的上浮，隧道净空收敛出现 3mm 的变形，变形稳定持续时间在 3 个月左右，隧道结构水平位移为 2~4mm。拱顶位移和净空收敛曲线如图 6-135 和图 6-136 所示。

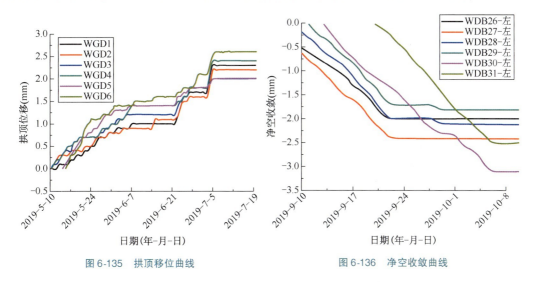

图 6-135　拱顶移位曲线　　　　　图 6-136　净空收敛曲线

5) 接收端地面沉降

盾构接收井地面从盾构掘进北岸大堤时开始监测，直到接收井内水排出，到临时洞门施工完成，地面沉降分两个部分，靠近接收井的加固段地面受回填注浆等影响出现略微上升，没有加固段在盾尾脱出后沉降明显，随着二次注浆回填，地面沉降逐步稳定，从盾构掘进大堤到盾构临时洞门施工完成后，地面沉降最大 92mm，接收端地面沉降历时曲线如图 6-137 所示。

6) 海床沉降变化

沿东西两条隧道中线，中线左右侧各 5m、10m 分布测试数据，每条隧道有 5 条测线覆盖，纵向间距 5~10m。为控制风险，施工过程中多次采用 RTK+超声波测深仪对海床变形范围及深度进行了成功探测，直接获取水下三维坐标，并将数据同步输入 CASS 进行三维模型处理，提高了水下监测精度和定位准度，实现了对海床变化的定量分析和定性判断。水深测试横断面和纵向曲线分别如图 6-138 和图 6-139 所示。

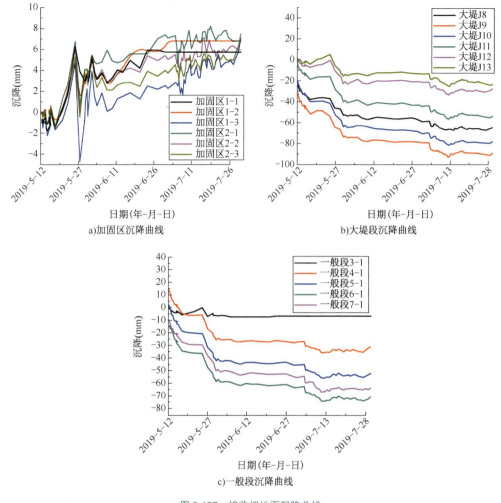

图 6-137 接收端地面沉降曲线

6.5.5 施工监测技术结论

通过对盾构施工全过程监测,得出以下结论:

(1)始发端加固区的沉降远小于回填区。加固区地表沉降最大为 7.1mm,回填区地表沉降最大为 27mm,说明加固区采用三轴回填,注浆补充方式对地层充分加固,达到了地层稳固状态;而回填区在孤石爆破后,只进行了压浆固结,地层密实度差,整体性差,所以盾构掘进中沉降偏大。

(2)始发端加固区和回填区边墙位置的土体压力均大于隧道顶部的土体压力。在隧道顶部范围内,加固区和回填区土体压力都很小;在隧道边墙位置,加固区的土体压力大于回填区,且加固区土体压力最大测点的深度大于回填区。加固区隧道边墙位置土体压力最大测点位于距地面 25m 深处,最大测值为 130kPa;回填区隧道边墙位置土体压力最大测点位于距地面 15m 处边墙,最大测值为 43kPa。土体压力测点采用钻孔埋设。因加固区地层稳定性好,盾构掘进时地层位移小,盾构推进挤压力传递到地层时,因底部测点的约束强于上部测点,所以加固区测点最大位置为埋设最深的测点;而回填区只采用压浆处理,深部地层压浆难以填充饱满,而位于中上部地层压浆效果较好,使回填区地层整体加固效果差,在受到盾构掘进挤压力通过地层传递时,地层深部的土体产生大于中上部位移,导致回填区测点最大位置位于隧道埋深中部范围内。

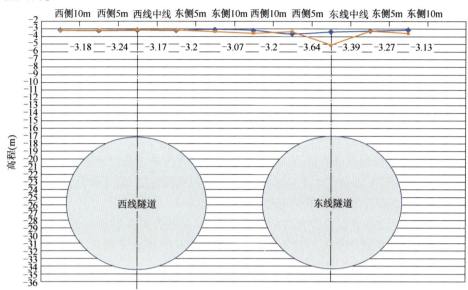

图6-138 水深测试横断面示意图

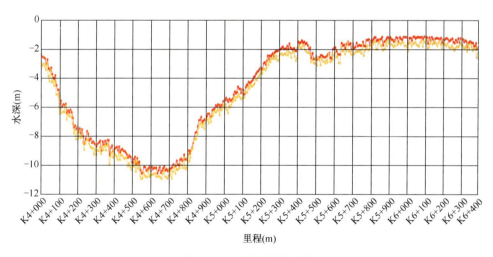

图6-139 水深测试纵向曲线

(3)始发端加固区的土体位移远小于回填区。加固区土体位移最大为5.23mm,回填区土体位移最大为17.6mm,说明加固区采用三轴回填,注浆补充方式充分对地层进行了加固,达到了地层稳固的目的,盾构掘进通过后的地层位移变化小;而回填区在孤石爆破后,只进行了压浆固结,地层密实度差,整体性差,所以盾构掘进通过后地层位移变化大,与地层土体压力和地表沉降规律一致。

(4)盾构隧道结构位移在后配套脱出后,具有通视条件下进行监测,受软弱地层上浮影响,隧道拱顶变形出现略微上升,净空收敛和结构水平位移总体变形较小。

(5)接收端地面沉降中靠近接收井的加固段地面受回填注浆等影响出现略微上升,没有加固段在盾尾脱出后沉降明显,随着二次注浆回填浆液凝固和地层收缩稳定,地面沉降逐步稳定,累计变形大于始发端回填区。

(6)海床监测采用RTK+超声波测深仪获取水下三维坐标,并经过三维模型处理,受水流和波浪影响,测试数据存在一定误差,但实现了对海床变化的定量分析和定性判断的效果。

6.6　本章小结

汕头海湾隧道盾构掘进既有孤石地层,也有海域高强度基岩凸起地层,盾构施工工况极端复杂,在该工程中实现了盾构在水下高强度基岩地层的直接掘进,属于极具代表性的案例。从海湾隧道典型地层施工中得到如下结论和建议:

(1)针对孤石地层掘进在条件允许的情况下,建议采取先对孤石地层进行预处理,再进行掘进的施工方法。在掘进中如不对孤石进行预处理,孤石极易造成切刀、刮刀的损坏,加速刀盘面板的磨损,掘进中扭矩参数波动很大,掘进效率低下。

(2)盾构在基岩凸起地层掘进时,采取低转速、低贯入度的掘进控制参数;在软硬交替条件下刀具的磨损速度很快,需要借助磨损监测、旋转监测、温度监测对刀具工作状态、磨损情况进行研判,利用常压刀盘的优势及时更换磨损的常压刀具。

(3)通过对盾构施工全过程监测,始发端加固区的沉降远小于回填区,始发端加固区和回填区边墙位置的土体压力均大于隧道顶部的土体压力,海床监测采用RTK+超声波测深仪获取水下三维坐标,并经过三维模型处理,受水流和波浪影响,测试数据存在一定误差,但实现了对海床变化的定量分析和定性判断的效果。

第 7 章 超大直径泥水盾构风险评估与管理

利用超大直径泥水盾构进行隧道建设是一项技术难度大、风险高的工作,通过科学有效的方法对风险进行评估与管理,确保工程安全竣工是项目管理的重要目标,是落实安全生产的具体表现。本章从海湾隧道建设条件风险分析与识别、施工技术风险评估、风险评估结论及控制措施、海湾隧道工程风险管理实施方案四个方面对海湾隧道风险评估、风险管理进行全面的梳理与总结,希望为类似工程提供一定的技术参考。

7.1 超大直径泥水盾构隧道建设条件风险分析与识别

7.1.1 海域盾构段建设条件分析

线路起点位于金砂东路与天山南路交叉口,沿天山南路向南敷设,穿龙湖沟后以 $R1500m$ 转入华侨公园,在华侨公园东南角处进入海域,然后以直线形式穿越苏埃湾海域。避开了港区及锚地,南岸顺接线位。

1)水文地质条件分析

(1)地下水类型及含水层厚度

根据区内地下水的赋存特征及形成条件,可将测区地下水划分为松散岩类孔隙潜水、松散岩类孔隙承压水及块状岩类裂隙水。区内地下水的补给,主要为大气降水和垂直渗入补给。其中,松散岩类孔隙潜水主要分布在海滨地带,含水岩组厚度一般小于10m;松散岩类孔隙承压水主要分布在三角洲和河床内,为盾构重点穿越区,含水岩组厚度一般为 6~22m,该岩组顶底板有相对隔水层,具有地下水承压特性;块状岩类裂隙水主要分布于隧址区南部,厚度小于20m。

(2)勘察区主要含水层

勘察区内分布有4个主要的含水层:②$_4$粉细砂层;③$_4$、③$_5$中粗砂、砾层;④$_4$、④$_5$中粗砂、砾砂层及风化岩层。其中③$_4$、③$_5$中粗砂、砾层主要分布在盾构段范围内,层厚差异较大,分布连续,为承压含水层。在勘察范围内,该层上覆较厚的淤泥、淤泥质土等隔水层。

(3)岩石渗透系数

根据地质勘察报告,岩土的渗透系数根据现场抽水试验、室内试验、类似地层抽水试验成果资料和当地地区经验数值综合确定,具体见表7-1。

隧址区岩石及土体渗透系数　　　　表7-1

序　号	地层编号	岩土名称	岩土状态	渗透系数(m/d)
1	②$_1$、②$_2$、③$_2$、④$_1$	淤泥、淤泥质土(含或夹砂)	流塑~软塑	0.02
2	③$_1$、④$_2$	粉质黏土	可塑	0.02
3	②$_3$、②$_4$、③$_3$、④$_3$	粉细砂	松散~稍密	3.50
4	③$_4$、③$_5$、④$_4$、④$_5$	中粗砂、砾砂	中密~密实	220
5	⑤$_1$、⑤$_2$	砂质黏土、砾质黏土	可塑~硬塑	0.06
6	⑥$_1$、⑥$_{2a}$	全风化岩、土状强风化岩	坚硬	0.10
7	⑥$_{2b}$、⑦$_2$	碎块状强风化岩	半土半岩	0.50
8	⑥$_3$	中风化岩	完整岩石	0.05

(4）场地水腐蚀性评价

根据地质勘察报告知，隧址区地下水 pH 值为 6.29~7.35，地下水对混凝土结构具弱腐蚀性。第 1 号抽水孔侵蚀性 $CO_2 = 22.10 \sim 33.85\text{mg/L}$，第 1 号抽水孔位置地下水对混凝土结构具有中等腐蚀性；其他孔侵蚀性 $CO_2 = 0.00 \sim 23.42\text{mg/L}$，$HCO_3^- = 1.42 \sim 62.68\text{mmol/L}$，$SO_4^{2-} = 16.014 \sim 405\text{mg/L}$，$Cl^- = 1442.67 \sim 6558.25\text{mg/L}$，地下水对钢筋混凝土结构中的钢筋具微腐蚀性，对干湿交替状态的结构，地下水对钢筋混凝土结构中的钢筋具中~强腐蚀性。

(5）潮汐特性

苏埃湾内潮汐属于不规则半日潮，潮差不大，平均为 1.0~1.5m，常年的最大潮差在 2.3~2.7m 之间，涨潮差稍大于落潮差；涨潮平均历时约多于落潮平均历时 1h，多年平均涨潮历时 6h3min~6h50min，落潮历时 5h30min~5h50min。苏埃湾潮位特征见表 7-2。

苏埃湾潮位特征值表　　　　表 7-2

项　目	水位(m)	项　目	水位(m)	项　目	水位(m)
历年最高潮位	4.69	平均低潮	0.87	极端高水位	4.31
历年最低潮位	-0.29	平均潮差	1.03	极端低水位	-0.46
平均海平面	1.37	设计高水位	2.28	—	—
平均高潮	1.90	设计低水位	0.32	—	—

(6）波浪及海流

苏埃湾潮流性质属于不正规半日潮流型。湾内狭长水道的深泓线附近，一般为最大流速的分布区，如鹿岛水道的最大落潮流速可达 2.0~3.0m/s。

(7）泥沙及风暴潮

苏埃湾泥沙的来源主要有两个方面：陆域径流来沙和海域来沙，但以径流来沙为主。台风暴潮一般发生于每年的 5—11 月份之间，其中尤以 7 月份最多，9 月份次之。从 1953—1991 年的历年台风增水资料中，挑选出影响汕头港的台风个例，其中增水值在 1m 以下的最多，而增水值超过 2m 的较少。

(8）河势演变

根据地质勘察报告的相关数模分析结果，得到 100 年一遇洪水下，现状河床下工程断面的最大极限冲深为 -3.946m，该处底高程为 -11.501m，航道疏浚后最大极限冲深为 -3.082m，该处底高程为 -14.213m，如图 7-1 所示。

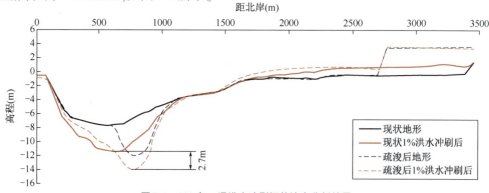

图 7-1　100 年一遇洪水冲刷河势演变分析结果

300年一遇洪水下,现状河床下工程断面的最大极限冲深为 -6.088m,该处底高程为 -13.643m,航道疏浚后最大极限冲深为 -5.198m,该处底高程为 -15.944m,如图7-2所示。

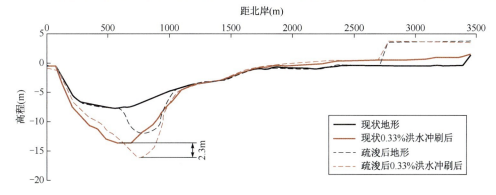

图7-2 300年一遇洪水冲刷河势演变分析结果

2)工程地质条件分析

(1)工程地质总体评价

①海湾隧道工程是国内首条在8度地震烈度区建设的海底隧道,隧道所处地质条件非常复杂,施工技术要求高。

②盾构始发和到达段为淤泥层,埋深浅(始发段8m,到达段约12.5m),海域段长距离穿越淤泥质软土、砂层,区间存在孤石分布区和长达基岩凸起段182m,侵入隧道最大高度7.2m(基岩凸起段施工补勘发现最大高度约8.6m)。微风化孤石强度较大,最大抗压强度约200MPa。

③隧道上覆地层:海底隧道上覆地层以淤泥、淤泥质土、淤泥混砂为主,占比达98%以上,局部小范围夹杂粉细砂、粉质黏土,占比不足2%。

④隧道范围:盾构线路范围以淤泥、淤泥质土、淤泥混砂为主,占比约81%,局部小范围夹杂粉细砂、粉细砂、中粗砂占比约18%,三段基岩凸起段含中风化花岗岩、微风化岩,占比约1%。

⑤隧道下方:盾构底部地层以粉细砂、中粗砂、中粗砂等稍密~密实砂性土为主,占比约52%;淤泥质土、淤泥混砂、淤泥质等中~高压缩性土,占比约34%;全风化花岗岩、强风化花岗岩、微风化花岗岩占比约14%。

⑥根据地勘资料所揭示的地层情况,工程南岸部分地段基岩凸起,且孤石发育、分布不规则。

(2)不良地质

①砂土液化:根据钻探揭露,沿线分布有第四系海相、海陆交互相沉积砂层,地震作用时,饱和砂土有可能产生液化。根据《公路工程地质勘察规范》(JTG C20—2011)的有关规定,对饱和砂土进行地震液化判定,共判断68个钻孔,其中60孔内的砂层产生液化(37孔液化等级为轻微,14孔液化等级为中等,9孔液化等级为严重)。

②软土震陷:根据《岩土工程勘察规范(2009版)》(GB 50021—2001)条文说明5.7.11及本项目《工程场地地震安全性评价报告》判别标准,海相沉积的②$_1$淤泥、②$_2$淤泥质土存在震陷

可能。②₁淤泥、②₂淤泥质土分布广,厚度大,其中盾构段都分布有这两层土层。

③花岗岩球状风化体(孤石)。

施工初勘与详勘共有180个钻孔(初勘43个)揭露基岩,其中有33个钻孔揭露了孤石45个,孤石大小不一,最大直径5.4m,最小直径0.5m,一般直径1~2.5m;球状风化体发育深度不一,在孔深4.2~50.7m范围内均有发育,埋深0~20m有15个(球状风化体),埋深20~40m有22个。发育的层位也不一致,其中发育在⑤₁残积层的1个,在⑥₁全风化层的13个,在⑥$_{2a}$土状强风化层16个,在⑥$_{2b}$块石状强风化层15个。在线路BK6+400~BK7+350段,花岗岩体球状风化最发育,该段揭露基岩钻孔59个,有20个钻孔揭露了球状风化体,部分球状风化体呈串珠状。具体如图7-3所示。

a)

b)

图7-3 花岗岩球状风化体取芯照片

④有害气体:隧道主要通过海相和海陆交互相沉积的地层,该地层淤泥、淤泥质土有机质含量高(1.7%~2.54%),有腐殖质臭味。在钻探过程虽然没有发现有气体溢出,但不能排除该地层存在沼气(有机物腐化过程产生)等有害气体局部富集的可能,施工中应加强有毒有害气体监测。

(3)地震

区域断裂构造的主要方向为北东—北北东向,其次为北西—近东西向。北东—北北东向断裂规模大、切割深,第四纪活动性具有由内陆向海域逐渐增强的特点,晚更新世以来活动仅局限在个别断裂的个别段落。海域北东向断裂晚更新世以来活动较强,主要分布在台湾海峡。区域内的北西向—北西西向断裂规模相对较小,其第四纪活动性相对较强,部分断裂第四纪晚期仍有活动。这些断裂主要分布在沿海一些第四纪盆地中。地震活动主要与北东—北北东向断裂相关,尤其是台湾海峡和台湾地区,北北东向的断裂是重要的控震构造。两组断裂的交汇处是强震发生地点的重要标志,区内陆域许多强震就是发生在这两组活动断裂交汇处附近。

区域内共发生震级大于等于4 3/4的地震25次,其中6.0~6.9级地震8次、7级的地震2次,最大为1918年广东南澳东南海中Ms7.3级地震。主要分布在靠近台湾海峡区域东北部,南部地震活动强度与频度都比较低。沿台湾岛、台湾海峡到东南沿海、福建内陆方向,地震活动呈现出由强变弱的趋势,6级强震基本上发生在呈北东向分布的滨海断裂带上。近场区内记录到5次历史地震,其中4.7~4.9级地震2次、5.0~5.9级地震1次、6.0~6.9级地震2次。在场址北部有2次6级以上的地震,较近的一个距离场址28km。工程场址受历史地震影响较大,有3次历史地震对工程场址的影响烈度达到8度,另外遭受过多次5~7度的影响。

3) 周边环境分析

(1) 周边建(构)筑物影响

隧址区仅在北岸陆地盾构穿过中山东路和码头段处周边存在管线,由于海湾隧道埋深超过10m,对管线影响不大。南岸其他陆域段位于荒地和菜地内,没有地下管线。海域盾构段也无管线。盾构段周边不存在建筑物及道路。

(2) 环保影响

泥水盾构施工产生的泥浆,如果处理不当会影响环境;施工噪声也会影响附近居民生活。

7.1.2 建设条件风险辨识与分析

1) 工程地质风险辨识与分析

根据前述工程地质条件情况进行工程地质条件风险源辨识(图7-4)。

(1) 岩石覆盖层厚度确定不当

基于工程地质勘察报告,海域隧址区下卧花岗岩等岩石层,并在沿线发现岩层凸起,详勘揭露工程东、西线均存在3段基岩凸起,东、西线盾构隧道均有长度182m花岗岩基岩凸起,造成该区段地层上软下硬,且隧道顶部为海运主航道,隧道覆土最小12.6m,不足一倍洞径。由于土体分布的空间变异性、试验方法带来的误差、计算公式的局限性和土体特征参数的统计误差会影

图 7-4 工程地质条件风险源辨识

响到岩层分布厚度的误判、土性参数误差、工程性质评价等。因此,覆盖层厚度确定的不当,将不可避免地引起盾构刀盘刀具的磨损加剧以及进而产生的盾构设备风险以及掘进风险。

(2) 岩体强度软化

工程地勘中发现海域隧址区下卧花岗岩等岩石层,由于岩体材料软化辨识不准确对施工产生影响,主要见于埋深较大的山岭隧道中,而海湾隧道采用盾构法施工基本不受岩体材料软化的影响。

(3) 勘察钻孔后处理不当

盾构法施工中勘察钻孔后处理不当,主要是指在进行钻孔取样中,钻孔的点位侵入隧道范围、钻头掉落及钻孔后封孔不当,钻孔中掉落的钻头在盾构掘进时候会导致刀具的失效及刀盘的磨损,隧道范围内的勘察孔封孔不到位,形成漏气逸浆通道造成掌子面压力波动。因此,勘察钻孔后处理不当产生设备风险以及掘进风险。

(4) 错误识别不良地质条件

不良地质的正确识别是盾构设备选型和施工组织的基础,由于不良地质信息识别产生的差异性影响盾构的选型及针对性设计,影响装备的适应性和施工效率,同时增加设备风险和施工风险。

(5) 隧址区不明地下障碍物

汕头城区位于礐石大桥北部,历史上码头都在城区附近,北岸历史为海域,是人工填海形成的,故战时遗物、沉船障碍物等风险源将影响隧道设备选型风险、始发与到达风险以及掘进

风险。

2) 不良地质、特殊性土风险辨识与分析

图 7-5 所示为海域盾构段不良地质及特殊性土风险辨识图。

(1) 断裂、破碎带

场址区 5km 范围内,有早、中更新世活动的饶平—汕头断裂通过,断裂造成岩层破碎,在盾构施工时对掘进的风险产生较大影响。

图 7-5 海域盾构段不良地质及特殊性土风险辨识

(2) 砂土液化

根据现有工程地质勘察报告,海域盾构段液化随里程分布变化如图 7-6 所示。地质勘察报告中指出:"盾构隧道段液化砂层主要分布在浅层,盾构段的结构底板均超过 20m,液化对结构底板没影响"。但由于钻孔数量的限制以及土体自身的变异性导致液化对隧道施工过程的影响,以及长期运营条件下地震产生的液化对隧道结构的影响不容忽视,故砂土液化将产生始发与到达风险、掘进风险、结构风险、环境影响风险。

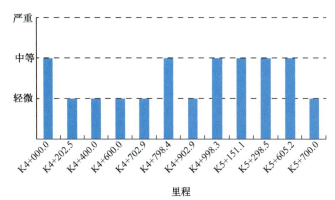

图 7-6 海域盾构段液化随里程分布变化

(3) 有毒有害气体

由于海相和海陆交互相沉积层地层中淤泥、淤泥质土有机质含量高,故有毒有害气体的产生将对隧道始发与到达风险、掘进风险产生较大影响。

(4) 软土震陷

由于隧道上覆软土,当其受到地震动时,土层结构易受破坏,抗剪强度和承载力随之大幅降低,引起地面或建筑物下陷,从而导致隧道结构不均匀沉降或开裂。故软土震陷将导致始发与到达风险、盾构掘进风险以及隧道结构风险。

(5) 软土层厚度

根据地质勘察报告得到的隧道纵向地层剖面图可以获知,海域段软土层厚度最浅为 6.9m,最深为 24.3m,平均厚度为 14.6m。根据钻孔地质剖面图,得到软土层厚度纵向分布曲线如图 7-7 所示。软土层厚度确定不当,将导致隧道支护压力确定不当,盾构掘进时刀盘遇到软硬不均土体的加速磨损等情况,进而导致设备风险、始发与到达风险、掘进风险以及后期结构风险。

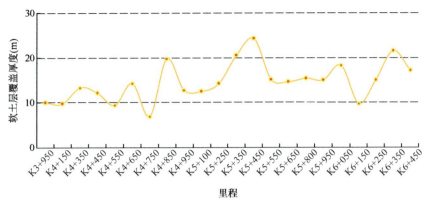

图7-7 海域盾构段软土层厚度纵向分布曲线

盾构始发与到达段覆土大多为淤泥地层,隧道顶的覆土厚度约为$0.8D$(D为隧道直径),属于浅覆土,盾构在该区域范围内掘进易发生隧道上浮和土层劈裂、隆起、冒顶、坍塌等风险,如图7-8和图7-9所示。

图7-8 盾构浅覆土开挖中冒顶事故

图7-9 盾构浅覆土开挖中地表沉陷事故

(6)孤石

勘察工作中有33个钻孔揭露了孤石。孤石大小不一,最大直径5.4m,最小直径0.5m,一般直径1~2.5m。孤石发育深度不一,在4.2~50.7m范围内。靠近南岸海域段最发育,该段共完成钻孔58个,有20个钻孔揭露孤石,孤石具体分布如图7-10所示。

孤石对盾构施工影响大,盾构掘进时孤石容易随刀盘一起滚动,妨碍刀盘掘进;同时,孤石的存在会导致盾构姿态和掘进方向难以控制,刀盘磨损致使刀盘强度与刚度降低而无法掘进,刀盘受力不均引发主轴承受损或密封破坏,刀盘磨损严重后作业人员进仓更换刀具存在风险。另外,泥水盾构施工中小孤石易堵泥浆管路。由于孤石的上述影响,最终导致工程进度、投资难以控制。图7-11、图7-12为孤石磨损刀盘、刀具情况。

根据孤石的地质勘察情况,主要采用爆破处理方案,通过采用海上钻孔,对孤石进行爆破处理后,盾构再掘进通过。此外,在爆破孤石段的同时,对孤石周边地层加固,以便固定孤石位置。对小粒径孤石采用颚式破碎机破碎处理,对掌子面稳定的地层,可采用专用机具在仓内处理孤石。

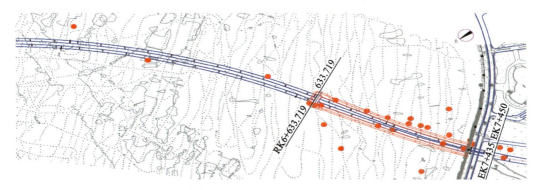

图7-10 海域盾构段孤石平面分布图(图中红点为孤石分布)

图7-11 孤石磨损盾构刀盘

图7-12 刀具磨损严重

(7)基岩凸起(开挖面软硬不均)

案例1:南京市纬三路过江隧道盾构穿越地层复杂,掘进施工中需穿越黏土层、砂层、砂砾、卵石层、强中风化粉砂岩层等软、硬地层和各地层组合而成的上软下硬复合地层,共计3537m,其中需穿越岩层490m。2013年7月,纬三路过江隧道盾构已掘进616环,盾构参数显示无法正常掘进,刀具磨损严重,该项目开始停工换刀,更换了51把滚刀和39把刮刀,导致工期延误179d,至2013年12月31号盾构重新开始掘进。究其原因是在隧道开挖前,对隧道线路穿越地层岩石硬度估计不足,实际掘进后发现岩石的硬度是勘测的9倍,导致刀盘磨损十分严重。

案例2:2008年8月,南京纬七路过江隧道南线由于盾构选择不合理,隧道掘进到1300多米的时候遇到了砂卵石地层,导致盾构无法掘进,刀盘磨损很大,导致隧道停工换刀3个多月。

海湾隧道工程东、西线均存在3段基岩凸起,合计182m花岗岩基岩凸起,硬岩分布如图7-13所示。

基岩凸起,使隧道位于上软下硬地层中,盾构在上软下硬地层中掘进技术是工程的难点,通过上述国内类似工程案例比较分析,上软下硬复合地层中掘进存在以下工程风险:

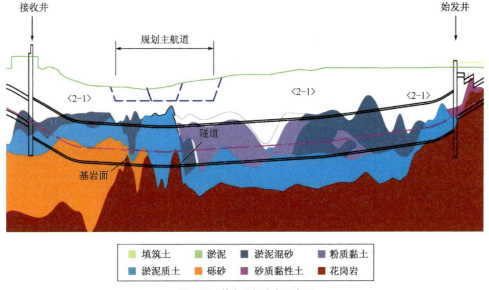

图 7-13 基岩凸起分布示意图

①盾构掘进上软(淤泥、砂层)下硬地层时,刀盘下部硬岩掘进困难,刀盘上部软土不断流失,拱顶地层易坍塌,进而发生海水灌入(图 7-14)。

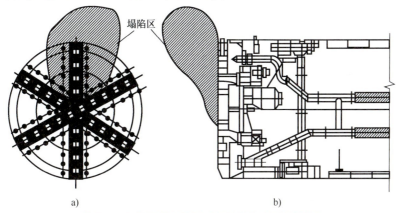

图 7-14 上软下硬地层盾构掘进拱部土体坍塌示意图

②刀盘上下受力不均,刀盘容易发生变形,刀具易偏磨。
③常压下开仓,掌子面土体不能自稳,易坍塌。
④盾构直接掘进上软下硬地层,工程进度、投资不可控。

现阶段针对基岩凸起风险源提供的控制措施,推荐对侵入盾构隧道内的硬岩进行深孔爆破。具体方案:首先从海面向硬岩中钻孔、装药、爆破,对爆破体缝隙进行注浆加固,盾构再掘进通过硬岩。爆破后岩石粒径大小要求 30cm 以下为宜,并对爆破体缝隙注浆封堵,以确保盾构掘进通过时能够实现保压。

3)水文地质风险辨识与分析

海域盾构段水文地质风险辨识如图 7-15 所示,重点对承压水、潮汐、波浪、风暴潮以及地下水腐蚀性进行分析。

图 7-15 海域盾构段水文地质风险辨识

(1) 承压水

对项目影响较大的含水层有 3 个,②$_4$ 粉细砂层,③$_4$、③$_5$ 中粗砂层、砾砂层与④$_4$、④$_5$ 中粗砂层、砾砂层。②$_4$ 主要由粉细砂组成,含淤泥,中等透水。③$_4$、③$_5$ 以及④$_4$、④$_5$ 主要由中粗砂、砾砂组成,该层埋深大,强透水,承压。对盾构段影响主要表现为施工中出现涌水、涌砂。因此,地下水是影响工程安全的关键因素之一,其将对始发与到达风险以及盾构掘进风险造成较大影响。

(2) 潮汐波浪、风暴潮

对两岸明挖段施工影响较大,但是对盾构段影响较小。

(3) 地下水腐蚀性

根据《公路工程地质勘察规范》(JTG C20—2011) 附录 K 综合评价,针对海域段,地下水对混凝土结构具有中腐蚀性,对钢筋混凝土结构中的钢筋具有强腐蚀性。

4) 地震风险辨识与分析

根据《建筑抗震设计规范》(GB 50011—2010),场地抗震设防烈度为 8 度,设计基本地震加速度为 $0.2g$,设计地震分组位于第一组。工程场地土层属于中软场地土,场地类别为Ⅲ类,场地所处的抗震地段为不利地段。地震风险自身对隧道的设计、施工产生的直接风险相对有限,但是地震导致的软土震陷、砂土液化以及海浪、风暴潮等次生影响较大。

总结上述建设条件风险源,得到海域段盾构隧道建设条件风险辨识结果,见表 7-3。

海域段盾构隧道建设条件风险辨识表　　表 7-3

风险源		设备风险	始发与到达风险	掘进风险	结构风险	施工组织	环境影响
工程地质条件风险	岩石覆盖层厚度确定不当	★		★			
	岩体强度软化		☆	☆			
	勘察钻孔后处理不当		☆	★			
	错误识别不良地质条件	☆	★	★	☆		
	地下障碍物	★	☆	★			
不良地质、特殊性土	砂土液化		☆	★	★		★
	断裂、破碎带		★	★			
	有害、可燃气体等		☆	☆			
	软土震陷		☆	☆	☆		
	软土层厚度	★	☆	★	★		
	花岗岩球状风化(孤石)	★	★	★			
	基岩凸起(岩体软硬不均)	★	★	★			

续上表

风险源		设备风险	始发与到达风险	掘进风险	结构风险	施工组织	环境影响
水文地质	水文地质勘察		☆	★			
	承压水		★	★			
	强渗透区		★	★	☆		
	潮汐、径流影响				☆		
	风暴潮				☆	★	
	波浪				☆		
	地下水腐蚀性	☆		☆	★		
	地震	☆	★	★	★		
周边环境	盾构施工场地					★	
	建(构)筑物		☆	☆			

注：★表示影响较大；☆影响相对较小。

7.2　超大直径泥水盾构隧道施工技术风险评估

7.2.1　海域盾构段风险辨识与分析

根据现有施工经验，对盾构施工期间风险进行归纳，主要有以下8类施工风险：盾构选型风险、盾构组装与调试风险、盾构始发与到达风险、盾构穿越建(构)筑物施工风险、盾构掘进风险、盾构机下穿江河水体风险、盾构穿越障碍物的施工风险、盾构开仓作业风险。结合海湾隧道工程实际，下面重点对盾构选型风险、盾构组装与调试风险、盾构始发与到达风险、盾构掘进风险以及隧道的管片拼装风险等进行风险分析。

1）盾构选型风险

盾构隧道施工过程中，盾构选型的合理性关系到整个工程成功与否。利用勘察设计阶段获取的信息，在满足工期和成本的要求下选择适合工程的盾构机型是选型的目标。结合海湾隧道工程特点，施工过程中面临的风险主要有以下几个方面：

(1) 地层沉降风险

气垫式泥水盾构虽可进行精确的压力控制，不易出现因泥浆压力问题而导致隆起或沉降问题，但隧道穿越的大部分地层属高含水量、高压缩性、低强度、低渗透性的饱和软性土，具有较高的灵敏度和触变性。盾构掘进对土体的扰动可造成盾体周边及上覆土体的触变沉降。

(2) 地层坍塌或击穿风险

由于地层剪切力弱，开挖面主动压力和被动压力差值不大，泥水仓压力略减小则易小于主动压力，导致地层坍塌。泥水仓压力略大则易大于被动压力导致击穿。本工程超挖和击穿的危害大于其他地层较硬的隧道工程。

(3)盾构换刀风险

隧道穿越的大部分地段的淤泥地层流塑软塑,侧压力系数大,虽净水头压力小于4bar,但水、土压力和接近5bar,带压换刀作业需要配置氦氧混合气体(非常规氮氧气体)及采用饱和法进仓,设备配置和进仓作业工序复杂。由于土体强度低,采用止水减压法作业时极易造成坍塌。因此,海湾隧道工程的埋深和地层性质对常规带压进仓法换刀作业不利。

(4)盾构掘进轴线控制风险

在淤泥质黏土层中,土体孔隙比大,压缩性高,土体对盾体的导向作用小,盾构的姿态易与推进轴线不一致,掘进轴线方向易发生改变;盾构在淤泥质黏土、黏土、粉质黏土软硬不同土层中掘进,虽然软硬差别较之复合地层差别较大,但在土体软弱的条件下,两种软硬不同土体的微小差别也会对盾构调向带来明显的影响。

(5)管片上浮与整机上浮难点及特点

管片在未凝固的单液浆(若采用时)中除了服从阿基米德浮力定理外,全段存在的淤泥流塑层在受到掘进振动液化时,在液化区域内也具有阿基米德浮力定理的效应,两者均易使管片环和整机上浮。

(6)上软下硬掘进难点

盾构将穿越3处上软下硬地段,具有下硬层极硬上软层极软的特性,刀具易损坏,推进速度慢,对地层扰动大。下硬层对刀盘破岩能力要求高,盾构掘进方向易发生上漂,下硬层掘进时刀盘及主轴承的偏载大。上软下硬地层可能会产生较多的刀具异常损坏,凸起段预计将是工程重大施工难点。

(7)孤石风险

海湾隧道穿越的全强风化花岗岩地段可能存在孤石,易造成刀具的损坏,当刀具完全失效时,可能会在很短时间内损坏刀盘结构,造成严重施工问题的风险大。

(8)超大直径盾构带来的问题(与中小直径盾构比较)

刀盘刀具切削轨迹行程长,刀具的掘进里程寿命短,换刀次数增多;大直径刀盘外环刀和边刀的线速度大,冲击大,刀具易损坏;大直径刀盘刀具数量多,刀具异常损坏概率相对大,包括刀具正常磨损在内,每次进仓换刀的数量多;大直径盾构的长径比减小,调向敏感度增大,易于调向同时也易于产生偏差;主驱动直径大,密封线轨迹行程长,密封的掘进里程寿命相对短。

(9)海域段长距离掘进问题

由于海域段不具备在地面上采用辅助工法处理施工问题的条件,对盾构主要部件可靠性及密封耐久性的要求很高。

(10)盾构设备耐海水腐蚀性要求

由于透水砂层不同比例的存在于隧道全段,与海水有直接的水力联系,盾构结构与环流系统会受到海水腐蚀性影响。

2)盾构组装与调试风险

超大直径盾构由于尺寸大、部件重、涉及系统多,盾构采用分块运输、现场拼装,其中风险主要有以下方面:盾构部件尺寸大、质量重,需要专用的起重机械进行单机或多机协同作业,设备吊装过程中未按照安全吊装规程吊装、施工人员安全意识淡薄等容易发生事故;盾构装备结构复杂,未按图纸要求安装等会导致设备风险;此外在组装与调试中需要高空作业、动火作业、电气设备安装等较为危险的作业,容易出现风险事故。

3)盾构始发与到达风险

盾构始发与到达风险包括工作井施工、端头地层加固、洞门密封等。

(1)工作井施工

始发井和接收井的安全施工是盾构开挖施工的前提条件。工程在南岸围堰端头设置始发工作井,在北岸华侨公园内设置接收工作井,加固方式采用三面素混凝土连续墙;端头区内地层用三轴搅拌桩加固;素连续墙与搅拌桩之间采用袖阀管注浆,防止透水。接收井位于淤泥层和砂层,属深基坑工程,土层稳定性极差,基坑支护风险高,坑底易出现流砂突涌,施工风险大。工作井的深基坑施工风险较大,可能会导致盾构始发和到达风险,甚至引起工作井结构风险。

(2)端头区加固

盾构始发与到达除了掘进参数控制外,至关重要的是端头区土体加固,若加固效果不好,容易出现涌水、涌砂,地表大面积塌陷,甚至造成已成型隧道结构破坏。盾构始发与到达发生事故概率高,后果较严重,应引起足够的重视。

南岸始发井加固方式为先采用外围三面 C20 素混凝土连续墙(隧道下 5m)与始发井围护结构组合的端头区,端头区内采用满堂 $\phi 850@250$ 三轴搅拌桩(隧道下 5m)加固。为防止始发井端头区连续墙破除后地层坍塌,始发井端头区墙洞门范围外侧设计为 1m 厚 C20 素混凝土连续墙(隧道下 5m)。素混凝土连续墙与始发井围护结构连续墙接头处采用三重管高压旋喷桩($\phi 1200mm$)止水。盾构始发端头加固如图 7-16 所示。

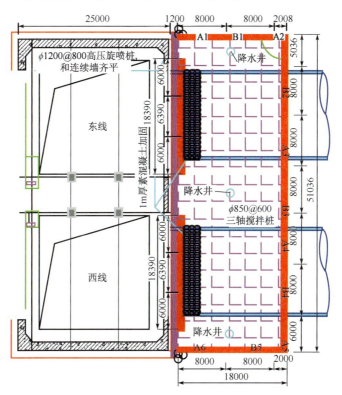

图 7-16 盾构始发端头加固(尺寸单位:mm)

到达端头按"水中到达"需求设计。加固方式采用外围三面 C25 素混凝土连续墙与始发井围护结构组合的端头区,端头区内采用满堂 $\phi 850@250$ 三轴搅拌桩加固,施工工艺采用两搅两喷。

素混凝土连续墙与始发井围护结构连续墙接头处采用三重管高压旋喷桩($\phi 1200$mm)止水,洞口素墙与围护结构地下连续墙间采用袖阀管压密注浆。盾构到达端头加固如图 7-17 所示。

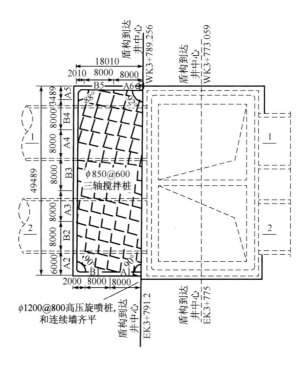

图 7-17 盾构到达端头加固(尺寸单位:mm)

(3)洞门密封

盾构在始发过程中,为防止泥水从洞门圈与盾构壳体形成环形的建筑空隙大量窜入盾构工作井内,必须在盾构始发前在洞门处设置性能良好的密封装置以防水。在盾构始发前安装洞门临时密封装置,密封装置由密封环、帘布橡胶板、折页压板、垫片和螺栓等组成。同时为防止盾构斜体始发洞门密封长度不足引起洞门漏浆,增加 800mm 的延长洞门,延长洞门内设置两道钢丝刷。两道钢丝刷及两道帘布橡胶板之间预留油脂加注孔。在盾构始发前,安装密封环后对密封环底部施作 C20 混凝土填充洞门与始发导台前段的空隙,其尺寸和始发导台相同,以达到对密封环支撑作用。施作前将底部预留的注浆及油脂孔的注浆管及油管接出,方便以后施工。由于洞门直径大,帘布橡胶板安装后,下部范围易产生向掘进方向倾倒趋势,可能无法提供足够的密封压力,采取在洞门下部帘布橡胶板后部加设弹簧钢板或在帘布橡胶板后部加设防渗海绵进行控制。

在延伸洞门与洞门钢环之间、延长洞门与洞门密封装置之间因开挖仓泥水建压可能会出现渗漏。洞口密封不当,可能会导致始发井和接收井水压力过大,造成盾构始发与到达风险,存在发生事故的风险。

(4)不良地质对盾构始发与到达的风险评估

根据现有工程地质勘察报告,场区砂土液化问题较严重。地质勘察报告中指出:"盾构隧道段液化砂层主要分布在浅层,盾构段的结构底板均超过20m,液化对结构底板没影响"。但是由于钻孔数量的限制以及土体自身的变异性,导致液化对隧道施工产生影响,并且在长期运营条件下,由于地震产生的液化对隧道结构的影响也不容忽视,故砂土的液化将对始发与到达产生风险。

由于海相和海陆交互相沉积层地层中淤泥、淤泥质土有机质含量高,故有害气体的产生将对隧道始发与到达造成较大影响。

由于隧道上覆软土,当其受到地震动时,土层结构易受破坏,抗剪强度和承载力随之大幅度降低,引起地面或建筑物下陷,从而导致隧道结构沉降不均或开裂,故软土震陷将导致始发与到达产生一定的风险。

4)盾构掘进风险

盾构掘进风险包括姿态控制,刀具、刀盘磨损及更换维修,盾构推进控制,盾构开挖控制,开挖面稳定,同步注浆及二次注浆,不良工程地质对掘进产生的风险。

(1)盾构姿态控制

盾构海域段施工,盾构上部覆土中粗砂、粉细砂、淤泥及淤泥质黏土相互交错,粗砂层水压力大,盾构掘进相对困难。盾构推进时,其轴线控制难度比较大,再叠加地层的软硬不均,更加增大姿态超限风险的发生概率,风险主要包括:

①开挖时轴线控制失误。盾构施工过程中,轴线控制不当导致隧道轴线高程偏离设计线路过多或左右偏差过大,影响隧道的使用。

②纠偏不当。当隧道轴线已有一定程度偏离时,就要及时进行纠偏,但纠偏措施不当导致管片破裂等事故。

③盾构"抬头"或者"磕头"。

盾构在掘进过程中要始终保持正确的姿态,通过控制推进系统中各组液压缸的压力,控制好掘进姿态。按照设计线路进行推进,且变换坡度时需要通过调整盾构的姿态来实现,否则将发生掘进方位的偏转,造成掘进风险。

(2)刀具、刀盘磨损及更换维修

由于掘进线路中复合地层的存在,盾构掘进过程中的不确定因素增多,推进的风险也随之增大。如因地下障碍物、上软下硬地层带来的刀盘磨损和地层变化带来的刀盘损坏和更换风险,以及由此衍生的其他风险,从而不能正常开展掘进,影响工期。由于水下隧道特殊的条件,使刀盘维修更换难度增加。因此刀具、刀盘磨损及更换维修造成的设备风险和掘进风险较大。

(3)盾构推进控制

在软硬复合地层掘进施工时,盾构掘进上软(淤泥、砂层)下硬地层时,刀盘下部硬岩掘进困难,刀盘上部软土不断流失,拱顶地层易坍塌,海水灌入。盾构停机时如果措施不当还会造成盾构偏离隧道设计轴线,同时对隧道经过区域的地表变形控制产生不利影响。在施工过程中,如果推进系统出现故障,则会出现刀盘正常旋转但不能往前推进的故障。在施工中,由于掘进线路的坡度的影响,需在刀盘边缘布置超挖刀(或称仿形刀),用于盾构在转弯处内侧的超挖。而在复合地层条件下施工,考虑盾构刀盘和刀具在较为坚硬的围岩中切削会有一定的磨损。盾构推进控制可能会导致设备风险、掘进风险。

(4) 盾构开挖控制

盾构开挖是盾构掘进的主要部分,对工作人员的规范操作要求很高,盾构开挖风险概率高。风险主要包括:

① 当前方出现障碍物而没有及时停止开挖,致使刀盘刀具磨损或主轴承受损。
② 当前方出现软弱地层或空洞时没有及时加固,致使盾构"磕头"甚至沉陷。
③ 管片破损。由于偏压作用或者因为前方障碍物的存在导致推进压力增大而引起管片被压至破损。

(5) 开挖面稳定

盾构推进过程中一旦泥水仓内的泥水压力过大或过小,可能会造成地表隆起或沉陷,应保持泥水仓内的泥水压力与地层的水土压力相平衡,让开挖面保持稳定。开挖面压力不平衡可能会导致掘进风险,特别需要注意当盾构穿越软硬不均匀地层时开挖面压力的平衡。同一断面若遭遇花岗岩及软土复合地层,一旦开挖面发生失稳,将导致上覆软土层的大量超挖,使得掘进停滞并对周边地层产生较大影响。

(6) 同步注浆及二次注浆

同步注浆通过同步注浆系统及盾尾的注浆管进行注浆,在盾构向前推进、盾尾形成间隙时进行,浆液对盾尾间隙及时填充,从而使周围地层及时获得支撑,有效控制地表的沉降。注浆压力或注浆量控制不当会造成地表的隆起或沉陷。若注浆压力过大可能导致冒浆顶顶;若浆液配合比不当,则不能有效填充盾尾间隙,使地层变形过大;若二次注浆不及时,致使地表沉降过大,会对周围地层产生不利影响。故同步注浆及二次注浆可能导致掘进风险。

(7) 不良工程地质对掘进产生的风险

在场址区 5km 范围内,有早、中更新世活动的饶平—汕头断裂带通过,由于断裂造成的岩层破碎进而对盾构施工产生较大影响。砂土的液化也将对掘进产生风险。地层中淤泥、淤泥质土有机质含量高,故有毒、有害气体的产生将对隧道掘进造成较大影响。由于隧道上覆软土,当其受到地震时,土层结构易受破坏,从而导致隧道结构不均匀沉降或开裂。故软土震陷将导致盾构掘进风险。

在盾构掘进时,由于孤石不固定难以有效对其破碎,同时刀盘面板受力不均,盾构姿态不易控制,容易导致超挖。孤石地层刀盘刀具磨损严重,此外,孤石容易堵塞出渣口及泥浆管道。由于孤石上述影响,将导致工程进度、投资难以控制。

盾构掘进遭遇基岩凸起,存在以下风险:

① 上软下硬地层掘进,上部土体流失易失稳。
② 刀盘刀具磨损快,刀具易偏磨。
③ 常压下开仓,掌子面土体不能自稳,易坍塌。
④ 盾构直接掘进基岩凸起地层,工程进度、投资不可控。

5) 隧道的管片拼装风险

(1) 安装误差、管片破损

盾构隧道环数多,拼装管片数量大,管片拼装风险不容忽视。

①吸盘就位不准导致管片破损。拼装时管片就位不准,形成的环面不平整,管片容易被顶裂,后面的管片拼装困难。

②管片螺栓穿入过程中施工不当及螺栓紧固不到位将形成渗水通道,最终导致螺栓锈蚀,隧道结构破坏。

③管片与其他管片碰撞或拼装工作不当引起管片之间相互挤压可能造成管片损伤,导致结构风险。

(2)密封垫失效

由于隧道为海底隧道,周围土层基本上是饱和土,再加上承压水的作用,使防水成为一项重要的工作。管片拼装过程中,由于施工不当,导致密封垫失效,使整个隧道抗渗漏性能下降,在承压水作用下,将导致隧道内突然涌水,从而引起过大的地表沉陷,风险极大。

盾构法隧道施工技术安全风险事件与风险源的检查结果见表7-4。

盾构法隧道施工技术安全风险事件与风险源检查表　　　表7-4

	风 险 源	设备风险	始发与到达风险	掘进风险	管片拼装风险	结 构 风 险
盾构选型	盾构选型	★	☆	★		
	盾构设计制造	★		★		
	盾构主轴承	★		★		
	盾构三大密封	★		★		
始发与到达	深基坑施工		★			★
	盾构安装与吊运	★	★			
	洞口加固		★			
	洞口止水		★			
盾构掘进	盾构姿态控制	☆	☆	★		
	刀具、刀盘磨损及更换维修	★		★		
	盾构推进控制	★		★		
	盾构开挖控制	★		★		
	开挖面稳定	☆		★		
	泥浆循环系统及浆液			★		
	盾尾密封	★	★	★		
	同步注浆及二次注浆			★		
管片拼装	安装误差				★	★
	管片破损				★	★
	密封垫失效				★	★
	临水、临电		☆	★		
	渣土外运		☆	★		

注:★表示影响较大;☆影响相对较小。

7.2.2 海域盾构段风险评估结论

根据专家调查的结果,获得最终的风险评价,见表7-5。在海湾隧道盾构方案施工中设备风险、始发与到达风险、掘进风险的风险等级最高,特别是设备风险概率较大。

盾构方案施工阶段风险汇总表　　　　　表7-5

编号	典型风险		概　率	损　失	风险等级
1	设备风险	施工技术	4	3	Ⅲ级
2	始发与到达风险	施工技术	3	3	Ⅲ级
3	掘进风险	施工技术	3	3	Ⅲ级
4	管片拼装风险	施工技术	2	2	Ⅱ级
5	结构风险	施工技术	2	2	Ⅱ级
6	施工组织	施工技术	2	3	Ⅱ级
7	环境影响	施工技术	2	3	Ⅱ级

注:数值表示风险的概率和损失的程度,其数值越大表明发生的概率或造成的损失越大,对应的风险等级也越高(风险等级由低至高分别为Ⅰ、Ⅱ、Ⅲ、Ⅳ)。

7.3　海湾隧道盾构段风险控制措施

根据以上风险分析,针对较大的风险,提出以下风险控制措施:

(1)在较大范围内勘测基岩分布情况,绘出基岩等高线。针对隧道线位采用先进的勘测仪器和试验设备,加强地质勘察,适当加密钻孔,尤其是在上软下硬地层及基岩凸起段,进行专项勘察,提高勘察的准确性,探明孤石和基岩的位置、规模和形体、强度及其水文地质条件,以保证盾构推进前做好充足的应对准备。

(2)对于纵向地层变异性特别大的区间,在施工方案中需根据地质条件和施工环境制定检修或换刀预案,盾构掘进接近地质突变处须执行预案,以保证突变时刀盘刀具的切削和盾构掘进性能,更换刀具、检查刀盘应按"常态"化配置,随时可进行检查和更换刀具,可有效规避施工风险。

(3)盾构推进操作失误是一项较大的风险,开挖和推进控制失误往往导致管片破损、开挖失稳等严重后果。保持压力动态平衡、选用优质泥浆,严格按照规定操作防击穿海底,选用合理的添加剂和设备防结泥饼,充分切削防"滞排",同步注浆要及时且充分,防止引起上层土体较大沉降。

(4)在盾构掘进过程中要注意对盾尾保护,及时对尾刷进行注油和检测等工作,确保盾尾密封良好。盾尾密封应有紧急处理装置,并考虑冷冻法更换尾刷的可能性。

(5)盾构推进的相互影响是关注的重点。要严格控制注浆的参数,保证注浆效果,防止发生大的变形与沉降。要加强施工过程中的监控,密切注意变形与位移的变化,建立完善的预警响应机制。

(6)大直径盾构隧道的管片拼装有很高的技术难度,拼装不好可能引起管片接缝渗水及因管片受力不均匀而导致的管片破损。建议操作人员严格按规范流程合理施工。

（7）盾构隧道结构的抗震关键在于接缝的控制，避免张开、错位导致渗水漏泥。采用双道密封止水，在土层变化处设置变形环的措施，密封止水的承压安全系数应大于2倍，但同时也需注意过大的止水带压接力会给管片拼装带来问题，应予校准。大变形环采用Ω止水带的方案应进一步深化，细部设计可参考日本等多震大震国家地区的经验。易液化地层，对隧道整体稳定不利，建议局部改良地质，提高盾构同步注浆参数，减控隧道不稳定影响。

（8）部分隧道浅埋段覆土厚度小，需进一步复核覆土层厚度是否满足抗浮设计要求。盾构施工始发与到达段覆土较浅，应在地面作适当加固或必要时进行局部覆盖处理，同步注浆浆液要即时快硬，以有效控制隧道上浮。

（9）加强施工管理，严格执行施工及各专项的细化审查、施工单位的选择及管理、施工总图纸的细化管理，全过程实施动态风险管理，控制风险，避免人为因素导致风险事故。

7.4 海湾隧道工程风险管理实施方案

7.4.1 海湾隧道工程风险管理实施建议方案

1）风险管理组织架构

风险管理组织架构根据海湾隧道工程特点，采用项目总负责人制，按照不同土建工程建立起风险管理组织机构，可参考图7-18进行组建，具体可根据项目的组织结构进行调整。

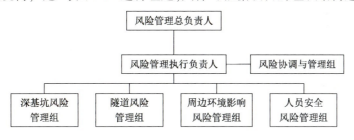

图7-18 风险管理组织机构

2）风险管理责任主体

结合海湾隧道工程盾构段工程施工管理与参与单位的具体工作内容，明确海湾隧道工程施工风险管理责任。

（1）建设单位

工程风险管理采用分级管理策略，建设单位作为工程施工风险管理协调与组织主体，负责统领工程施工现场风险管理，对工程施工各参与单位的风险管理方案实行审查、监督实施施工过程风险监控、安全状态判定和风险事故处理。对重大安全事故，及时上报上级主管单位和政府部门，启动工程事故应急预案，并负责组织工程现场抢险。

（2）设计单位

负责完成重大安全风险源的辨识、确定及其安全专项设计。结合土建工程施工进度要求进行重大风险的专项设计交底、变更交底等。

(3) 施工单位

承担工程风险管理实施责任,主要负责施工准备期和施工过程中风险源的补充识别与动态风险评估,编制工程施工安全管理方案和具体风险控制措施,执行风险管理实施细则及风险事务处理等。

(4) 监理单位和第三方监测单位

监理单位和第三方监测单位承担合同中约定的相关风险管理责任。

(5) 风险管理实施小组

承担工程施工风险勘察责任,主要为工程建设单位进行现场施工全过程的风险动态查勘,汇报现场风险管理现状,预测下阶段风险管理的重点及发展趋势等。

(6) 风险管理协调工作组

由建设单位技术部门兼任,负责组织成立工程风险管理实施小组,主要由建设单位、设计单位、施工单位、监理单位、第三方监测单位和技术风险课题组分派人员组成。负责现场施工风险管理的组织、督促与协调等责任,同时协助工程风险事故的应急决策与组织。

各单位按上述分配功能及责任建立工程风险管理职能框架体系(图7-19),有针对性地进行工程施工风险动态管理与控制,并形成各单位之间共同协调共同控制的动态、互动风险管理模式。

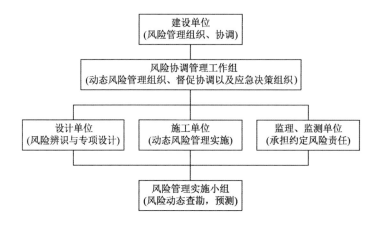

图7-19 工程风险管理职能框架体系

3) 风险管理基本工作制度

在建立风险管理组织机构并明确风险管理责任主体以及工作任务分配后,可从以下八个方面建立风险管理工作制度。

(1) 风险管理现场培训制度

相关风险技术负责人应对施工现场进行巡查,对于施工技术风险进行现场咨询与协助解决,并定期举办风险案例以及管理讲座指导风险管理工作。

(2) 项目进展工程例会制度

在每周工程例会上,风险管理实施小组通报上周安全状况,违章处罚情况,宣传近期有关安全教育文件,分析本周安全风险形势,点评工程施工中潜在的风险源及防范问题,强调风险意识的重要性和必要性。施工单位在周例会中应总结上阶段土建工程进展情况和现场风险控制的效果及存在的问题,并且在下阶段工程进度安排的基础上,对相关土建技术风险的各项工作进行具体部署。

(3)重大风险源上报、管理及发布制度

对于Ⅱ级及以下风险,在不同施工阶段、不同施工区域的醒目位置树立"危险作业每日告示牌"予以提醒和警示,要求在工程例会上进行前期部署和后期总结。对重大风险源(三级及以上),引入 PDCA 循环[计划(Plan)、执行(Do)、检查(Check)、处理(Action)]管理方法。要求工程设计单位、施工单位与建设指挥部等单位共同潜在的风险识别,并完成重大风险点汇编。随后,由设计单位编制重大风险专项设计,施工单位编制重大风险专项施工组织,最后由施工单位制订相应的风险施工控制措施,并落实到具体的相关责任人。同样在不同施工阶段、不同施工区域的醒目位置应树立"危险作业每日告示牌"予以提醒和警示。

(4)重大风险源交底与现场跟踪制度

对于重大风险源,相关单位需要根据风险管理与控制措施向技术人员技术交底,并形成现场跟踪、动态风险管理。

(5)工程现场巡查登记制度

建立定期安全风险管理检查制度,对施工重点环节进行检查,并对施工现场的安全文明施工状况进行检查。现场风险管理人员在每次进入现场巡查后,需根据巡查结果进行书面登记与描述各级风险源控制实施情况及潜在的未被辨识出的施工风险。

(6)工程现场风险监控、预警制度

施工过程中施工单位、监理单位以及第三方监测单位按照合同相关规定进行工程风险监控,在监控的过程中及时整理、分析监控信息并进行风险状态评估和预警,并结合预警级别进行相应的风险处置和信息上报。

(7)工程风险事故处理及上报制度

工程风险事故发生时,风险管理实施小组现场人员应及时了解事故现状、立即向风险小组负责人上报事故情况、立即向工程风险管理协调工作组和工程部上报事故情况。事故处理后,风险管理实施小组应如实记录事故处理手段、效果等信息。

(8)工程风险管理资料汇总存档制度

对现场进行巡查,巡查过程中若发现安全隐患,应立即拍照留存,并予以上报。若发现重大安全隐患,应及时召开安全工作碰头会,交代隐患事实,要求落实整改,并对整改情况进行复查,以整改后附照片进行闭环回复。

4)现场风险动态管理日常工作

(1)现场查勘及风险补充分析

①现场查勘

在施工过程中,风险管理实施小组现场管理人员应当定时和不定时地进入施工现场进行现场风险查勘。主要包括:

a.在工程勘测设计过程中,要做好地质、水文勘测工作,在勘测过程中要深入细致地工作,查明地质、水文条件,扎实做好勘测设计技术工作。

b. 施工现场情况核查与补充调查。若在施工过程中发现新的或是与原勘察报告中有重大不同的环境情况，应上报风险管理协调工作组和工程部，由风险管理协调工作组和工程部联合安排相关单位进行核查及补充调查。

c. 工程施工动态查勘。在施工过程中，对工程进展及相应动态变化进行查勘，从而能够密切关注并跟踪风险点是否有新增、转移或是风险等级变化，为补充分析提供第一手资料。

d. 施工对环境影响变化的查勘。在施工过程中密切关注施工过程对周围环境的影响，跟踪其变化过程及预测其发展趋势及变化动向。

②风险补充分析

通过现场查勘，总结与技术相关的重大风险点的新增情况与变动情况，会同建设单位、施工单位和监理单位进行补充分析，并由设计和施工单位制订"海湾隧道工程技术风险修订表"，报风险管理协调工作组和工程部审核。

（2）风险预报预警及信息上报

现场施工应建立一套系统的风险监控和预警预报体系。特别是对于工程重大风险点，应通过对监测数据的动态管理，及时掌握其发展状态。具体工作包括：

①根据海湾隧道工程中的风险特点，配合确定合理的工程监测方案，根据施工现场情况，要求设计单位和施工单位制定风险预警标准。

②将施工过程中的各项监测结果和风险事故建立对应关系，便于使用监测数据的分析结果对风险事故进行预判。

③确定基于监测结果的风险评价等级。

④根据监测结果进行风险的动态评价。

⑤如果发现异常或超过警戒值，应及时进行风险报警，采取规避措施，做好风险事故处理准备工作。

为加强施工过程中风险的监控、反馈以及管理，施工过程当中应当根据风险工程的状态进行相关信息上报以及预警。根据监控量测控制指标以及现场巡视信息，及时综合判定风险不安全的状态进行预警，参照风险等级，将预警等级分为红色预警、橙色预警以及黄色预警。

对于每日风险动态查勘的情况，应形成日报、周报以及月报的形式进行上报。

7.4.2 风险响应

建设单位项目管理公司在发布相应的风险预警后，各相关单位应根据不同等级的风险预警，进行相应的风险响应。

1）黄色预警后风险响应

（1）要求响应的人员

①施工单位：项目部技术负责人，主管安全的领导，技术部门领导以及安全部门领导。

②监理单位：项目总监代表。

③第三方监测单位：项目部技术负责人。

④设计单位：项目专业负责人。

（2）响应时间

黄色预警发布后应于平台发布信息后1天内进行响应，并参与预警处理。

(3) 预警处理

施工单位应加强组织分析,项目技术负责人主持并组织实施风险处理;施工单位,第三方监测单位加强监测和巡视,监理单位加强巡视,监管,风险管理协调工作组以及业主单位加强协调和督察。

2) 橙色预警后风险响应

(1) 要求响应的人员

①施工单位:项目部经理,项目部技术负责人,主管安全的领导,技术部门领导以及安全部门领导。

②监理单位:项目总监,项目总监代表。

③第三方监测单位:项目部经理,项目部技术负责人。

④设计单位:项目技术负责人,项目专业负责人。

(2) 响应时间

橙色预警发布后应于平台发布信息后 1 天内进行响应,并参与预警处理。

(3) 预警处理

施工单位组织四方会议,项目经理主持并组织实施风险处理;施工单位,第三方监测单位加强监测和巡视,监理单位加强巡视,监管,风险管理协调工作组以及业主单位加强协调和督察。

3) 红色预警后风险响应

(1) 要求响应的人员

①施工单位:项目部经理,项目部技术负责人,主管安全的领导,技术部门领导,安全部门领导以及施工单位在当地片区的主管领导。

②监理单位:监理公司主管领导,项目总监,项目总监代表。

③第三方监测单位:第三方监测单位主管领导,项目部经理,项目部技术负责人。

④设计单位:设计单位主管领导,项目技术负责人,项目专业负责人。

(2) 响应时间

红色预警发布后应于平台发布信息后 2h 内进行响应,并参与预警处理。

(3) 预警处理

施工单位立即启动应急预案,2h 内组织专家论证。施工单位所在片区主管领导主持并组织实施风险处理;施工单位,第三方监测单位加强监测和巡视,监理单位加强巡视,监管,风险管理协调工作组以及业主单位加强协调和督察。

4) 风险事故处理

(1) 风险事故发生时,风险管理实施小组现场人员应按以下流程处理:及时了解事故现状;立即向风险小组负责人上报事故情况;立即向工程风险协调管理工作组和工程部上报事故情况。

(2) 事故处理后,风险管理实施小组应如实记录,具体包括:风险事故情况;风险事故处理方法;风险事故处理效果;风险事故损失情况。

(3) 根据海湾隧道工程建设进度,按照要求按期形成"海湾隧道工程技术风险事故记录表"。

7.4.3 重大风险源的专项风险管理

1）重大风险源的专项分析

对于施工过程中危险性较大工程的重大风险源,应要求设计单位、施工单位、风险咨询单位共同识别并完成重大风险点汇编,做出针对性的专项风险分析。根据"海湾隧道工程技术风险清单"和"海湾隧道工程技术风险等级表"所汇总出的重大风险,有针对性地选择重要风险事故进行风险决策、管理和控制,制订土建施工技术风险事故"一说明三处理"(即风险说明、预防处理、征兆处理、事后处理)方案。由工程经验丰富的专家、技术人员填写表格,并由监理专家和风险协调管理工作组、工程部进行审核。

2）重大风险源的专项管理

由设计单位编制重大风险专项设计,施工单位编制重大风险专项施工组织,技术风险课题组编制专项指南。

在施工过程中,根据重大风险源的专项分析结果,以工程进度和具体分部工程为节点,风险管理实施小组现场进行高密度的巡查,确保各项施工保护措施的实施。根据落实情况填写"海湾隧道工程技术风险控制措施落实表"。同时,确保及时跟踪重大风险源的动态变化状况。

3）重大风险源的专项控制措施

由工程建设单位、施工单位、监理单位、风险咨询单位和专家小组,共同对工程中重大风险源进行分析讨论,最终形成重大风险源专项控制措施"海湾隧道工程技术风险控制措施"。在重大风险点相应分部工程施工前,制订"海湾隧道工程技术风险跟踪表"。并在施工过程中,根据各项风险控制措施的落实情况,如实填写"海湾隧道工程技术风险控制措施落实表"。

4）重大风险事故的专项处理

若有重大风险事故发生时,应及时上报工程风险协调管理工作组和工程部,由风险协调管理工作组和工程部组建的重大风险事故处理小组赴现场进行事故了解、分析并决策形成处理方案。

风险事故处理结束后,应形成事故情况、事故处理方案、事故处理结果和事故损失情况的记录备案,形成"海湾隧道工程技术风险事故记录表"。

5）风险事故应急预案

为加强突发性事件处理的综合指挥、调度能力,提高紧急救援反应速度和协调水平,确保迅速有效地处理各类工程意外情况及事故,最大限度地降低突发事件带来的损失。针对工程特点和可能发生的风险事故,制定应急救援预案,旨在突发事故的情况下,及时组织有效、有序的救援工作。

6）快速反应机制

(1) 应急救援领导小组

成立风险事故应急救援领导小组,该小组可以直接由施工单位应急救援小组代替。由项目经理负责、项目副经理、施工管理部及相关部门负责人组成,项目经理任总指挥,负责应急救援工作的指挥、协调,必要时亲临现场指挥。应急救援领导小组组织机构如图7-20所示。

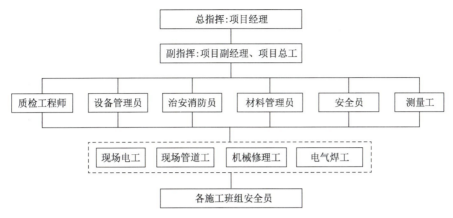

图 7-20　应急救援领导小组组织机构

指挥小组职能主要有发布应急救援命令,组织指挥救援行动,汇报突发性事件发展、通报救治情况,参与调查、分析,善后处置。

(2)应急指挥人员与机构职责

项目经理负责调集有关人员、材料、设备及资金等资源,全面组织事故抢险救援工作。项目总工程师具体组织制订抢险方案、技术措施,并组织实施、监督。项目副经理负责按照既定方案组织实施抢险救援。

(3)通信装备及联络方式

应急预案小组的成员,每人配备手机一部,总指挥与副指挥保证24h开机,确保通信联络畅通无阻。

(4)支援队伍的组成和配置

施工单位应该在成立项目管理机构的同时,成立以项目经理为首的快速反应救援队伍,成员每人配备铁锹、铁锤、安全带、安全帽、水鞋等工具。主要成员包括各施工队队长、各施工班组组长以及相关骨干人员。

(5)日常检查和演习

为了确保应急救助的快速反应能力和效果,还必须研究和制定安全排险救助的技术措施,做到统一指挥、分工明确、各尽其责、搞好协作和配合。同时对整个系统的各个环节进行经常性的检查并进行模拟演习。

(6)救援物资的准备

在材料及设备的配置上,要求储备一定数量的钢筋、水泥、钢管、黄砂、草袋、编织袋、方木、钢支撑等材料及潜水泵、注浆泵等设备。配备担架、绷带等简单急救医疗设备。起重机、吊车和类似设备均应装有超载报警装置。现场将办公区、生活区、仓库、设置足够数量的灭火器材,并经消防部门的检查认可,同时经常抽查,保证性能完好。

在材料及设备的安全管理制度上,所有机械设备进场前必须验收,并记录在案,保证其安全使用。施工管理部门每月对设备进行安全检查,并保存记录,一旦发现故障,及时排除。

7.5　本章小结

对汕头海湾隧道风险进行评估与管理是保障工程安全顺利进行的必要条件。通过风险评估得出如下结论：

（1）工程场地土层属于中软场地土，场地类别为Ⅲ类。场地所处的抗震地段为不利地段。地震风险自身对隧道的设计、施工产生的直接风险相对有限，但是地震导致的软土震陷、砂土液化以及海浪、风暴潮等次生影响较大。

（2）海域盾构段施工风险主要集中在以下方面，其中设备风险、始发与到达风险、掘进风险为Ⅲ级风险，此外管片拼装风险、结构风险、施工组织、环境影响为Ⅱ级风险，尤其以设备风险的概率等级最高。

（3）在风险管理落实上，要建立风险管理组织架构、明确风险管理主体责任、健全风险管理基本工作制度，开展风险动态管理日常工作，加强施工管理，严格执行施工及各专项的细化审查、施工单位的选择及管理、施工总图纸的细化管理，针对重大风险源开展应急预案编制必要时组织应急演练，全过程实施动态风险管理，控制风险，避免人为因素导致风险事故。

参 考 文 献

[1] 钱七虎.水下隧道工程实践面临的挑战、对策及思考[J].隧道建设,2014,34(06):503-507.
[2] 宋超业,贺维国,吴钇君.高水压过海盾构隧道建设关键技术可行性初探[J].隧道建设(中英文),2020,40(05):717-726.
[3] 张久长,史俊玲,曲云腾.日本青函隧道的技术特点及应用情况[J].中国铁路,2017(05):91-97.
[4] 王杨,简方梁,吴彩兰,等.国外跨海通道建设经验对我国大型跨海通道建设的启示[J].铁道勘察,2021,47(06):1-6.
[5] 孙振川.海底隧道长距离全—强风化地层CRD施工方法研究[J].隧道建设,2008(01)15-18.
[6] 郭永建.青岛胶州湾海底隧道建造关键技术研究[J].施工技术(中英文),2022,51(03):42-44,58.
[7] 齐梦学.硬岩掘进机(TBM)在我国隧道施工市场的推广应用[J].隧道建设,2014,34(011):1019-1023.
[8] 肖明清.我国水下盾构隧道代表性工程与发展趋势(英文)[J].隧道建设(中英文),2018,38(3):360.
[9] 路石.日本东京湾海底公路隧道[J].铁道建筑,2002,(06):35.
[10] 杜宝义,宋超业,贺维国,等.海底隧道钻爆法与盾构法交接技术及应用[J].现代隧道技术,2021,58(02):208-213.
[11] 林鸣.建造世界一流超大型跨海通道工程——港珠澳大桥岛隧工程管理创新[J].管理世界,2020,36(12):202-212.
[12] 李志军,王秋林,陈旺,等.中国沉管法隧道典型工程实例及技术创新与展望[J].隧道建设(中英文),2018,38(06):879-894.
[13] 宋振华.中国掘进机械行业2019年度数据统计[J].隧道建设(中英文),2020,40(07):1098-1099.
[14] 陈馈,杨延栋.中国盾构制造新技术与发展趋势[J].隧道建设,2017,37(03):276-284.
[15] 王吉云.近十年来中国超大直径盾构施工经验[J].隧道建设,2017,37(03):330-335.
[16] 小泉淳.盾构隧道的抗震研究及算例[M].张稳军,袁大军,译.北京:中国建筑工业出版社,2009.
[17] 徐祖耀.形状记忆材料[M].上海:上海交通大学出版社,2002.
[18] 赵星楠.多层形状记忆合金自复位支撑钢框架的性能化抗震设计方法研究[D].济南:山

东大学,2020.
- [19] 王梦恕.不同地层条件下的盾构与TBM选型[J].隧道建设,2006(02):1-3.
- [20] 叶康慨.北京铁路直径线大断面地下隧道盾构机选型研究[J].隧道建设,2006(06):20-23.
- [21] 李东利,孙志洪,任德志,等.电涡流传感器在盾构滚刀磨损监测系统中的应用研究[J].隧道建设(中英文),2016,36(06):766.
- [22] 施虎,龚国芳,杨华勇,等.盾构掘进机推进力计算模型[J].浙江大学学报(工学版),2011,45(1):126.
- [23] 中华人民共和国住房和城乡建设部.钢结构设计标准:GB 50017—2017[S].北京:中国建筑工业出版社,2018.
- [24] 袁大军,刘学彦.南京纬三路过江通道工程合理覆土厚度研究[R].北京:北京交通大学,2013.
- [25] 蒋树屏,刘元雪,谢锋,等.重庆市朝天门两江隧道越江段盾构法合理覆盖层厚度研究[J].岩石力学与工程学报,2007,26(06):1188-1193.
- [26] 袁大军,黄清飞,李兴高,等.盾构掘进黏土地层泥水劈裂伸展现象研究[J].岩土工程学报,2010,32(05):712-716.
- [27] 李到洪,陈俐光,姜涌,等.大直径泥水平衡盾构大坡度始发关键技术[J].施工技术,2017,46(S2):1109-1112.
- [28] 崔明,宁纪维,喻凯.泥水盾构穿越闽江施工控制技术研究[J].施工技术,2018,47(13):57-61.
- [29] 熊卫兵,石长礼,周新权.软土地区盾构越江隧道地质灾害风险分析[J].地下工程与隧道,2009(02):9-12.
- [30] 肖观平.汕头市苏埃通道大直径盾构海底隧道建设条件风险分析[J].土工基础,2017,31(04):431-434.
- [31] 韩伟锋,周建军,李凤远.大直径盾构刀盘受力不均分析及对策研究[J].隧道建设,2014,34(01):78-82.
- [32] 谭顺辉,孙恒.超大直径泥水盾构常压换刀设计关键技术——以汕头海湾隧道及深圳春风隧道为例[J].隧道建设(中英文),2019,39(07):1073.
- [33] 王发民,孙振川,张良辉,等.汕头海湾隧道超大直径泥水盾构针对性设计及不良地质施工技术[J].隧道建设(中英文),2020,40(05):735.